パリの毒殺劇

ルイ十四世治下の世相

Le Drame des Poisons

étude sur la société du dix-septième siècle

F. ファンク＝ブレンターノ
Frantz Funck-Brentano

北澤真木訳
Kitazawa Maki

論　創　社

Frantz Funck-Brentano
LE DRAME DES POISONS
–étude sur la société du dix-septième siècle–
Préface de M.Albert Sorel,
de l'Académie française.
13è édition
Librairie Hachette
1920

パリの毒殺劇——ルイ十四世治下の世相

ヴィクトリアン・サルドゥー氏[1]に　敬愛と感謝の証として。

フランツ・ファンク＝ブレンターノ

序文

アルベール・ソレル(1)

I

フランツ・ファンク＝ブレンターノ氏は、学者であると同時に、傑出した作家の一人だ。人間の実相を探究し、それを表現するすべを心得ている。人間の情動やあさましい性情を緻密に分析することのできる、また、人間のそうした側面を鋭く感じ取り、描き出すことのできる人物だ。このたび出版された本書により、彼に対する評価はこれまで以上に高まり、その名声もさらに広まるに違いない。『パリ毒殺劇 ――ルイ十四世治下の世相』というタイトルも興味をそそる。内容もその期待に応えるものだ。本書で語られているのは、どれも実際に起きた事柄である。すべての陰謀、曲折をきわめる出来事、おぞましい所行、にわかには信じがたい事象、そして「黒ミサ事件」さえも現実にあったことなのだ。この現実は、もっとも奇抜な発想の創作劇をもしのぐものである。これら一連の背筋も凍るような出来事が劇作家らの食指を動かしたであろうことは、想像にかたくない。しかし、どれほど才にたけた人物でも、いざこれらの出来事をテーマとして俎上にのせるとなると二の足を踏んだはずである。ましてやさほど才能のない者は、とうてい歯が立たないと落胆したことだろう。当時に比べ、今日では、演劇における表現の自由度ははるかに増しているし、われわれ自身も、自分たちが思っている以上に、十七世紀の一般社会に浸透していた偏見や先入観から解放されている。とはいえ、そのわれわれでさえ、本書に綴られている現実を前にしては、途方に暮れてしまう。とどまるところを知らないふしだらな行為、これでもかとばかりに重ねられる犯罪の数々、おぞましくも卑劣な所行の連続には、ただ当惑するしかない。

本書において著者が語っていることがいかに信憑性の高いものであろうと、彼は誇張のそしりをまぬがれないだろう。三世紀も前に起きたこれらの出来事を直接見聞きした人びとはもうどこにもいない以上、著者が世間の指弾を浴びることこそないにせよ、大袈裟だ、歴史を歪曲していると思われるのはまず間違いない。なぜなら、通常、人びとは、なにごとにつけ、学校で習得したような教科書的見解、つまり、型にはまったものの見方を、鵜呑みにしつづけているからだ。そして、この型にはまったものの見方を根拠に、過去における出来事の信憑性の度合いに判断を下す。とりわけ、十七世紀という時代の特性に関する一般的概念は、きわめて画一的であり固定的だ。サン゠シモンやミシュレがその実態に関する記録を数多く残しているにもかかわらず、今現在も、ほとんどの人が、ルイ十四世が君臨したこの時代の歴史、いわゆる「大御代」の歴史を、楽屋も奈落もない舞台で上演される、華やかで健全なスペクタクルのように思い込んでいる。ヴェルサイユ宮殿の豪華な装飾やこの時代に記された散文のたぐいまれな構成、この時代を代表する劇作家ラシーヌの崇高な作風が、人びとにこのような幻影を与えつづけてきたのであり、今後もこれが変わることはないだろう。あの美しい庭園が糞尿にまみれ、あの黄金と大理石の宮殿がその内部に貫流する薄暗く汚れた下水路から立ちのぼる悪臭に毒されていた、などと誰が信じたがるだろう？　ラシーヌや宮廷のおかかえ説教師ブルダルーは、ヴェルサイユ宮殿というこの大舞台の楽屋裏を、大御代の奈落の底を、注意深く見つめ熟考を重ねていた。しかし、その実態に関する彼らの指摘や言及は、多くの場合、別世界の出来事でもあるかのように受け流されてしまっている。まるで、ラテン語でも読むように。周知の通り、ラテン語は、あくまでも目で習得する言語であり、この特殊性ゆえに、「破廉恥な言葉を臆することなく口にすることのできる」言語だからだ。つまり、教会ないし学術上の用語であって、日常用いることのない言語であるため、ラテン語で語られる言葉は、その発言内容がどれほど過激でも、人びとの琴線に直接触れることもなければ、鈍った神経を覚醒させるほどの激しさで訴え掛けてくることもないのである。

スタンダールは、ルイ十四世時代特有の極度に礼節を重んじる風潮や極度に細かい社交上の配慮が、あの時代から暴力性や扇情性を排除した、と断じた。知る人ぞ知るこの速断は、いまだに、多くの人の思考を漠然とではあるが支配しており、こんな風評さえまかり通っている。「暴力性や扇情性こそが現代劇の原動力である。ところが、昨今再演されている当時の演目にはそれらの要素が欠けている。それは、とりもなおさず、あの時代には、そうした要素が排除されていたからにほかならない」

だが、そんなことはない。この点については、サラ・ベルナール主演の『フェードル』やムネ＝スリーが演じる『アタリー』を観ればすぐにわかることだ。どちらも、ラシーヌによる格調の高い台詞の裏に秘められた激情が、現代的な口吻に移しかえられ、当代の名優らによりきっちりと表現されている。

フランス社会に今も根深くはびこるこのような先入観を払拭するには、大御代に関する回想録、文献、訴訟記録を読めば十分だ。とりわけ、フランツ・ファンク゠ブレンターノ氏により選別され、本書に援用されている資料は推奨に値する。彼は、これらの資料を、入念に分類、検討したうえで適所に塩梅よく挿入している。とはいえ、上記のような先入観は、今後もはびこりつづけるだろうし、ファンク゠ブレンターノ氏が本書で叙述している淫らで血生臭い出来事を、そのままそっくり舞台にでもかけようものなら、その作者は、アグリピーヌやビュルルュスと同じ憂き目にあうことだろう〔訳注：いずれもラシーヌの戯曲『ブリタニキュス』の登場人物、真実を述べたことにより暗殺される。以下の台詞は、その第三幕第三場から〕。

――こうなったら洗いざらいぶちまけてやる、あまたの流刑に暗殺、毒殺さえも……。

――皇太后さま、彼らはあなたさまの告白を信じたりはいたしますまい。

Ⅱ

権力の時代、忠誠の時代、宗教の時代、国家の時代、道徳と礼節を重んじる善き市民階級《ブルジョワジー》の時代、厳格な家庭教育の時代、伝統墨守の時代、と目されているルイ十四世による治世の時代。いわゆる「大御代」について抱かれているこうした普遍的先入観に鉄槌を下しているのが、本書第一章における「ブランヴィリエ事件」の顚末であり、とりわけ注目すべきは、その発端である。これは、当時のごく一般的な家庭、つまり、厳しいしつけを信条とする家庭の一つで起きた事件であるが、取り立てて珍しい例でもなければ、唯一無二の例でもない。似たような事例は、サン＝シモンの『回想録』にも一つならず記されている。

マリー＝マドゥレーヌ・ドブレイは、オフェモン及びヴィリエの領主、ドゥリュー・ドブレイの五人の子供の長女として、一六三〇年に生まれた。ドゥリュー・ドブレイは、国務諮問会議《コンセイユ・デタ》の評定官であり高等法院主任審理官、パリの地方行政官《プレヴォ・ヴィコンテ》管区裁判所の民事代行官、フランス鉱山鉱石総司令官を務める高級官僚であり、心情的にも操行の面でも放埓な人物とはみなされていなかった。本書の著者に言わせると、彼は、「由緒正しい家柄の出であり、大黒柱として一家に君臨する古風で一徹な男」である。

娘が愛人をつくった時は、その愛人に対する国王の封印状を取り付け、投獄させた。高等法院の評定官から地方長官に出世したマドゥレーヌのすぐ下の弟、アントワーヌ・ドブレイは、後年、父親からパリ市民事代行官の地位を引き継いでおり、もう一人の弟フランソワも、高等法院の評定官を務めていた。父親とこの二人の弟が、まず、マドゥレーヌの毒牙の犠牲となる。日頃から、自らの行状についてとやかく言われるのを疎《うと》ましく思うとともに彼らの財産を渇望していた彼女が、毒殺したのだ。一挙両得、とばかりに。しかし、まっとうな人びとの営む家庭で育まれたはずのこの女が、はたして、生まれながらになんらかの呪いを掛けられた人非人《モンストル》だったのか？　手本とすべき人に背を向ける、助言や忠告に耳を貸さない、反抗的な人間だったのか？　以下の抜粋からご判断いただきたい。本書における第一章冒頭部分の記述である。

マドゥレーヌ・ドブレイはきちんとした教育を受けていた。少なくとも、文学的教養という見地からは。彼女がしたためた手紙の綴りは正確であり、これは当時の女性としてはまれなことである。書体はきわめて流麗で、力強く、メリハリがあり、むしろ男性的である……。しかしながら、宗教的教育に関しては、まったくないがしろにされていた。死の前日に交わされた聴罪司祭との対話のさい、宗教におけるもっとも基本的な箴言、つまり、通常子供らが日々の営みの中で習得し決して忘れることのない教訓や格言のたぐい、が一切身に付いていないことを露呈したのである。

こと道徳的教育に関しては、完全に欠落していた。すでに五歳から、マドゥレーヌは恐るべき悪癖にふけっており、七歳で処女を失う。……ほどなく、彼女は弟らに身を任せた。

彼女が育った環境は、少なくとも、尋常ではない。そして、この若木が芽生えた土壌にこそ、たとえ部分的であるにせよ、悪い果実を育む有害な素因のあったことはいなめない。すでに少女時代から、彼女は、宿命的に、激情的でふしだらな、人殺しの美神《ヴィーナス》役を割り振られていたことになる。なぜヴィーナスかというと、淫乱な不信心者であったにもかかわらず、遊び仲間にとり、彼女はもっとも愛すべきパリジェンヌの一人だったからだ。やがて、この酷薄で「直情径行な女」が、貪欲と好色から犯罪に走る。優雅に、だがたしかな足取りで、愛らしさの裏に秘めたエネルギーを武器に、ためらいも悔恨も興奮もなく、歩を進めるのだ。身内を危《あや》めるために。唇にかすかな笑みをたたえて。

彼女と間近に接した司祭は、

「深い眼差しをした大きな瞳の、魅力的で、快活で、可憐な女だった」

と伝えている。

「とても小柄でほっそりとした体つき、……ゆたかな栗色の髪、丸みをおびた端整な顔立ち、おだやかでそれは美しい碧眼に、抜けるような白い肌と形の良い鼻。一点非の打ち所のない美女だった」、腹を立てると満面にしわを寄せ、引き付けを起こしたようにゆがめる以外は。

しかし、普段人と接する態度は、

「大胆で、度胸があった。生まれつき正直な性格のようにも見えたし、なにごとにも無関心なようにも、鋭く深い洞察力があるようにも見えた。また、物事を非常に明断に把握し、理解したことを短い言葉で要領よく、きわめて的確に表現した」

つまり、彼女は、頭の回転が速い、どんな状況に置かれても動揺することのない、腹の据わった女だった。そしてなにより特徴的なのは、その自尊心である。それは、命を賭けることもいとわないほどの虚栄心、というか、けたはずれの盲目的な自己愛とでも表現すべきものであり、彼女自身はこれを「わたくしの栄誉《グロワール》」と称していた。「わたくしの贅沢」、「わたくしの財産」、「わたくしの火遊び」、「わたくしの愛人たち」と言いかえることのできるその「栄誉」とは、当時の「名家に生まれた高貴な婦人」や芝居に登場する有名なヒロインが鼻にかけていたのと同じたぐいのものである。ちょうど、ラシーヌの悲劇『アンドロマク』の第二幕で、婚約者に裏切られたスパルタの王女エルミオーネが、侍女クレオーヌに吐露しているように。

わたくしが彼を憎むのは、クレオーヌ、わたくしの栄誉にかかわることだからよ！

栄誉に対するこの執着が、マドゥレーヌ・ドブレイを、毒薬による親族殺人に向かわせた。父親を殺したのはその存在が邪魔になったからであり、弟らは父親の財産を引き継いだからだ。娘を殺そうとしたのは、「知恵が遅れている」と判断したからである。

マドゥレーヌには、これら一連の毒殺行為が正当なものに思えた。彼らの存在が彼女にとっての栄誉、すなわち「体面《オヌール》」を傷つけるものである以上、しかたがないではないか。やがて、そのためのまがまがしい準備作業が、楽しみにさえなってゆく。患者らに与える毒入りのジャムをたずさえ、彼女は、あちらこちらの施療院に出掛けていった。この点について、パリ警察長官ラ・レニは、ひどく驚いている。

「良家に育ち、容姿も性格も頼りなげで、見るからに心根の優しそうな女が、自分が与える薬物の効き目の違いを観察するため、病人に毒を盛りにゆくのを楽しみにしていようなどと、いったい誰が想像しただろう?」

ラ・レニは、一六六七年に初代パリ警察長官となり、ほどなく国務諮問会議評定官に取り立てられた人物で、高潔な人柄と慧眼で知られていた。

われわれが困惑するのも、まさにこうした点にある。この犯罪の動機である「名誉観」——すなわち体面への異常なまでのこだわり――、計画段階における楽しげな様子、準備作業中の優雅な振る舞い、にわれわれはとまどい途方に暮れてしまう。その姿は、オペラ＝コミックに登場する王女メディア〔ギリシャ神話に登場するコルキス王の娘。恋のために国を裏切り我が子を殺す〕そのものだ。生まれは良いのに、良心の欠如した反社会的な人間であり、凶悪犯であるという点で。そして、当時の人びとは、マドゥレーヌのしとやかな物腰や美しい言葉遣い、上流社会風の挙措に惑わされ、彼女が本当にそのような凶行に走ったとは信じられずにいた。とはいえ、聴罪司祭であるピロ神父が描いた彼女の人物像を精察すれば、その本性を見誤ることはないはずである。ピロ神父は、オラトリオ修道会の高僧であり、ソルボンヌの教授、反ライプニッツ派の旗手、鋭い分析力を有する繊細で感じやすい性格の持ち主であり、名文家でもあった。また、やはり彼女の聴罪司祭だったベルジュレ神父の意味深長な発言からも、その人となりを推し量ることができる。

「侯爵夫人は、生来、名誉と侮辱に対して非常に敏感であり、きわめて鋭い感受性をそなえていた」

いかにも善良なモラリストらしい言い回しではある。

Ⅲ

ブランヴィリエ〔マドゥレーヌ・ドブレイは、一六五一年、アントワーヌ・ゴブラン・ドゥ・ブランヴィリエ侯爵と結婚、ブランヴィリエ侯爵夫人と呼ばれるようになる〕をもっとも注目すべき歴史上の人物にまで押し上げたのは、彼女が大勢《レギオン》の人に取り憑く悪魔のような存在だったからであり、一派をなすほど多くの追随者がその背後に現れたからであり、さらには、彼女の起こした事件をきっかけに、毒性のある砒素化合物の使用が、「この世でもっとも身分の高い人びと」の間で大ブームになったからである。

数年後、ルイ十四世の寵姫モンテスパン夫人が犯罪に走ったのも、ブランヴィリエが抱いたのと同様の感情からである。おそらくブランヴィリエほど毒殺行為そのものを楽しんでいたわけではないにせよ、やはり、ふつふつと煮えたぎるような、激情的かつ背徳的な感情からであった。ただ、毒殺行為だけでなく、神をも恐れぬ許し難い所行や呪術めいた振る舞いにまでこの寵姫を導いた、その燃えたぎるような激昂は、当時の人びとには、道徳的に見て、より悪質であるように思えた。とはいえ、モンテスパンは、少なくとも、たとえ口先だけにしろ、教理問答《カテキスム》の上面くらいは覚えていた、というか、薄っぺらにせよある程度の宗教心は持っていた。しかし、彼女がかかえる強烈な野心と並はずれた嫉妬心を前にしては、なにものも引き留めることができなかったのである。とうぜん聞き及んでいたに違いない、地獄の恐怖さえも。

「国王と同衾する栄誉」を得るために、彼女は、自らの魂の救済ばかりか自らの人生までも賭け、さらには、このような女性にとりもっとも貴重ななにか、つまり、彼女がなにより誇りにしていた自らの肉体の神秘ないし肉体の尊厳とでも言うべきもの、を賭けた。モンテスパンの行動については、すでに、古文書学者のジュール・レール氏が、そのすぐれた著作『ルイーズ・ドゥ・ラ・ヴァリエール』〔一八八一年出版〕の中で言及しているし、ファンク＝ブレンターノ氏も、本書において正確かつ鮮やかな筆致で描いている。高貴な身分のこの婦人が、灰色の外套をまとい、仮面で顔を隠して、ヴェルサイユ宮殿を抜け出すようになってからの行動の一部始終を。泥でぬかるむパリの路地裏を歩き回ったすえ、とある陋屋を訪ねるまでの様子、その陋屋で毒薬の調合と堕胎を生業《なりわい》とする女ラ・ヴォワザンや、卑劣だが背が高く容姿端麗で慇懃な物腰の司祭マリエット、徒刑場を出所したばかりの根っからの小悪党ルサージュらとともに、福音書の一節を朗読し、《神はきたりて》を歌い、恋敵であるラ・ヴァリエールの死を画策し、さらには、そうした数々の冒瀆を重ねる過程で自らの肉体を宗教的姦淫に捧げる様子を。

　初めのうちは、鳩を生贄にする程度ですんでいたらしい。しかし、「同衾する栄誉」を維持し、掌中から今にも飛び立ってしまいそうな国王の愛を繫ぎ止めるには、もっと過激な手段が、いや、とことん突き進む必要があった。すなわち、「黒ミサ」を断行し、毒薬にまで手を染めざるを得なかったのである。こうして、一六七三年、モンテスパンは黒ミサを十五日間に三度行った。蠟燭を立てた燭台と燭台の間に椅子が並べられ、その上に広げたマットレスに裸身をさらす夫人。夫人の体を祭壇にみたてた堕落司祭ギブールが、キリスト教の祭儀にのっとり、聖杯に注いだ生け贄の血を飲む。司祭本人が一エキュ［原注：十五フラン現行価格］で買い求めてきた、男の子の血を。

「豊穣の女神《アスタルテ》と色欲を司る魔神《アスモデウス》」の庇護もあって、モンテスパンと国王の間には二重に不義の子女がつぎつぎに授かっており、国王はその子らを嫡出子であると宣言させていた。知らぬとはいえ、これは、黒ミサを立法的かつ司法的に認めさせることを意味するものであり、高等法院に対する侮辱である。しかし、なれそめからほぼ十年を経る頃には、国王のモンテスパンに対する愛は下降の一途をたどるばかり。おりしも、並み居る恋敵の中でも、ラ・ヴァリエールに次ぐ強敵の登場となる。スービーズ大公妃の退場とともに現れた、フォンタンジュ嬢である。これが、モンテスパンをあらたな凶行

バスティーユ監獄とサン＝タントワーヌ門（18 世紀の版画より）

に走らせた。彼女は、ふたたびラ・ヴォワザン宅での黒ミサを決行するとともに、愛を繋ぎ止めるための媚薬を国王に盛り、死にいたらしめるための毒薬をフォンタンジュ嬢に盛ることにする。

「モンテスパン夫人は、恐水病にでもかかったかのように荒れ狂っています」

と書簡作家のセヴィニェ夫人は当時の様子を記している。

そうこうするうち、巷では、ブランヴィリエ事件の模倣犯がのさばりはじめていた。ラ・ヴォワザンとその配下が「遺産秘薬《パウダー》」の店を開いたのをきっかけに、飲ませれば遺産が授かるというこの毒薬が、パリで猛威をふるうようになり、毒殺事件が頻発していたのである。医者の無知無策にも、責任の一端はあった。藪医者どもが、自分らに説明のつかない死亡原因をすべて遺産パウダーのせいにし、手をこまねいていたからだ。このため、宮廷及びパリはパニック状態におちいる。「悪行が恐怖をまき散らした」のだ。

国王は、これら前例のない犯罪を裁くために、終審裁判所――いわゆる「火刑裁判所」――を設置。封印状が雨あられと発行され、バスティーユは満杯になった。ここが身分の高い人びとの牢獄であったことは、われわれも知っている。宮廷の有力人士がつぎつぎに逮捕され、起訴され、尋問された。家名などなんの役にも立たなかったし、どんなに輝かしい肩書きの持ち主であろうと、被告人がどれほど権柄ずくな態度をとろうと、高等法院評定官たちによる強制尋問は、中断されることなく、粛々と行われた。しかしながら、貴婦人らは意気軒昂で、そのような状況下にあってもなお、評定官にたてつき、拷問執行人を鼻であしらっていた。

と、突如、すべてが沙汰止みになる。誰もが、自分も毒を盛られるのではないかという疑念に震え上がる一方、次は自分に毒殺の嫌疑がかかるのではないか、国王の封印状が届くのではないか、憲兵に踏み込まれるのではないかと怯えていた日々に、突然終止符が打たれたのだ。悪夢は一瞬にして消え去り、追跡も止み、傍聴人が嘲笑する中でつぎつぎに無罪判決が宣告された。なすすべもない裁判官たちの前に押し寄せた被疑者らが、ほら見たことかとせせら笑い、これが礼儀にかなった作法とされる。ヴェルサイユもパリも、またもとの暢気《のんき》で浮かれた日々を取り戻した。ことの真相が、なんともあっけないかたちで判明したからである。ただ、その影響はきわめて深刻だった。逮捕され、通常ないし特別な「拷問にかけられた」魔女や毒殺者、アスモデウスのような司祭、黒ミサを行う似非《えせ》信徒どもが口を割ったのだ。モンテスパン夫人が事件の渦中にいた、と。

ファンク＝ブレンターノ氏は、モンテスパンがらみのこの事件を、ドラマ仕立てで、簡潔に、力強く、いきいきと物語っている。筆法の冴えは終幕におけるどんでん返しの場面で最高潮に達し、ことのなりゆきが感動的に述べられてゆく。数々の卑劣な所行が再現され、スポットライトが当てられているこの場面で、一人の高潔な人物が登場する。感性が鋭く、揺るぎない信念の持ち主である司法官、ラ・レニである。本書には、この司法官に関するあらたな情報が多数盛り込まれており、この場面における彼の心の軌跡をたどる描写はとりわけ秀逸で、これが、著者に対する評価をさらに高めるものとなっている。

この感動的な場面にはモンテスパン以外の寵姫らも姿を見せており、顚末が対話形式で解き明かされてゆくのだが、いよいよ佳境というところで現れるのが、ほかならぬラ・レニである。この事件に関する訴訟手続の調査及び尋問調書の精査に乗り出した彼は、国王の後宮《ハレム》で言語道断な所行が繰り広げられていることを初めて知る。自らにやましいところも後ろ暗いところもないこの司法官は、国王ルイ十四世の偉大さに心底敬服しているが、それは決して偶像崇拝のたぐいではない。また、彼は、国家に献身的なまでに尽くしているが、国家の存在を盲信しているわけでもない。その彼が知ったのである、寵姫モンテスパンと国王の不倫がいかに厳しい制裁を加えられてしまっているかを。それは、結果的に、寵姫の犯した罪がフランス王妃の犯した罪にほぼ匹敵するものとなり、寵姫の冒瀆的行為がフランス王家の血脈に末代まで影響を及ぼすものとなることを意味していた。

今、本書において、われわれが、誠実な司法官ラ・レニの困惑と苦悩のあとをたどることができるのは、彼が残しておいてくれたメモ帳のおかげである。モンテスパン事件の調査を主導していたラ・レニは、公的な報告書とは別に、覚え書きを自分用の小さな手帳に書き留めていたのだ。これを、本書の著者であり歴史学者のファンク＝ブレンターノ氏が、不撓の努力で発掘した。

以下は、ある日のラ・レニの記述である。

「耳を傾けるだに耐え難い常軌を逸した所行、思い出すだに虫ずの走る着想の数々、だがそれ以上に気が重いのは、これら一連の尋常ならざることどもを国王に報告しなければならぬことである。……今さらながら、自分の弱さを思い知った。……心ならずも、これらの異常行動にひそむ特殊性を前にすると、恐怖が理性を凌駕してしまう。これらの犯罪は、私を及び腰にさせてしまう」

だが、彼は、意を決して国王のもとにおもむく。余人をしのぐ光輝を神から授かった人物、とラ・レニ自身が記しているルイ十四世のもとに。そして、調査結果を、王の寵姫にとり社会的に不利な証拠の数々を、報告したのである。そこには、陸軍卿ルーヴォワも陪席していた。モンテスパン夫人の献身的な友であり、しかも、フランス君主制の信奉者で、日頃から、「万事例外なくこの君主制のおかげをこうむっている」と主張していたルーヴォワ侯爵は、王冠の威光、すなわち玉座の「名誉」を護持する立場をとる。ルーヴォワは威嚇的で執念深く、狡猾な男であり、有能な軍師であるとともに敵に回すと厄介なトラブルメーカー、謀略を用いることもいとわない老獪な法学者でもあった。一方、ラ・レニも断固たる態度を崩さない。

最終的に、この事件に関する証拠書類を焼却したのは、国王だった。それが、寵姫モンテスパンとの激しいやりとりのすえ、彼の出した結論だったのである。

以下は本書第二章Ⅱの終盤部分からの抜粋である。

一六八〇年八月半ば、ルーヴォワは、モンテスパン夫人のために、国王との面談の場をもうけた。

遠くから二人を気遣わしげに見つめていたマントノン夫人によると、「初めのうちこそ、モンテスパン夫人は、泣いたり、王をなじったりしていたが、ついには居丈高な態度で話すようになった」。

最初は、国王から矢継ぎ早の問責を受け、ただ呆然とし、ぼうだの涙を流し、狼狽し、高慢の鼻をくじかれていた彼女だが、やがて、落着きを取り戻すと、生来の自尊心がよみがえり、数多くの恋敵に対する競争心と憎悪の念をテコに、反撃に転じる。

そして、仮に自分が数々の大罪を重ねたことが事実であるとしても、それは、国王に対する愛情が深かったからであり、国王の愛情はこれに反比例するものだったからだ、すべてを犠牲にして仕えてきた自分に対して、国王は薄情で残酷で不実な振る舞いで応えたではないか、と主張。

国王は彼女に制裁を加えることもできた。だが、それは、フランス及び全ヨーロッパの人びとの面前で、庶子であるにもかかわらずフランスの王位継承権を認められた子供たちの母親に、制裁を加えることを意味した。この面談で、モンテスパン夫人は完膚無きまでの敗北を喫したが、最終的には、救われたことになる。

本書の山場であるこの場面に必要なのは、ラシーヌの『ブリタニキュス』第四幕で、アグリピーヌがネロンに投げ付けたあの台詞なのかもしれない。

あなたではありませんか、身の証を立てろ、とこのわたくしに命じているのは！

フーケ事件にあれほど卑劣な手段で介入したコルベールが、この事件ではあまりにもおおっぴらに善意の人を演じている。そうすることで、彼は、少なくとも、文学及び歴史から得た教訓を遵守したのだ。詩人のニコラ・ボワローは次のように述べている。

「スエトニウス〔ローマ帝政期の伝記作家（六九頃－一三〇頃）〕をどうしても許せなかったコルベール殿を、私は尊敬する。なぜなら、スエトニウスは、古代ローマ諸皇帝の破廉恥な振る舞いを暴露してしまったのだから」

後年、ナポレオンが、ドイツのエルフルトで文豪ゲーテと対面したおり、タキトゥス〔ローマ帝政期の歴史家（五五頃－一二〇以後）〕に反駁するゲーテの肩を持ったのも、同じ理由からだった。

V

どうやら筆者はしゃべりすぎたようだ。これでは、本書で語られている事件について自分自身で知りたい、本書を自分自身で読み通したいと望んでいる人びとの意欲をそいでしまっているに違いない。それでもやはり、申し上げておきたいことがもう一つある。それは、著者の編み出した秀逸な構想にほかならない。彼は、その構想をきわめて巧みに生かしながら、収集した古文書やセヴィニェ侯爵夫人の書簡を再読し、それらを随所に挿入することにより、叙述に彩りを添え、活気を与えている。

どういうわけか、セヴィニェ夫人はなかなかの事情通である。とはいえ、これらの事件に対する彼女の姿勢には問題がある。いくらそれが時流だったとはいえ、社交界風の軽はずみな調子で、あるいは皮肉まじりの浮薄な口調で、こうしたおぞましい事件を論じるのはいかがなものか！　しかも、現代の上流社会の女性が重罪裁判所での審理や係争中のスキャンダラスな裁判を傍聴したり、評判のメロドラマを観覧したりするのと同じ感覚で、特等席の奥からこれらの事件を見物している。たとえば、ブランヴィリエ事件に関するグリニャン夫人宛ての書簡をお読みいただきたい。一六七六年四月二十九日付けの書面にはこうある。

「王女メディアだってこんなひどいことはしませんでした。ブランヴィリエは、この告解録の筆跡が自分のものだと認めました。でも、こんなものを書き残すなんて愚の骨頂です……」

また、

「すべてが終わったのです、ブランヴィリエは虚空《こくう》に散りました。処刑後、その哀れにもちっぽけな肉体は燃えさかる火の中に投げ込まれ、遺灰は風となったのです。いずれ、わたくしたちはその風を吸い込み、精霊たちの働きで、衝撃的な、一種毒気に当たったような気分にさせられることでしょう」

という文言で始まる同年七月一七日付の書簡には、グレーヴ広場における処刑の経過が報告されており、そこには、当時の「上流人士」が、通路という通路、窓という窓、はては屋根裏部屋の小窓という小窓からその一部始終を眺めている光景や、「パリの名士」らが、この処刑そのものをスペクタクルとして楽しんでいる様子が綴られている。そして、その数日後には、

「この恐るべき女に関するあなたの意見はどれも、これ以上ないほど痛快でした。……彼女は、生きたように死にました、つまり、臆面もなく生き、臆面もなく死んだのです」

と辛辣な筆致でブランヴィリエの生き方を評したあと、その後に起きた出来事を伝えている。

「翌日、人びとは彼女の遺骨を探し求めました。民衆は、彼女が聖女だと思い込んだのです」

だが、セヴィニェ夫人が、これ以上この話題に言及することはなかった。悪女の死が聖女伝説にまで発展したのが、面白くなかったからである。

セヴィニェ夫人よりずっと洞察力にたけたファンク＝ブレンターノ氏は、この聖女伝説に関し、独自の解釈をしている。筆者には、今ひとつ不可解な解釈を。つまり、この出来事から、当時の社会的行動様式に関する非常に重要な特徴を導き出しているのである。悪徳と犯罪にどっぷり身を沈めた、良俗にもとるこのふしだらな女が、光明を授かり、心からの天啓を受け、究極の優しさを得た、すなわち彼女は回心した、と言うのだ。論理によってでも恐怖によってでもなく、神の恩寵によりブランヴィリエは回心した、という結論を導き出したのである。ポール＝ロワイヤルを拠点に広がったジャンセニスム〔十七、八世紀のフランスで展開された恩寵論を核とする宗教運動〕が全盛の頃、多くの人びとが、コルネイユの戯曲に登場す

る人物のように、論理によってでも恐怖によってでもなく、神の恩寵によって回心したように、彼女も回心した、と。この点については、彼女の聴罪司祭であった、ピロ神父の『手記』をご参照いただくしかない。現代では、トルストイのみが、名著『復活』において、天啓により信仰の奥義を得た人物を描いている。

ともあれ、ブランヴィリエの処刑に立ち会ったパリの民衆は、その死に様に神の啓示を直観し、彼女が殉教者に変身したという伝説を生み出した。

一方、モンテスパン夫人は、死に花を咲かせそこねた。なによりも、身の退《ひ》き方が悪かった。ロングヴィル公爵夫人〔フロンドの乱で国王側に反旗を翻したもの〕〔の敗者となった女傑の一人（一六一九–七九）〕の轍を踏んだ感のある、ふてくされた悔い改め方しか示さなかったからである。このため、国王は憎悪と不快の念を抱きながらモンテスパンを退けたし、モンテスパンは怨念にさいなまれながら表舞台から退くことになった。こうして、彼女は、快楽を失ったことに対する激しい憤り、数々の華やかな思い出から引き離されねばならないという痛恨の思い、おぞましくも淫らな悪魔がはびこる地獄に対する恐怖にさいなまれながら、後宮の第一線から退いたのである。当時の人びとは、地獄に対し強い恐怖心を抱いており、彼女の脳裏にも、さまざまな地獄図が去来していた。それは、風刺画家カロの描く地獄絵やラ・ヴォワザン宅の魔女集会《サバト》で垣間見た魔界、さらには、宮廷付き説教師ボシュエの叙述する地獄の風景であった。きわめつきはやはりボシュエの説くぞっとするような冥界であり、彼は、人心をおののかせ彼らの恐怖をあおるべく練り上げた地獄のイメージを、おどろおどろしい呪いの言葉を並べ立てながら、雄弁に説き明かしていた。

「大地に災いあれ！　腹黒い怨念わき起こるこの大地、天と光明をわれらから隠蔽してしまうほどの煙霧が、漆黒の蒸気が、たえず噴出するこの大地、さらには、人類の堕落に対する神の審判を示す雷光と雷鳴をも発するこの大地に、災いあれかし！」

モンテスパン夫人の最期、苦悶の中での死に際については、サン＝シモンの『回顧録』をお読みいただきたい。

VI

歴史は、それが十分に吟味されている限り、過去に関する知識を与えるだけのものではない。それは、文学作品を活性化するとともに、幾星霜を経て形骸化した状態のままわれわれの眼前を通過してしまいがちな数々の文言に、本来の活力と味わいを回復させもする。あるいは、使い古したコインに真新しかった時のような輝きを取り戻させるもの、と言っても良いかもしれない。つまり、浮き彫り《レリーフ》もすり減り、刻まれた当初の明快で存在感のある人物像とはほど遠い、ぼんやりとした似姿をとどめているだけのコインに、本来の活力と味わいを回復させるものである、と。本書を読了後、モラリストとして知られるラ・ロシュフコーによる以下のくだりを読み返すと、その含むところに、行間に秘めた書き手の真意に思いいたるとともに、その本質を突いた指摘に膝を打つ。

常軌を逸した事件の発生件数という点では、今の世紀〔十七世紀〕が過去の諸世紀と同程度だとしても、犯罪の過激さという点では、残念ながら、過去の世紀を上回っているというのが衆目の一致するところであろう。フランス自身、これまでずっと犯罪を忌み嫌ってきたし、現在も国家の名誉及び宗教的見地から犯罪に異議を申し立てており、現君主〔ルイ十四世〕により示されるもろもろの規範により支えられている。だが、そのフランスにおいてさえ、昨今では、これまで歴史上の出来事や寓話として扱われ、古代にしか起こり得ない犯罪とみなされていたたぐいのあらゆる事件が実際に起きるのを、われわれは目の当たりにしている。どの時代にも、悪徳はつきものだ。人間は生まれながらに打算的であり、残酷であり、ふしだらである。ところが、今人びとは、われわれの誰もがその名や顔、消息を現に見聞きしている人物の言動について語るさい、紀元一世紀に生きていた人物の言動についてでも語るかのような体をとり、ローマ皇帝ヘリオガバルスの堕落やギリシャ人の信仰、王女メディアによる毒殺ないし親族殺人になぞらえて侃諤《かんがく》の議論を繰り広げている。

セヴィニェ夫人は、おそらく、当時頻発していた異常な事件について、古くからの友人であるラ・ロシュフコーと何度も語り合っていたに違いない。一六八〇年のブルダルーの説教、すなわち、国王とモンテスパンとの間に最悪の危機が訪れる直前に行われた説教について、彼女は次のように記している。

「わたくしたちは晩餐のあと、ブルダルーの説教を聞きました。彼は、例によって、耳が聞こえない人のように大きな声で、歯に衣着せず、姦淫反対論をとうとうと説いていました。『悪の道から身を退《ひ》きなさい！』と。彼は、どんな時にも、何人《なんぴと》にも左右されることなく、我が道をゆくのです」

ブルダルーは、ボシュエと並ぶこの時代きっての説教師であり、これは、彼が行った珠玉のような説教の一つである。その弁舌に耳を傾けるとともに、ファンク＝ブレンターノ氏により綴られた本書をひもときつつ、このイエズス会士の発言を検討し、その文言に注釈をほどこしながら、お読みいただきたい。堕落した精神について語るその長広舌が、実は思いも掛けない重要性を帯びていることに気づかれるはずだ。

「不正な行為が絶対的権力を有するのは、堕落した精神のせいである……、冒瀆がもっとも神聖なものに危害を加えるのは、堕落した精神のせいである」

ここで発せられているのは、型にはまった空言でもなければ、常套句を用いた苦言でも、説教師特有の空疎な言葉の文《あや》でもない。

「これが事実であることを証明するのに、さほど昔までさかのぼるつもりはない。なぜなら、われわれの世紀、きわめて不運なこの世紀は、われわれにこの事実を認めさせるに十分なほど多くの堕落した精神を内包しており、神が残忍な人間を作りたもうたのも、ひとえに、これが事実であることをわれわれに認めさせるためなのだから」

説教はさらに熱を帯び、ついには、手綱を放たれ、鞭を連打された奔馬のように、驀進《ばくしん》しつづける。

あなた方は、ふしだらな精神に支配された放縦な女を信用してはならない。女はあなた方を裏切り、見捨て、危《あや》めることだろう。このふしだらな精神こそが、人を冒瀆者にするのだ。誰が信じるだろう、神が、後世の人々にとり震え上がらずには読むことができないような事柄を今の時代に満ちあふれさせるべく、采配を振るわれたなどと？　誰が信じるだろう、冒瀆は、むき出しの情動に興趣を添えるものだなどと？　誰が信じるだろう、聖なるものに対する冒瀆は、放蕩三昧の暮らしから不可避的に生じるものだなどと？　誰が信じるだろう、宗教上もっとも神聖なるものが、ふしだらな所行の中でもこれ以上ないほど堕落した所行に利用されていたなどと？　……
……

司法が、魔女及び毒殺者らの策動を注意深く監視するようになったのは、聴罪司祭らが、当時蔓延していた不正行為を、それとなく、特定の個人を名指すことなく、通報したからである。とはいえ、彼ら聴罪司祭が、そうした行為についてより多くの事例を把握していたのは間違いのない事実であり、ブルダルー自身、一度ならず黒ミサに従事していたのも、これまた疑う余地のない事実なのである。

パリの毒殺劇——ルイ十四世治下の世相　目次

第一章　ブランヴィリエ事件

Ⅰ　マリー＝マドゥレーヌ・ドゥ・ブランヴィリエの行状

ブランヴィリエ侯爵夫人は、今もなお、わが国における司法史上もっとも有名な人物の一人である。重ねた罪の大きさ、出自の華やかさ、訴訟経過及び死にいたるまでの状況は、今後も、歴史的事件に関心のある人びとの注意を喚起させつづけることだろう。訴訟経過及び死にいたるまでの状況については、彼女の聴罪司祭であったピロ神父が手記を残しており、これは、フランス文学における傑作の一つといっても過言ではない。ともあれ、最終的に、彼女は、その気質にやどる並はずれてエネルギッシュな精神力により、処刑後、一部のパリの民衆から聖女とみなされるまでになった。

歴史家ジュール・ミシュレは、雑誌『二つの世界』〔一八六〇年四月一日号〕に、ブランヴィリエ侯爵夫人に関する一文を掲載しているが、これはきわめて不正確かつ欠陥だらけの記述であり、これに比べたら、アレクサンドル・デュマ・ペールの短編『著名な犯罪、ブランヴィリエ侯爵夫人』〔一八五六年出版〕のほうが、少なくとも歴史的観点からは、ましだ。歴史学者のピエール・クレマンは、『ルイ十四世治下のパリ警察』〔一八六六年出版〕の中で、また、最近ではコルニュ弁護士が、破棄院での弁護士による実地研修会再開のおりのスピーチで、この凶悪な犯罪事件について言及している。くわえて、先頃あらたな資料も見つかり、本章ではこれらの資料を踏まえたうえでの記述が可能になった。

歴史家にとり、ブランヴィリエ侯爵夫人を被告とする訴訟事件は、きわめて興味深い事例である。

これは、その数年後、ルイ十四世による治世の最盛期に宮廷で起きた大胆不敵な毒殺騒ぎの遠因となった事件であり、太陽王の宮廷を舞台に繰り広げられたこの騒動では、フランス屈指の名家がつぎつぎに巻き込まれ、面目丸つぶれの状況に追い込まれることになる。また、ブランヴィリエ侯爵夫人は、奔馬にもたとえられる並はずれて激しい気質、今後徹底的に研究する価値があるのではないかと思える気質をそなえた、あるタイプの女性を具現しており、いずれわれわれは、似たようなタイプの女性が繰り広げる大事件を目の当たりにすることになる。ブランヴィリエ夫人以上に激しい気質の女性が、玉座の周辺で、これでもかとばかりに繰り広げる思いも掛けない大事件を。

*****

ドゥリュー・ドブレイ、ブランヴィリエ侯爵夫人の父。

マリー＝マドゥレーヌ・ドブレイ、すなわちブランヴィリエ侯爵夫人は、一六三〇年七月二十二日、オフェモン及びヴィリエの領主、ドゥリュー・ドブレイの長女として生まれた。下に四人の弟妹がいる。ドゥリュー・ドブレイは、国務諮問会議《コンセイユ・デタ》の評定官、高等法院主任審理官、パリの地方行政官管区《プレヴォ・ヴィコンテ》裁判所の民事代行官、フランス鉱山鉱石総司令官の肩書きを有する高級官僚であり、父親はソワソン出身のフランス財

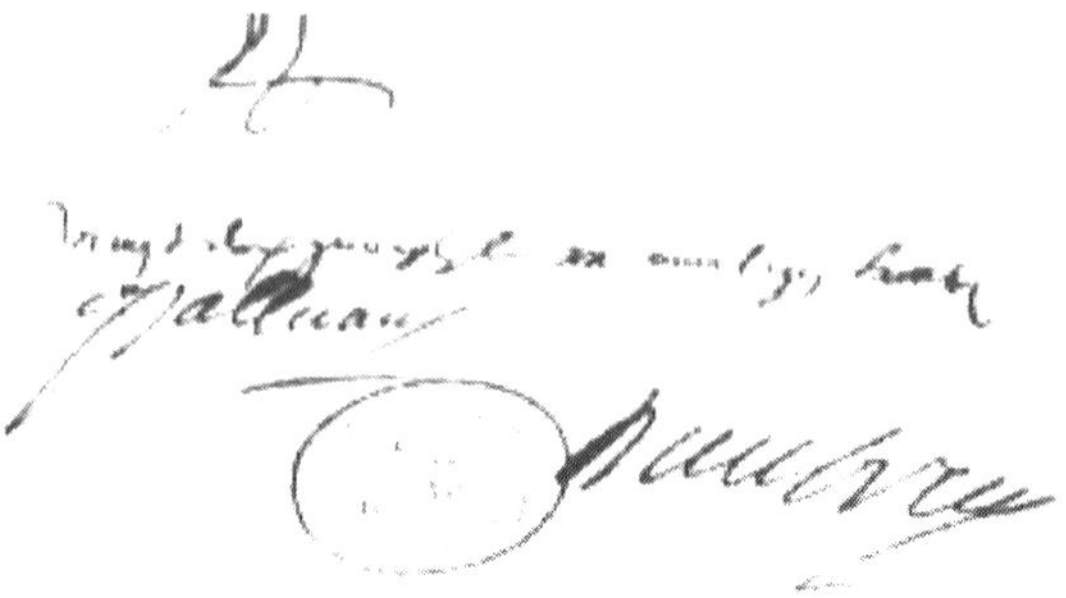

マリー＝マドゥレーヌ・ドブレイの署名

務官だった。

マドゥレーヌ・ドブレイはきちんとした教育を受けていた。少なくとも、文学的教養という見地からは。彼女がしたためた手紙の綴りは正確であり、これは当時の女性としてはまれなことである。書体はきわめて流麗で、力強く、メリハリがあり、むしろ男性的な書体、それも一時代前にさかのぼったような——癖の強い——古風な書体である。しかしながら、宗教的教育に関しては、まったくないがしろにされていた。死の前日に交わされた聴罪司祭との対話のさい、宗教におけるもっとも基本的な箴言、つまり、通常子供らが日々の営みの中で習得し決して忘れることのない教訓や格言のたぐい、が一切身に付いていないことを露呈したのである。

こと道徳的教育に関しては、完全に欠落していた。すでに五歳から、マドゥレーヌは恐るべき悪癖にふけっており、七歳で処女を失う。ミシュレはこれを、「少女の小さな過ち」と呼んでいる。ほどなく、彼女は弟らに身を任せた。その経緯については、当人が法廷で詳しく証言している。彼女は、生来、激情的で興奮しやすい気質の持ち主であり、この気質が、天性の並はずれたエネルギーを、情念のおもむくままに突き動かしていた。このエネルギーは、情念が突き動かされない限り活動を開始することはないのだが、ひとたび内面になんらかの激情が潜入するや、それにあらがうことができず、たちまちこれに支配されてしまうのである。侮辱に対する感受性が極度に強く、とりわけ、自尊心を傷つけるような侮辱に敏感だった。こうした感受性は、うまく管理されれば英雄的な行動を起こさせもするが、邪悪な本能のままに行動を起こした場合には、最悪の罪さえ犯しかねない範疇に属するものである。

一六五一年、二十一歳で、マリー＝マドゥレーヌ・ドブレイは、ノラの男爵でノルマンディー連隊基地の若き長官、アントワーヌ・ゴブラン・ドゥ・ブランヴィリエと結婚した。アントワーヌは、有名な王立ゴブラン製作所創始者の直系の子孫であり、父親は会計法院議長だった。ドブレイ嬢は、二十万リーヴルの持参金を夫にもたらし、夫自身も資産家であったから、当時、夫妻は莫大な財産を享受していた。ちなみに、ブランヴィリエは、現オワーズ県クレルモン郡サン＝ジュスト地区に位置する北仏ピカルディー地方の村で、一六六〇年、この地が侯爵領として認可されたことにより、アントワーヌ・ゴブランは侯爵と名乗る栄誉を得た。

若き日のブランヴィリエ侯爵夫人

ブランヴィリエ侯爵夫人は、深い眼差しをした大きな瞳の、魅力的で、快活で、可憐な女だった。生き生きとした、歯切れの良い話しぶりがとても印象的で、人好きのする明るい性格の持ち主だが、追い求めるのは享楽のみ。後年、逆境にあるブランヴィリエ侯爵夫人に接した司祭は、その人となりを次のように描いている。

「彼女は、生まれながらに大胆で、度胸があった。生まれつき正直な性格のようにも見えたし、なにごとにも無関心なようにも、鋭く深い洞察力があるようにも見えた。また、物事を非常に明晰に把握し、理解したことを短い言葉で要領よく、きわめて的確に表現した。難題に直面しても、それを切り抜けるための手段をすばやく見いだし、打開策を講じる反面、気紛れで、専念ないし傾倒する対象を一切持たず、むら気で、忍耐力は皆無、同じことを何度も言われるのを嫌う。

人柄はどことなくおおらかで、不測の事態に直面しても冷静沈着、なにがあっても動揺しない芯の強さをそなえており、死を迎える覚悟も、必要なら死の苦しみを耐える覚悟さえできている。

ゆたかな栗色の髪、丸みをおびた端整な顔立ち、おだやかでそれは美しい碧眼に、抜けるような白い肌と形の良い鼻。一点非の打ち所のない美女だった。

生まれもった顔立ちはとても優しかったが、過去に味わったなんらかの心痛が脳裏をよぎると、激しく顔をゆがめた。それは、初めて出くわした者なら恐怖を感じるに違いないような表情であり、引付けを起こしたようなその渋面が、軽蔑や憤怒、悔しさを示していることもあった。

体つきは、とても小柄でほっそりとしていた」

夫のブランヴィリエ侯爵は、根っからの道楽者だった。博打と遊蕩に明け暮れていた彼が、結婚したからといってそれまでの堕落した生活を改めようなどという気になるはずもない。一六五九年、彼は、ゴダン、別名サント＝クロワなる男と親交を結ぶ。モントバン出身の保有官僚《オフィシエ》〔官職を世襲または購入した役人〕で、トラシー連隊の騎兵連隊長を務めるサント＝クロワは、ガスコーニュの名家の非嫡出子を自称する、若く、見栄えの良い男だった。当時記されたある回想録には、

「機知に富んだ、なかなか気の回る男で、こうした長所は、まれにではあるにせよ、女がいつの間にか言いなりになってしまいかねないたぐいのものであった」

とある。

当時、パリでも屈指の弁護士として知られていたヴォティエ氏は、高等法院における口頭弁論のさい、サント＝クロワの人物像を次のように描いている。

「サント＝クロワは赤貧洗うがごとき状況におりましたが、彼には特異な才能がありました。見るからに快活で人好きのする、才気を感じさせる容貌の持ち主で、事実、彼には才気があり、なんであれ人に喜ばれるようにことを運んでいたのです。人を喜ばせるのが好きで、信心がらみの善行に共感するのと同じくらい嬉しげに、犯罪計画の片棒も担いでいました。侮辱には過敏、恋情にはもろい男でしたが、いったん惚れ込むとむやみに嫉妬深く、淫行が公的権利として認められている女に対してもこれは変わりませんでした。金遣いがけたはずれに荒いため、どんな職業に就いてもまかないきれるものではなく、あらゆる犯罪に魂を売り渡していましたが、その一方で、信仰にも介入し、信仰に関する本を何冊か書いています。信じてもいないのに、神について言葉巧みに語り、この信仰の仮面――彼はこの仮面をごく親しい人の前でしかはずしませんでした――のおかげで、善行の分け前にあずかっていたものと思われます。このようにして、彼は、今回の一連の犯罪のすべてに与《くみ》していたの

です」

オフィシエであり、妻帯者であったにもかかわらず、サント＝クロワは、時に、聖職者になりすまし、神父という肩書きまで名乗っていた。

かたや、見てくれが良く女あしらいの巧みなサント＝クロワ、かたや、たおやかな姿態と青い瞳が評判の、社交界の花形ブランヴィリエ侯爵夫人。

「ブランヴィリエ夫人は、サント＝クロワとの情事を隠したりはしませんでした。つまり、彼女は彼との情事を社交界でひけらかし、これが物議をかもす結果になったのです」

とヴォティエ弁護士は指摘している。

彼女は、夫にもこの情事をひけらかし、夫の侯爵も負けじと妻以外の女たちとの情事をひけらかした。まずかったのは、侯爵夫人が、父親にまで自らの情事をひけらかしてしまった点である。その結果、パリ裁判所民事代行官であり、大黒柱として一家に君臨する古風で一徹な父親は、娘の愛人に対する国王の封印状〔国王が裁判なしで投獄、追放を命じる書状〕を取り付けるにいたる。こうして、一六六三年三月十九日、サント＝クロワは、「かたわらに侯爵夫人その人が乗っている彼女の四輪馬車の中で」逮捕され、バスティーユに投獄されてしまう。

こういった出来事に興味をそそられた多くの作家が、その後のサント＝クロワについて記している。バスティーユでエグジリという有名人と知り合い、彼からイタリアの毒薬について学んだサント＝クロワは、やがて自由の身となり、伝授された恐るべき薬物の処方を、愛人ばかりかそれ以外の人びとにも教え、ついにはこれがフランス中に広まった、と。

この説は当時の文献類にすでに見いだされており、ブランヴィリエ侯爵夫人を擁護するため、ニヴェル弁護士が高等法院で行った口頭弁論において、とりわけ顕著である。
エグジリ――本名エッジディ、またの名をジル――は、スウェーデン王妃クリスティーヌ(1)に仕えるイタリアの貴族だった。彼がサント＝クロワと同時期にバスティーユに投獄されていたのは事実である。エグジリは、バスティーユに、一六六三年二月二日から七月一日までいた。サント＝クロワがいたのは、同年三月十九日から五月二日までである。デグレと呼ばれる国王巡邏隊の中隊長――この人物が今後重要な役割を演じることになる――が、カレーに連行のうえイングランド行きの船に乗せるようにとの指令とともに、出獄したエグジリの身柄を受け取った。しかし、連行の途上で逃亡したのか、イングランドに到着後フランスに舞い戻ったのかは不明だが、筆者は、このイタリア人が、さほど間をおくことなく、ふたたびパリで暮らしはじめていたことを突き止めた。それも、サント＝クロワの家に身を寄せていたのである。エグジリは彼の家に半年いたが、当時一般に呼び習わされていた「毒薬術」なるものをサント＝クロワに伝授したのは、エグジリではない。バスティーユに投獄されるずっと前から、サント＝クロワは毒薬に関する知識を身に付けており、それはエグジリの知識を上回っていた。サント＝クロワは、この知識を、高名なスイス出身の化学者で、パリのフォブール・サン＝ジェルマンに調剤室を構えていた、クリストフ・グラゼ〔一六二九―一六七二頃〕から得ていたのである。グラゼはスイス出身の有能な学者で、一六六三年に出版した著作『化学概論』は当初から爆発的な売れ行きを見せ、大成功をおさめていた。もともと、「国王及び王弟直属の薬剤師」であり、当時王立植物園内に設置されていた学校で、八年間、化学及び化学調合物に関する公開講座を行っていた。彼はま

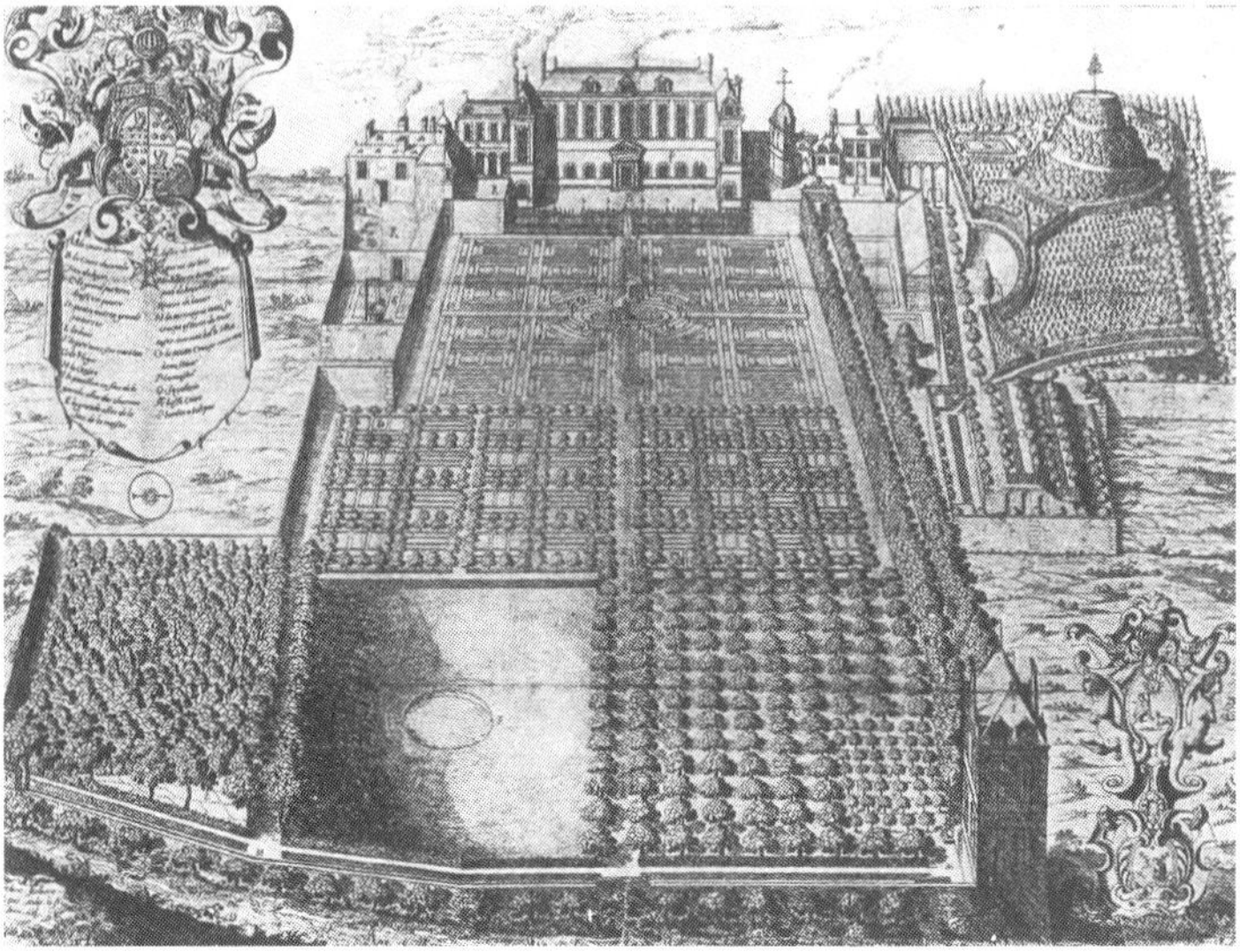

王立植物園（17 世紀）

た、硫酸カリウムの発明者でもあり、その後長い間、この薬物には彼の名が付けられていたほどである。グラゼは、サント＝クロワとその愛人の、主要な、そしておそらくただ一人の、薬物供給者だった。往復書簡の中で、このカップルが、自分らの使用している毒薬を「グラゼのレシピ」と呼び合っていることからも、これは明白である。もっとも、この毒薬は、成分が単一で、今日では粗悪品としかみなされないたぐいのものだった。

なお、エグジリは、その後姿をくらましていたものの、クリスティーヌ王妃との交流関係は維持しており、一六八一年、フランソワ・ドゥ・モデーヌ公爵の従妹リュドゥヴィカ・ファンタギュッジ伯爵夫人との婚儀では、華麗な式典を催している。

*****

サン＝ジェルマンの定期市場（17世紀）

バスティーユから出獄するや、サント＝クロワは、ブランヴィリエ侯爵夫人とよりを戻す。夫人は、愛人が投獄されたことでいきりたっていた。自尊心を深く傷つけられ、父親に対する激しい憎悪がふつふつと沸き上がってくるのを抑えられずにいたのである。くわえて、当時の風潮にのり、これでもかとばかりに遊びほうけていた。愛人を同伴しての博打や乱痴気騒ぎに憂き身をやつす日々に、豊かだった資産も底をつき、遠からず、悔悛の秘跡の中で述べることになる。

「莫大な財産を注ぎ込んだため、この男に破産させられました。でも、責任は、わたくしにあります」

父親の財産を手に入れたいという欲求、及び、父親から受けた侮辱に対する復讐心――これは日増しにつのるばかりだった――に駆られるうち、彼女は恐ろしい犯罪を思い付く。

サン＝ジェルマン定期市場の四つ辻で四輪馬車

から降り立つ若きオフィシエとしとやかな貴婦人を、近隣の住民が見掛けるようになったのは、その頃のことである。二人は徒歩でプティ゠リオン街の方に向かい、ある建物の奥まった部屋に入っていった。薬剤師兼化学者、グラゼの調剤室である。訪問が頻繁なため、借家人らが好奇心を抱くようになり、偽金でも造っているのではないかという噂まで流れるようになった。しばらくすると、そのしとやかな貴婦人が、いかにも敬虔な信者風の装いを凝らして、あちらこちらの施療院を訪れる姿が目撃されるようになる。女は、身をかがめ優しい言葉を掛けながら、伏せっている病人らを見舞い、持参したジャムや葡萄酒、ビスケットを分け与えた。ただ、彼女が接した病人はみな、たちまち激痛に襲われ、身もだえしながら息を引き取るのだった。

パリ警察長官ラ・レニ(2)は、

「良家に育ち、容姿も性格も頼りなげで、見るからに心根の優しそうな女が、自分が与える薬物の効き目の違いを観察するため、病人に毒を盛りにゆくのを楽しみにしていようなどと、いったい誰が想像しただろう？」

と記している。

彼女は、「試しに」、召使いらにも毒を盛っていた。ブランヴィリエ夫人に仕えていた、フランソワーズ・ルセルに関する記録には、

「ある日、夫人がナイフの先に乗せたスグリの砂糖漬けをルセルに与えたところ、たちどころに具合が悪くなった。夫人はさらに一切れのハムを与えた。それからというものルセルはひどい胃痛に見舞われ、突き刺されるような痛みを覚えた」

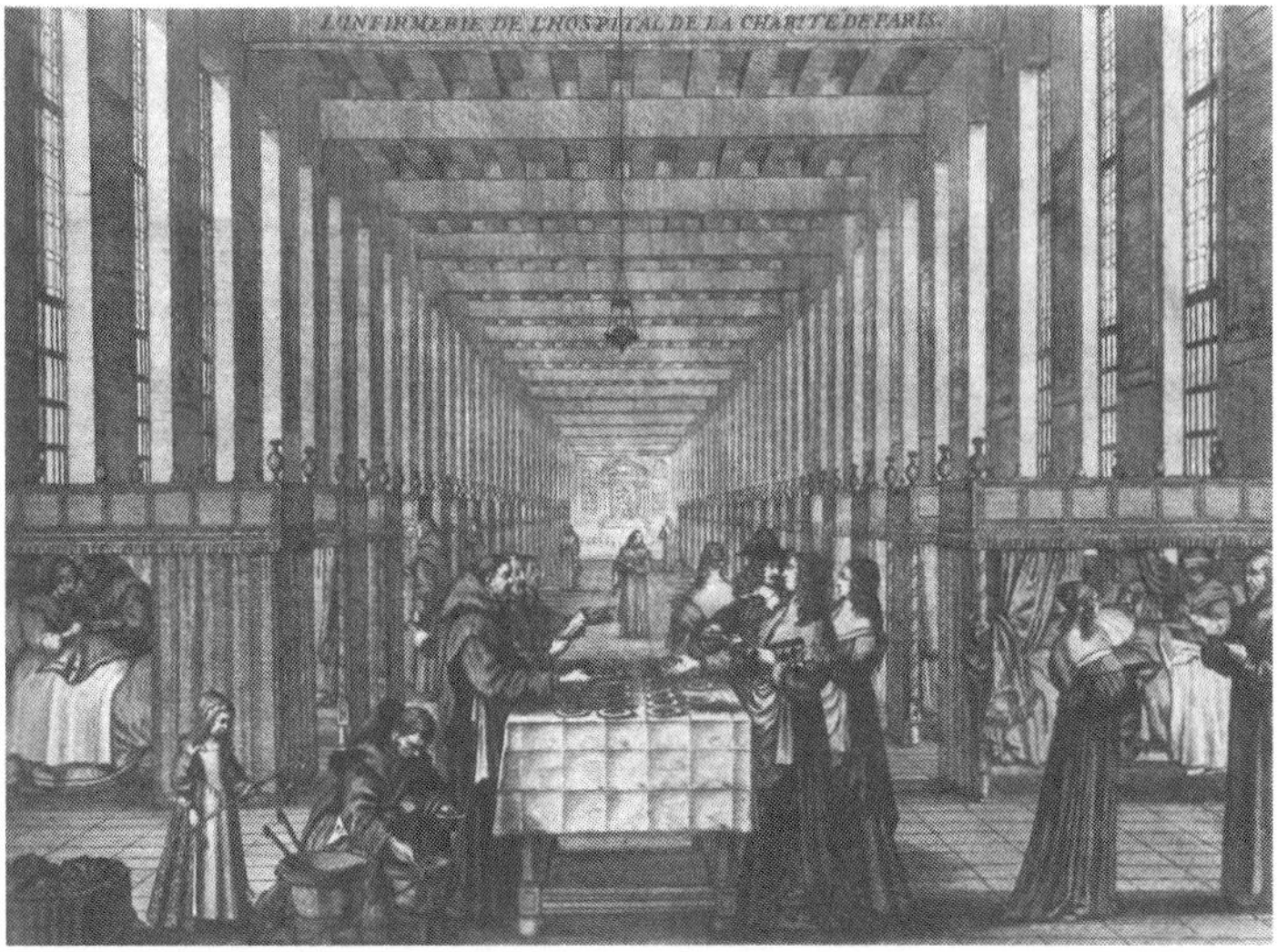

（上）施療院の病室
（下）見舞いに訪れる人びと（アブラアム・ボス画）

オフェモンの別邸

とあり、気の毒な召使いは、その後三年間患う羽目になった。

「グラゼのレシピ」の効き目を試すとともに、外科医らの無能を、すなわち、外科医らには遺体に残っているはずの毒薬の痕跡を突き止めるだけの能力がないことを確認した時点で、ブランヴィリエ侯爵夫人は、父親の毒殺を決意する。

一六六六年の精霊降臨祭《ペンテコステ》の日〔六月十三日〕が近づく頃、すでに数ヵ月前から原因不明の病に苦しんでいた父親のドゥリュー・ドブレイは、オフェモンの別邸に向けて出発する。オフェモンは、コンピエーニュ〔パリ北東、イル＝ドゥ＝フランス北部の古都〕から数里のところにある所領で、彼は、娘のブランヴィリエ侯爵夫人に、二、三週間ここで一緒に過ごして欲しい、子供たちも連れてくるようにと頼み、ほどなく到着した彼女を、ずいぶん待たせたねと優しく叱るのだった。夫人が到着した翌日から、ドゥリュー・ドブレイの苦痛は倍増し、「激しい嘔吐をもよおした。こ

（右）セヴィニェ夫人、（左）娘のグリニャン夫人。

の嘔吐は毎回非常に激しいもので、死ぬまでつづいた」。

死は、突然訪れた。最高の治療を受けるため、パリに戻っていた時のことである。そこには、娘のブランヴィリエ夫人もぬかりなく付き添っていた。後日、彼女は、手ずから「父親に二十八回から三十回毒を盛り」、直接手を下さない時は、サント＝クロワがよこしたガスコンという名の従僕がかわりに盛った、また、毒薬は粉末に混ぜたり水に混ぜたりして与え、この行為は八ヵ月に及んだ、と自白しており、「こうして、彼女は所期の目的を達することができたのである」と調書は結んでいる。

この時の自白内容から、ブランヴィリエ夫人が用いていた毒物は、ただの砒素化合物だったことが判明した。

この事件はまたたく間に知れわたり、ごうごうたる非難の声は、ヨーロッパ全土にまで及ぶ。いったいなにを考えているのだこの女は、瀕死の父親にめいっぱい見せ掛けの好意を示し、父親の抱擁に水で溶いた毒薬を飲ませて報いるとは、それも優しい微笑みを浮かべながら、と。

「過去に起きた最悪と呼ばれる犯罪など、芝居小屋の呼び込みにすぎません。八ヵ月もの間、父親殺しにかまけ、父親による心からの愛撫と慈しみに対し、服用量を倍増しつづけることによってのみ応えていたこの犯罪に比べれば。王女メディア(3)だって、こんなひどいことはしませんでした」

とセヴィニェ夫人(4)は娘に書き送っている。

ドゥリュー・ドブレイは、一六六六年九月十日、パリで死んだ。享年六十六。遺体を解剖した医者たちは自然死とみなしたが、すでにこの当時から、毒殺説が広まっていた。

父親の死後、ブランヴィリエ夫人のすぐ下の弟、アントワーヌ・ドブレイが、パリ裁判所民事代行官の地位を引き継ぐ。彼は、オフェモンの伯爵兼ヴィラルソー及びボワ＝サン＝マルタンの領主であり、一六五三年には高等法院の評定官に、一六六〇年には同院の主任審理官になり、その後オルレアンの地方長官に出世していた。

厳格な父親から解放されたブランヴィリエ夫人の乱行は、もはやとどまるところを知らず、サント＝クロワのほかに数人の愛人を同時にかかえていた。「彼女が生んだ子供のうち二人」がサント＝クロワの子である。夫の従弟にあたるナデヤックの侯爵、フランソワ・ドゥ・プジェも愛人の一人で、当時彼は近衛軽騎兵隊の隊長を務めていた。実の従弟も愛人にしており、この男からも「彼女の子供のうちの一人」をもうけている。そして最後に彼女が身を任せたのが、子供らの家庭教師だ。世間知らずのこの青年がいずれ重要な役割を演じるのだが、そんな自分の不身持ちを棚に上げ、サント＝クロワの裏切りが発覚した時には、激怒した。また、夫の侯爵がデュフェという名の女と関係を持ったことを知った時には、憤怒のあまり、その女を短刀で突き刺してやろうとまで思い詰める。「侯爵夫人は、生来、名誉と侮辱に対して非常に敏感であり、きわめて鋭い感受性をそなえていた」と、後年、彼女の聴罪司祭の一人が記すことになる気質がここにも現れている。

出費と浪費癖は倍増し、父親から譲渡された遺産の取り分は、あっと言う間に消え失せた。おりしも、マドゥレーヌ・ドゥ・ブランヴィリエが再度おちいっていた経済的窮状、及び、攻撃的で直情径行なその気質を同時に示すような事件が起きる。ノラにあるブランヴィリエ夫妻の所有地が、債権者らの請求で、司法命令により売却されたのを知り、これに腹を立てた夫人が、所有地に駆け付け放火したのだ。一六七〇年のことである。

相続財産の大部分は、二人の弟が当然の権利として受け取っており、オルレアンの地方長官を務める上の弟アントワーヌは、すでに述べたようにパリ裁判所民事代行官に任命されたばかりだったし、下の弟フランソワは、高等法院の評定官を務めていた。それまでにも、ブランヴィリエ夫人は、上の弟を殺そうとしたことがある。彼が任地のオルレアンに向かう途中、二人の田舎貴族を金で雇い、襲わせたのだ。どちらも鉄面皮な男だったが、そのうちの一人はその後の陰謀にも加担し、両者の関係は彼女が死ぬまでつづくことになる。アントワーヌには「財産に見合うだけの価値などない」、と当時彼女は公言していた。

さて、待ったなしの窮状にふたたびおちいっていた夫人は、弟たちを毒殺しようとあらためて決意する。

「彼らが受け取った最上の果実を、取り損なわないために」

サント＝クロワは、最終的に、愛人のあらたなたくらみの必要性を認めたものの、実行に移す段になって二つの条件を突き付けた。遂行済みの父親殺しに二万五千リーヴル、これから行う兄弟殺しに三万リーヴルよこせ、と。彼女は、これを呑んだ。

一六六九年、ブランヴィリエ夫人は、ジャン・アムラン、通称ラ・ショセという名のならず者を、高等法院の評定官を務める下の弟の家に、従僕として送り込むことに成功。当時、二人の弟は同じ屋根の下に住んでおり、彼らに毒を盛るなど、ラ・ショセには朝飯前の仕事だった。

ある日、上の弟の家で給仕を務めていたラ・ショセが、あるじに飲み物の入ったグラスを差し出した。ところが、投入した薬物の量が多すぎたため、異常に気づかれてしまう。激怒したアントワーヌは、立ち上がるや、

「このろくでなし、いったいなにを私に飲ませようとした？　私を毒殺するつもりだな！」

と叫び、秘書に味見するよう命じた。一匙すくって臭いを確かめた秘書は、強い硫酸塩の臭いがすると断言。しかし、ラ・ショセは落着き払ったものである。

「たぶん、このグラスは、召使いのラクロワが使ったものだったのでございましょう。奴は、今朝、薬を飲んでいましたから」

と言うと、すぐさま飲み物を暖炉の火に投じ、グラスを空にした。

翌一六七〇年春、アントワーヌは、復活祭の休暇を家族と過ごすため、ヴィルクワに旅立つ。ヴィルクワは、ボース地方〔パリ盆地南部の平原〕にある彼の所領である。この年の復活祭は、四月六日だった。弟の評定官も兄一家の集まりに加わることにし、使用人を一人だけ連れて出掛けた。ラ・ショセである。

ヴィルクワ滞在中、ラ・ショセは料理人らの手伝いをしていた。ある日、ちょっとした事件が起きる。この日食卓に供された煮込みレバーのパイ包み焼きを食べた者全員が、翌日ひどい体調不良におちいったのである。それ以外の者はけろっとしていた。四月十二日、一族はパリに戻るが、アントワーヌの顔はまるで重病人のように憔悴していたという。

彼が死ぬまでの経緯は、なんとも痛ましく、むごい。アントワーヌ・ドブレイは、人一倍健康に気を遣い、水分補給もこまめに行っていた。このため、毒物の効き目が遅く、そのぶん、長期間苦しみ抜いたあげく死ぬ羽目になったのである。あるじに付きっ切りのラ・ショセは、機会あるごとに毒を盛っていた。あるじの体からは鼻が曲がりそうなほどの悪臭が発しているため、長時間室内にいることなど誰にもできなかったし、病人は手に負えないほど気が立っていたので、話し掛けることすらできない。ブランヴィリエ夫人もめったに顔を出さず、かわりに信心深い末の妹をゆかせていたが、ラ・ショセだけは、あるじに仕えるのを嫌がる素振りなど少しも見せない。あるじの体をベッドからマットレスに移してシーツの交換ができるのは、彼だけだった。気の毒なあるじは、激痛にさいなまれながらも生きつづけ、ついには、ラ・ショセでさえ叫び出すことがあった。

「この死に損ないめ！　手こずらせやがって！　いったいいつになったらくたばるんだ！」

当時、ブランヴィリエ夫人は、ピカルディー地方の町、サンに滞在していた。評定官を務める二番目の弟、フランソワを毒殺しようとあれこれ手を回しているところだ、とブリアンクールに打ち明けたのはこの頃のことである。夫人の子女の家庭教師で、彼女の愛人になっていたあの青年だ。「良い家庭」を作りたいと彼女はつねづね口にしており、うちうちではすでに高等法院部長《プレジダン》殿と呼ばれている長男が、いずれアントワーヌ・ドブレイ殿のあとを継ぎ、民事代行官になるだろうと打ち明けていた。彼女は、本気でそう考えていたのである。「それ以外にもまだやるべきことがある」とも言っていたという。かねがね想い描いていた輝かしい「家庭」を築き上げるために、子供たち――「血肉を分けた存在」と彼女は呼んでいた――を養育し、しかるべき地位に就けようとしていたのだ。夫人が長女に毒を盛り、あやうく死なせるところだったのは事実である。娘が「知恵遅れ」だと見て取ったからなのだが、結局思い直して、ミルクを飲ませた。

「良い家庭を作る」ことは彼女にとり非常に重要な懸案の一つだったが、ほかにも頭を悩ませていることがあった。「体面《オヌール》」を保つだけの生活費を工面しなければならない、という懸念である。要するに、きらびやかな装身具で飾り立て、札びらを切って金満家振りをひけらかすことであり、愛人らにはいかに羽振りの良い暮らしをしているかを、鷹揚な態度で話していた。「社交界での栄誉《グロワール》」、つまり社交界で称賛を浴びることは、彼女が生きてゆくうえで必要不可欠な条件であり、なにかにつけてこの言葉を繰り返していた。近親者をつぎつぎに殺したのも「この体面」のためであり、彼女自身そう供述している。

上の弟アントワーヌは、三ヵ月もの間苦しみ抜いた。

「痩せさらばえ、やつれはて、食欲もなく、ひんぱんに嘔吐し、胃に焼けるような痛みを覚えていた」

と医者は証言している。

アントワーヌは、一六七〇年六月十七日に死亡。同じ年の九月、下の弟フランソワ・ドブレイが亡くなる。彼の死因については、解剖に臨んだ専門家――兄の主治医である医学博士バショ、外科医のデュヴォー及びデュプレ、薬剤師のガヴァール――が、毒殺によるものだと口を揃えて証言している。ただ、犯人はラ・ショセに違いないというのがおおかたの見方であり、これを疑う者はほとんどいなかった。彼があるじから、百エキュを、忠実な務めぶりに対する遺贈分という名目で、受け取っていたからである。

＊＊＊＊＊

ブランヴィリエ侯爵夫人転落の根源は、そのほとばしるような激情にある。いったいどのような状況で、また、どのようなかたちで、彼女はそれほどの激情に駆り立てられたのか。これを解明するためには、その人となりを知る必要がある。フランスでも屈指の名家で社会的地位も財産もある一族の令嬢、しかも、生まれながらの気品をそなえたそれは魅力的な女性が、実の父親だけでなく二人の実弟まで毒殺するにいたった経緯、及び、その後の経過をたどってみたい。

まず言えるのは、彼女が一人の卑劣な男、ラ・ショセに牛耳られていた点である。本来サント＝クロワの従僕であるこの男が、彼女の弟たちの家に使用人として送り込まれ、ついには彼女の名誉と命運をその手に握ってしまった。

「彼女は自室にこの男をひそかに呼び入れ、金を渡していた。そして、好い子なの、彼、わたくしのために良くやってくれているわ、と言いながら、優しく愛撫するのだった」

突然訪れた人びとは、侯爵夫人が「ラ・ショセときわめて親密にしている場面」に出くわしたし、実父の忠実な秘書である「クステ殿が見えた時は、男をベッドと壁の隙間に隠したりもした」。

だが、サント＝クロワは、ラ・ショセに輪をかけた性悪な共犯者だった。それにしても、彼女のように情が濃く気位の高い女が、彼の本心を知った時はさぞ辛かったことだろう。彼のためにすべてを犠牲にしてきたにもかかわらず、男は自分を富と快楽を得るための道具としてしか見なしておらず、しかも、今や自分の秘密まで握り、それを種にきわめて陋劣な手段で自分を恐喝し、金を巻き上げようとしている！　こうしたことを、彼女は少しずつ理解したのだった。サント＝クロワは、小箱――これはいずれ世間に知れ渡ることになる――に、侯爵夫人から受け取った三十四通の手紙と二通の債務証書、毒薬入りの小瓶数個を収めていた。二通の債務証書は、父親及び二人の弟の毒殺終了後、彼に支払うと約束していた金に関するものである。

「当該人物、すなわちブランヴィリエ夫人は、この小箱を手に入れようと入念に計画を練っていた。そして、そこに収められている二千ないし三千ピストルの借用書をサント＝クロワから取り返すことを望んでいた。さもなくば、彼を刺殺させるつもりだった」

尋問調書に記されたこの最後の文言に、またもや彼女の本性を垣間見る思いがする。その一方で、服毒自殺を図ろうとしたこともある。サント＝クロワにくだんの小箱をよこすよう頼み込んだにもかかわらず、無視された時のことだった。絶望し、激しい恐怖に襲われて、気も狂わんばかりになった彼女は、悲痛な語句を書き連ねた手紙を送る。

「わたくしは、自殺する方法を見つけました。そして、今宵、それを実行するため、以前、貴方が後生大事にくださったものを取り出しました。グラゼのレシピをもとに作られたものです。これを実行することにより、わたくしが自分の命を喜んで貴方のために犠牲にするのだということがおわかりになるでしょう。でも、だからといって、死ぬ前に、今生のお別れを申し上げるため、どこかで貴方をお待ちしないとは限りません」

最後の行で、彼女はふたたびすっくと立ち上がっている。これは、侮辱された女による脅迫以外のなにものでもない。

小説家にとっては、なんと書きごたえのある場面だろう！　ある日、似たような愁嘆場を演じられてむかっ腹を立てたサント＝クロワが、彼女に毒を飲ませた。砒素化合物だった。しかし、たちまち気分が悪くなり、毒を盛られたことに気づいた彼女は、温めたミルクを大量に飲み、難を免れる。これによる体調不良は、その後数ヵ月つづいた。サント＝クロワの死後、ブランヴィリエ侯爵夫人は、次のように供述することになる。

「彼の存命中、あの小箱を奪うためになら、できることはなんでもいたしました。奪ったあかつきには、彼の喉を掻き切らせていたことでしょう」

すべての犯罪者の例に漏れず、ブランヴィリエ夫人も、自分が犯した大罪にまつわる話をのべつ蒸し返す、という衝動を抑え切れなかった。相手かまわず毒薬の話をすることもあり、召使いの間では、夫人の化粧室に砒素の入った瓶が並んでいるのは周知の事実だった。ある日、小ぶりな箱状のものを手に寝室に上がってゆく途中、一人の小間使いに出会った彼女は、たいそう機嫌がよく――ワインを飲みすぎていたことを考慮に入れておく必要がある――、こんな言葉をもらす。

「これ、仇討ち用なの、遺産がどっさり詰まっているのよ、ここには」

係争中に飛び出したこの衝撃的な発言が巷間に広まるや、おおいに受け、以後、彼らが用いた毒薬は、もっぱら「遺産秘薬《パウダー》」と呼ばれるようになる。

「しばらくして酔いの覚めたブランヴィリエ夫人は、どうして遺産の話なんかしたのかわからない、今相続問題で悩まされている」

とその小間使いのところに言いにきた。

夫人は、侍女のヴィルレ嬢にも本心を漏らしてしまったような気がしていた。ヴィルレ嬢は一六七三年に死亡しているが、これは口封じのため夫人により毒殺されたものと思われる。

そしてついには、それまで重ねてきた犯罪の一部始終を、小出しにではあるが、ブリアンクールに打ち明けるようになったのである。彼とのやりとりの中で、二人の弟を殺したことを後悔する素振りは露ほども見せなかった。彼らを軽蔑していたからである。しかし、父親について話す時はよく涙した。以下は、高等法院におけるブリアンクールの供述を記録したものである。

「ある秘密を打ち明けた翌日、半狂乱でブリアンクールの部屋にやってきたブランヴィリエ侯爵夫人は、次のように言った。彼にはつねづね不審の念を抱いていたのに、命にかかわるような重大事を打ち明けてしまった、と。ブリアンクールは、涙を浮かべ夫人に懇願した。打ち明けられたことは決して他言しない、しかし自分の行動が気に入らないのであればパリに戻らせて欲しい。これに対し、夫人は答えた。

『ノン、ノン、貴方が秘密を守りさえすればすむことだわ。わたくしが貴方をお金持ちにしてあげる。それに、貴方が口の堅い人間だということはよくわかっていてよ』

その一方で、夫人は、サント＝クロワを呼び寄せ、長い間話し込んでいた。サント＝クロワは、彼、つまりブリアンクールにきわめて好意的で、仕事ぶりを誉めそやした。そして、夫人の子供の中でもサント＝クロワがとくに目を掛けていた少年について、くれぐれもその子の面倒を見てやって欲しいと頼んだ」

この少年がサント＝クロワの子供であることは、ブランヴィリエ夫人も認めている。

高等法院におけるブリアンクールの供述記録は、筆者が所有する資料の中でももっとも興味深いものの一つである。彼は、お人好しで根は正直だが、臆病だった。夫人の方は、冷酷で強烈な個性の持ち主であり、思うがままに彼を操り、怯えさせていた。しかしながら、その臆病な性格が、逆に、この男を大胆な行動に走らせることにもなったのである。

父親と二人の弟を毒殺したあとも、ブランヴィリエ侯爵夫人には、まだ「やり残した」ことがあった。実妹のテレーズ・ドブレイ嬢、及び、義理の妹、つまり上の弟の未亡人マリー＝テレーズ・マンゴも始末しておく必要がある、と考えていたのだ。

「ドブレイ嬢の危機は差し迫っているものの、ドブレイ未亡人の方にはまだ時間的余裕があると見越したこと、また、当面ラ・ショセは未亡人宅に送り込まれておらず、未亡人殺しについては、二ヵ月以内に実行するか、なにもせずにすませるかだとブランヴィリエ夫人が言っていたことなどを考え合わせ、ブリアンクールは、夫人に、『やり残した』と思っていることについて再考をうながした。そして、父親と二人の弟をむごい方法で殺害させたうえ、今また実の妹まで殺させようとしているが、このように無慈悲な仕打ちは古代ギリシャ・ローマの時代にさえ例がない、夫人は前代未聞の悪女でありこれほどの悪女は未来永劫存在し得ないだろうと直言するとともに、やり残したと思っていることをどうか考え直して欲しい、それに、極悪人のサント＝クロワが彼女及び彼女の家族をおとしいれたということは、この男が彼女の身の安全を保障する存在とはとても思えず、いずれ彼女は、遅かれ早かれ、この男に殺されることになるだろうとも言った。また、ドブレイ嬢が、ブランヴィリエ侯爵宛てに、彼［ブリアンクール］はペテン師で放蕩者だという旨の手紙を書き送っていたことは承知しているが、それでもやはり、自分［ブリアンクール］はドブレイ嬢の死を許容することなど絶対にできない、とも言った」

ブリアンクールがこのような態度を示したことで、ブランヴィリエ侯爵夫人の魔の手から、実妹と義妹の命が救われたのは間違いない。それに、ブリアンクールは、侯爵夫人の侍女であるヴィルレ嬢を通じて、ドブレイ嬢に、身辺に警戒するようあらかじめ伝えていた。後日、侯爵夫人は、妹を毒殺しようと思ったのは彼女が憎らしかったからで、彼女が自分の行状を批判したことに対する腹いせのためだった、と供述している。

ブリアンクールの行動は、我が身に降りかかる火の粉を、とりあえず振り払ったにすぎない。ほどなく、ブランヴィリエ夫人は、せっかく大事な秘密を打ち明けたのに批判がましい態度しか示さない愛人に見切りを付け、始末することにした。彼女とその共犯者がまず考えたのは例の奥の手、つまり毒殺である。

「サント＝クロワは、ブランヴィリエ家に、二人の男を送り込みました。ラ・ショセの近親者を門番として、バジルという名の男を従僕として、送り込んだのです。バジルは、私に食べ物や飲み物を執拗に勧めました。彼の私に対する態度が妙にしつこいこと、また、彼がこそこそ盗みを働いているのに気づいたこともあり、私は彼を疎んじ、極力避けるようにしていました。このため、ブランヴィリエ夫人はこの従僕を解雇せざるを得なかったのです」

とブリアンクールは証言しており、これにつづいて、恋愛小説もどきの場面が展開される。その顚末に関するブリアンクールの供述記録をお読みいただきたい。

「バジルが出ていってから二、三日後、ブランヴィリエ夫人が彼［ブリアンクール］に言った。豪華なベッド及びベッドと揃いの飾りをほどこした壁掛けを所持しており、このベッドはサント＝クロワが質に入れていたのを彼女が請け出したものだ、と。夫人はこのベッドを、木材仕上げをほどこした暖炉のある、広い寝室に置かせていた。そして、今夜はそのベッドで寝よう、夜中の十二時に待っている、ただし、料理女と話があるのでそれ以前にはこないように、と付け加えた。ブリアンクールが寝室に面した廊下に降りていったのは、真夜中ではなく夜の十時だった。窓のカーテンが開けっ放しになっていたため、室内は丸見えだった。夫人は部屋中を歩き回り、召使いらをつぎつぎに追い出していた」

パリ四区シャルルＬ５世街12番地にある旧オブレイ邸の現在の入り口

ちなみに、この廊下は今もまだ、ブランヴィリエ夫人が住んでいたヌーヴ＝サン＝ポール街「現シャルル五世街十二番地」の屋敷に残っており、屋敷は病人の介護を担う慈善女子修道院により使用されている。

ブリアンクールの供述記録はつづく。

「十一時半頃、夫人は部屋着に着替えると、燭台を手に室内をいったりきたりしていた。ほどなく暖炉に歩み寄り、閉じていた口蓋《くちぶた》を開けると、ボロをまとったサント＝クロワが現れた。着古した安物のジュストコールとよれよれの帽子で変装した彼は、夫人に口づけをし、十五分ほど言葉を交わしてから、ふたたび暖炉の中に入っていった。このあと、夫人は窓の内側にある鎧戸を閉め、寝室の入り口までやってきて、動転した。彼「ブリアンクール」も同じだった。入るべきか、逃げ出すべきか、迷っていたのである。気を取り直した夫人が、声を掛けた。

ジュストコール姿のパリジャン（1692）。当時このようにスリムな膝丈のコートが流行っていた。

『どうしたっていうの、いったい？　さっさとお入りなさいな！』

この時彼は、ブランヴィリエ夫人が憤怒の形相を浮かべているのに気づいた。それは、普段とはまるで違う、ただならぬ形相だった」

彼女の激しやすい性格を知るうえで、これは、非常に貴重な証言である。

「彼が部屋に入ると、夫人はこのベッド素敵でしょうとたずね、素敵ですと答える彼に『さ、寝ましょ』とうながし、ベッドに入った。燭台置きには、まだ明かりのついた手燭が置いてあった。彼女は『服をお脱ぎなさいな、はやく明かりを消して』と言った。靴を脱ぐふりをしながらも、ブリアンクールは、夫人の残酷さがどの程度のものか確かめてみたくなっていた。『どうしたの、浮かない顔をして？』と問い掛ける夫人に、立ち上がってベッドから離れながら言い返した。『貴女はなんと残酷な人なのだ！　僕がなにをしたというのです？　僕を殺したいのですか？』。すると夫人はやおらベッドから飛び降り、背後から彼の首に飛びかかった。それを振りほどき暖炉に直進したところ、サント＝クロワが飛び出してきた。『悪党め！　俺を刺し殺すつもりか！』とブリアンクールが叫ぶと、燭台の火がまだついていたこともあり、サント＝クロワは逃げ出した。一方、ブランヴィリエ夫人は、もうこれ以上生きていたくない、死んでしまいたいと言いながら床を転げ回り、毒薬の入っている箱を出してきてこれを開け、小さな瓶を取り出そうとした。それを妨げながら、『貴女はバジルに僕を毒殺させようとし、今度はサント＝クロワに刺殺させようとしました』とブリアンクールが言うと、夫人は彼の足元にひざまずき、毒殺させようとした覚えなど決してないし、これからもそんな気になることなどあり得ない、そして、先刻しようとしたことには自分の死をもってつぐなう、たしかにこれは自分のしたことであり、このまま生き延びることなどとてもできない、とかき口説いた。ブリアンクールは、彼女のしたことは許すしすべてを忘れるつもりだ、しかし、危うく殺されかけたことが事実である以上、明日の朝には是非ともここから出てゆきたいと言い、二度と服毒自殺などしないことを夫人に誓わせた。だが、その後も彼は、朝の六時まで夫人とともにそこにとどまることになる。夫人はベッドをともにするよう強く求めたが、彼はかたわらのソファーで過ごした」

この修羅場から抜け出したブリアンクールは、なんとかしてピストルを手に入れようと試みる。身の安全のために必要と判断したのだ。と同時に、法律学校の教授であるボカジェ殿に助言を求めることにした。ボカジェ殿は、彼をブランヴィリエ侯爵家に紹介した人物である。

侯爵夫人の恐るべき正体を見た日からというもの、ブリアンクールの身辺では驚くべき出来事がつぎつぎに起きていた。しかも、その最たるものは、あろうことか、ほかならぬこの法学部教授の部屋で待ち受けていたのである。青年は教授に言った。

「先生、お話ししなければならない重大な秘密があります。先生なら、きっと良い助言をお与えくださると信じております。高等法院の院長にこの事実をお伝えくださると信じております。院長のお宅にはよくお訪ねになっておられましたし、院長ならこの件について適切な指示をしてくださると思いますので」

ことの顛末を聞いた民法の教授は、顔を引きつらせ、椅子に倒れ込んだ。

「ボカジェ殿は顔面蒼白になり、この件についてはなにもおっしゃいませんでした。ただ、この秘密は隠し通すべきであり、たとえサン＝ポールの司祭であろうとそれ以外の誰であろうと決して口外すべきではない、また、いずれ自分が万事指示するので、性急にブランヴィリエ家を出たりせずしばらく様子を見るように、次の仕事は探してあげるから、とだけおっしゃいました」

ブリアンクールは、自分の見聞きしていることすべてがいぶかしく、現実にこの世で起きていることなのか反芻していた。この恐るべき女は、いったいどれほど多くの共犯者を求めているのか？　いったいどこまで犯罪の手を広げようとしているのか？

ブリアンクールの話はつづく。

「二日後、ブランヴィリエ夫人は私に言いました。ボカジュ殿は私が思っているほど誠実な男ではない、だがいずれ近いうちに私は彼に会うことになるだろう、と。そして、その夜、サン゠ポール教会の向かい側の道を歩いていたところ、何者かが私にピストルの弾を二発発射したのです。どこから飛んできたのかはわかりませんでしたが、一発が私のジュストコールを貫きました。不当な攻撃であることは明らかだったので、翌日、ピストルを二丁持ってサント゠クロワの家にゆきました。万一にそなえ、通りに面した扉のそばに知人を残して逃げ口を確保したうえで、中に入りました。サント゠クロワに、お前はならず者の悪党だ、いずれ生きながら八つ裂きにされるだろうと罵倒し、しかも高位高官を多数殺害させていると言うと、サント゠クロワは、自分は誰一人殺させたりはしていない、だがもし私がピストルを持って総合救貧院の裏手にゆきたいと言うのなら、挑戦に応じようではないかと答えましたので、言い返しました。私は軍人ではない、だが攻撃されたら自己防衛はするつもりだ、と」

これが、神学を学ぶ哀れな若者、つまりブランヴィリエ家の家庭教師がおちいっていた、尋常ならざる立場であり、毒殺されるのではないかという恐れから、彼は常時オルヴィエタンを服用していた。オルヴィエタンは当時流行していたイタリア発祥の万能薬で、解毒作用もあるとされていた。

ブランヴィリエ侯爵も、同様の恐怖に駆られていた。身辺で起きている出来事については承知していたが、一切口をはさむことなく、じっと耐えていた。以下は、侯爵家における晩餐の光景である。

「ブランヴィリエ侯爵夫人は、右側にサント＝クロワを座らせていました。侯爵の席は食器棚のわきで、専属の召使いに用心深く給仕させていました。『私のグラスは変えるな、飲み物のグラスは毎回洗い直せ』とたえず声を掛けながら」

食事が終ると、侯爵は自室に、サント＝クロワは侯爵夫人とともに彼女の部屋に引き上げ、ブリアンクールは子女を連れて上の階にのぼっていった。それぞれがいつ毒を盛られるかも知れないという恐怖と疑心暗鬼の中で、彼らは、かくも滑稽な場面をしばしば演じていたのである。

たしかに夫は資産家であり、亡き者にしてしまうのは惜しい気もする。が、ついにほぞを固めたブランヴィリエ夫人は、毒物の投与に踏み切った。しかし、後悔の念には勝てず、当時もっとも高名な医者の一人とされていたブレイエ殿を呼び寄せ、夫の治療に当たらせた。セヴィニェ夫人は、この顛末を次のように記している。

「彼女は、サント＝クロワと結婚したかったのです。そこで、夫に何度も毒を盛りました。でも、同じ穴の狢《むじな》の侯爵夫人と一緒になる気などまるでなかったサント＝クロワは、そのたびに、気の毒な夫に解毒剤を飲ませたのです。こうして、侯爵は、服毒と解毒の反復に翻弄されながら、結果的に生きながらえました。ある時は毒を盛られ、ある時は解毒剤を投与されるということが五、六回繰り返されたのです」

ブランヴィリエ侯爵は、この「反復」により両脚に障害を負った。それからというもの、彼はテリアカをつねに携帯し、折にふれこれを服用、召使いらにも飲ませていた。テリアカは、アヘンなどを含む舐剤《トローチ》で、当時アヘンは解毒の特効薬と考えられていた。

そうこうするうち、ブリアンクールは、恐るべき愛人に仕える稼業からようやく解放され、俗世で見たおぞましい記憶を忘れることはできないながらも、パリ近郊の町オーベルヴィリエに引きこもり、この地に施設を構えているオラトリオ修道士会で教鞭を執りながら、ひっそりと暮らしていた。ブランヴィリエ侯爵夫人が面会に訪れたのは退職後七、八ヵ月を過ぎた頃のことで、その後、消息伺いの便りを、ときどきではあるが、よこすようになる。そんなある日、至急便が届いた。一六七二年七月三十一日の夕刻のことである。重要な連絡事項があるので、どうか大至急ピクピュスにきて欲しいと記されていた。大事件が、彼女にとっては計り知れないほど重大な結果をもたらすことになる出来事が、起きたのである。サント゠クロワが死んだのだ。七月三十日、モベール広場の袋小路にある怪しげな住居で、彼は息を引き取った。

一般に、サント゠クロワは、化学の実験中に死んだとされている。毒薬から発散する物質を避けるためにかぶっていたガラスの仮面が破裂したらしい、というのがもっぱらの噂で、今もこの説がまかり通っている。だが、サント゠クロワの死因は、自然死だった。数ヵ月患ったすえ自然に死んだのであり、これについては、彼の病床を見舞った人びとの証言が残っている。もっとも、彼の実験室から「薬物の浸出をうながすための窯」が見つかったのも事実だ。サント＝クロワは、当時人びとの語り草になっていたモベール広場の袋小路にあるこの実験室で、「錬金術」を行っていたのである。つまり、特殊な方法で水銀を固めることにより「賢者の石」を生み出そうと、実験を重ねていたのだ。非金属を金に変えたり、人を若返らせたりする力を持つとされたこの石を生み出すことは、錬金術師らにとり永遠の夢であった。

愛人の訃報に接するや、ブランヴィリエ夫人がまず発したのは、

「あの箱！」

という叫びだった。

Ⅱ　訴訟経過

サント＝クロワは、借金まみれで死んだ。このため、住居内の一切合切が封印された。封印を解除したのは、シャトレ裁判所の取調官ピカールである。解除は、一六七二年八月八日、クルイユボワという名の執達吏、二人の公証人、未亡人の代理人及び債権者らの代理人各一名による立ち会いのもとに行われ、遺産目録の作成作業が開始された。当初大過なく進んでいた作業は、一人のカルメル会修道士の来訪を機に、急展開を見せる。修道士が、ピカールに鍵を渡したのだ。それは、奥まった部屋の鍵で、そこには「薬物の浸出をうながすための窯」が設置されていた。足を踏み入れた一同は、机

の上に置かれている巻紙に目を止める。巻紙には、「わが告解〔キリスト教用語。カトリック教会では、許しの秘蹟の第一段階とされ、司祭に自らの罪を明かす行為をいう〕」と記されていた。これは、開封せず、このままただちに焼却処分すべき書類である、というのが全員一致で、躊躇なく、下された結論だった。

　ほどなく、長方形の赤い小箱が、棚の片隅から発見される。箱には鍵がぶら下がっていて、中には液体の入った瓶が並んでおり、水のように透明な液体入りのものと、赤みがかった液体入りのものがあった。くわえて、ブランヴィリエ侯爵夫人からサント＝クロワに宛てた手紙の束、彼女の父親及び二人の弟毒殺後に作成された夫人の署名入り証書二通、合計一万リーヴルに関する受領書及び委任状各一通が入っていた。

　この一万リーヴルは、サント＝クロワを介して、聖職者総徴税官プノティエからブランヴィリエ夫妻に貸し付けられたものであり、受領書及び委任状は密封され、表書きに以下のような文言が記されていた。

「これらの書類は総徴税官プノティエ殿に返却されるべきものであり、同氏に帰属すべきものである。万一小生死亡の場合、これらの書類を入手された方は、どうか同氏にご返却願いたい。これは、同氏以外の者にとってはいかなる重要性もないものである」

　小箱そのもの及び中身はブランヴィリエ侯爵夫人宛てになっており、次のような文言が添えられていた。

「この小箱を入手された方は、なにとぞこれを、ヌーヴ＝サン＝ポール街在住のブランヴィリエ侯爵夫人に、直接お手渡し願いたい。箱の中身はすべて同夫人にかかわるものであり同夫人にのみ帰属するものであって、同夫人をのぞき、この世においてその有用性を見いだし得るものは皆無である。万一、同夫人が小生より先に死亡している場合は、内容物を開ける、ないし、別の物品に変えたりすることなくこれを焼却していただきたい。また、後刻、小生の意向を知らなかったと申し立てられることのないよう、上述したことこそ小生の真の意向以外のなにものでもないことを、わが敬愛する神及びこの世に存在するもっとも神聖なるものに掛けて誓う。たとえ偶然にせよ、何者かが、小生の正当かつ道理にかなった意図に反する行動をとった場合には、自らの正当性を証明するため、小生は、その人物の行為を社会に告発しその良心を非難するとともに、これが小生の遺言であることをここに誓う。パリ、一六七〇年五月二十五日、午後。署名：サント＝クロワ」

　添え書きの下には、こんな付言が記されていた。

「ここにプノティエ殿宛書簡一通を同封、同氏に返却すべきはこれのみなり」

　妙に書式ばった言い回しにピカールは引っかかったが、とりあえず小箱に封印をほどこし、保管は二人の執達吏、クルイユボワとクルエにまかせることにする。シャトレ裁判所の民事代行官が調査目録を作成するのには、その方が都合がよいと判断したからだ。クルエは、呼ばれてもいないのに、いつの間にか作業に加わっていたのである。小箱は、クルイユボワが自宅に持ち帰った。

　ブランヴィリエ夫人に帰属する物品が封印された状態にあることを当人に知らせたのは、サント＝クロワの未亡人その人である。彼女はこのことを、小箱が発見された日、つまり一六七二年八月八日に、ピクピュスにいるブランヴィリエ夫人に通知させた。小箱を取り戻そうと、ブランヴィリエ夫人はただちに使いを出したが、すでにサント＝クロワ夫人のところにはなかったので、別の者をピカール宅に走らせる。大至急お話ししたいという夫人からの言づてに、取調官は多忙を理由に断らせた。するとブランヴィリエ夫人は、サント＝クロワ夫人宅に自ら駆け付け、どうにかして小箱を取り戻したいと頼み込む。すでに、夜の九時だった。

「彼女は、封印された小箱の中に入れたものについてあれこれ愚痴をこぼし、お金を払うからなんとか取り戻せないかと言い、封印を解いてしまいたいのだが、と持ち掛けてきました。そうすれば中身を入れ替えられるから、と」

でも小箱は持ち去られてしまったので打つ手はない、と未亡人が答えたところ、

「ばかげているわ、わたくしのものを持っていってしまうなんて、あれはわたくしの小箱なのに！」

と侯爵夫人は言い残し、クルエ執達吏宅に馬車を急がせた。以下はこの時の状況に関するクルエの陳述記録である。

「夫人は彼［クルエ］に告げた、プノティエ殿が彼女の家を訪れ、あの小箱が気がかりだ、中にある物を取り返すためなら五十ルイ金貨を支払うつもりだと言っていた、と。夫人はまた、箱の中身はすべてプノティエ殿と彼女に関係のあるものなので、共通の目的のために彼と一緒に動いているだけのことだ、とも言った」

この記録から、ブランヴィリエ夫人が、徴税請負人の社会的地位の高さと影響力に乗じて、事態を自分の都合の良いように操作しようとしているのが見てとれる。つまり、彼女は、小箱の中に収められている書類の一部がプノティエに関係のあるものだということを知っているので、彼を前面に出すことにより、自らの目的を果たそうとしているのだ。

クルエが、独断ではなにもできない、すべての権限はピカール取調官にあると答えると、侯爵夫人は取調官宅に馬車を急がせる。夜十一時の訪問客に、ピカールは、翌朝でなければ面会に応じられないと伝えさせた。

翌八月九日の朝、ピカール取調官は、シャトレ裁判所所属の代訴人ドゥラマールの訪問を受け入れる。侯爵夫人の代理でやってきたドゥラマールは、ピカールに、小箱はブランヴィリエ夫人にとり非常に大切なものなので是非とも彼女に返却してもらいたいと述べ、

「この世で可能なものなら、それがなんであれ、夫人はピカールに与えるつもりだ」

と言った。

「黒い服を着た男もやってきて――それはブリアンクールだった――、なんでもお望みのものを差し上げる、という侯爵夫人の言葉を伝えた」

どうやら、小箱は取り戻せそうにない。そう判断したブランヴィリエ夫人は、出奔の支度をはじめる。

「夜の十時頃、代理人のドゥラマールが、ピクピュスのブランヴィリエ夫人宅から主な家具をあわただしく運び出していた。窓から放り出されたものさえあった」

その間にも、あらたな保身術を思い付いた夫人は、クルエとクルイユボワをピクピュスに呼び寄せ、

「サント＝クロワは文書の偽造が非常に巧みだったが、彼女［ブランヴィリエ夫人］なら彼が偽造した箇所を復元できるかもしれない、それに彼女には社会的影響力のある知り合いが大勢いる」

と言った。

その一方で、やはりピクピュスにやってきたサント＝クロワ未亡人には、

「例の小箱は彼女［ブランヴィリエ夫人］には無用の長物であり、中身はろくでもない物だったような気がする。サント＝クロワにはもう長いこと会っていない。箱の中に偽造された手紙が入っていたことは承知しており、それが偽造であることを証拠立てるすべは整えてある」

と言い、こうつづけた。

「彼女にとって、この件は、小雨に降られた程度のことだが、プノティエにとっては土砂降りにでも襲われたような情況なのだ、と」

これは、明らかに、彼女がプノティエと共通の利益に基づいて行動しているにすぎない、という噂を広めるための発言である。

シャトレ裁判所に務めるある書記官の妻が、ブランヴィリエ夫人に、世間では夫人が毒殺事件の犯人だと噂していると告げたところ、夫人はすかさず、フォセという名のその女に、

「その件は近々和解が成立するはずです、たいしたことじゃありませんわ。わたくしと一緒に告発された人がいて、その人が和解金を支払うことになっていますの、たしか四千だか六千リーヴル」

と言い、こう付け加えた。

「社会的地位は高くないけれど、大金持ちなんですのよ、彼」

八月十一日、シャトレ裁判所民事代行官により、赤い小箱の封印が解かれた。ブランヴィリエ夫人の代理人としてその場に立ち会ったドゥラマールは、次のように宣言する。

「仮にブランヴィリエ夫人が署名した合計三万リーヴルの約定書が見いだされたとしても、それは彼女が口車に乗せられて書かされたものであり、たとえその署名が本物であったとしても、彼女はこの約定書の無効を上訴する所存である」

小箱に入っていた液体及び粉末で動物実験を行ったところ、動物は死んだ。専門家らは、それらが俗に砒素と呼ばれる毒物であると結論づけたものの、成分を特定することはできなかった。

ブランヴィリエ夫人とプノティエがパリ雀の標的になるのに、時間はかからなかった。小箱の中から見つかった毒物についてもさまざまな憶測が流され、セヴィニェ夫人は、この話題を何度となく取り上げている。

取るものもとりあえず、ブランヴィリエ夫人はプノティエ宅を訪れるが、彼は留守で、プノティエ夫人に「肩を押され、追い返された」。もっとも、プノティエ本人は、ブランヴィリエ夫人の顔をつぶすような真似はしなかった。夫人に会いにピクピュスまで足を運ぶことで、彼女の来訪に応えたのである。後日、逮捕された彼は、どういうつもりでピクピュスに出向いたのかと問われ、こう答えている。

「ブランヴィリエ夫人がそんな大それた罪を犯すことなどあり得ないと思っておりましたので、通常このような災難にあったさい誰もがするように、見舞いの言葉を述べにいったのです」

一方、プノティエのこの行動について、訴訟相手の面々はのちに記すことになる。

「人生と名誉と財産が危機にさらされるという難局にありながら、プノティエは、礼節の情にほださ れ、世間体というもっとも微妙で傷つきやすい側面をないがしろにしている。礼節を重んじるあまり、自らの利益を全面的に放棄しているのだ。このように奇特な人間はめったにいないし、じつに立派だ、彼は自己解脱の域に達している！」

ここには、ある事実が嫌みまじりにほのめかされている。その昔、財政的に逼迫していたプノティエに、ブランヴィリエ夫妻が三万リーヴルを用立てたことがあり、プノティエはこの機会を利用してその恩を忘れていないことを示そうとした、と暗に指摘しているのだ。

ブランヴィリエ夫人の言葉通り、ピエール＝ルイ・ライシュ・ドゥ・プノティエは大金持ちだった。ちなみに、プノティエは、カルカソンヌ〔フランス南部ラングドック地方の城塞都市〕近郊にあった地名の一つである。三十五歳になるやならずの若さで、すでに聖職者総徴税官及びラングドック証券取引所財務官という地位に就いており、この二つの要職から、彼は、数十万フランもの年収を得ていた。財務卿コルベール(5)のもっとも行動的かつ優秀な補佐役の一人であり、良質紡毛繊維のフランス手工業復権、ラングドック地方の運河の整備、東方諸国に散在するギリシャ語の写本買い付け、エグ＝モルト〔南仏カマルグ地方の城塞都市〕の沼地の干拓など、当時のフランスにおける最重要国家事業には、例外なく、コルベールと並んでプノティエの名が記されている。

「プノティエは、しがない会計係から、聖職者財務官兼ラングドック地方フランス財務官に出世し、大金持ちになった。背が高く容姿端麗、きわめて誠実かつ鷹揚で、折り目正しく思いやりがあり、しかも機知に富んでいて、社交界の人びとと深交があった」

とサン＝シモン(6)は語っている。

八月二十二日、ブランヴィリエ夫人とプノティエがシャトレ裁判所に呼び出された。小箱の中から

シャトレ裁判所の入り口（17 世紀）

発見された書状の筆跡鑑定のためである。プノティィエは、田舎の知人宅から出頭、ブランヴィリエ夫人は代理人を出席させた。夫人の代理人が繰り返し異議を唱えているさなか、第三の人物が登場する。サント＝クロワのかつての従僕、ラ・ショセであった。しょっぱなに一発勝負で漁夫の利を得、さっさと退去するつもりでいた彼は、サント＝クロワ宅にあるものすべてが封印された点に異議を申し立てる。そこにはラ・ショセ自身が故人宅にあずけていたものもあり、それは、彼が務めた七年分の報酬にあたる二百ピストル及び銀貨百エキュ、並びに、その金が彼のものであることを記載した証明書で、一括して袋に入れ、仕事部屋の窓の裏側にしまってあったはずだ、と主張したのだ。おまけに、自分が記述したと称する別の書類まで請求した。が、その言い分を聞くうちに、裁判官たちが疑惑の念を抱きはじめる。なぜ、この男は、サント＝クロワの実験室についてこんなに詳しく知っているのだろう。

ほどなく、取調官のピカールが、差し押さえた赤い小箱を今しがた開けたところだ、とラ・ショセに告げたところ、一瞬茫然自失状態におちいっていたラ・ショセが、脱兎のごとく逃げ出した。あっけにとられるピカールを尻目に。その日のうちに奉公先である浴場経営者のゴサン宅からひまを取ったラ・ショセは、明るいうちはどこかに身をひそめ、暗くなるとパリの町をうろついていたが、一六七二年九月四日の朝六時、トマ・レニエという名の警察官に逮捕される。外套で顔を隠すようにして、街路を歩いていたという。

この時から、官憲では、ブランヴィリエ夫人がもっとも怪しいとみなされるようになる。しかしながら、彼女の身分の高さを考えると、当局としても、そう簡単には逮捕に踏み切れなかった。

「日ならずして、先の警察官トマ・レニエがピクピュスに出向き、単刀直入に告げた。

——ラ・ショセを捕縛したところ、ピカール取調官から今回の事件に関する詳細を知らされましてね。

ブランヴィリエ夫人が、さっと顔を赤らめた。

——どうされました、マダム、まだだんまりを決め込むつもりですか?

夫人はさりげなく話題を変え、ミサに連れていってくれと頼んだ。彼女が小箱の話をあらためて切り出したのはミサを終え帰宅してからだったが、それまでの間中、妙にそわそわしていた。

——しかし、マダム、あなたはこの事件の共犯者じゃないんですか?

と問い掛けるレニエに、夫人は言い返した。

——えっ!　なぜ、わたくしが?

——今、ラ・ショセはシャトレに留置されてますが、奴が真相を白状するのは時間の問題です。いずれ、あなたの不利になるような証言をするでしょう、ましてや収監されたらなおさらだ。

――あの悪党は、ピカルディーにでも送り込んだほうがよろしいわ〔一六七二年に始まったオランダ戦争により、当時ピカルディー地方は戦場と化していた〕」。

と侯爵夫人は言い、こうつづけた。

――サント＝クロワとはずっと係争中だったのです。あの小箱を取り戻すために。この件にはプノティエも絡んでいて、これはわれわれ二人にかかわる問題なのです」

ブランヴィリエ夫人宅を出たレニエは、ヴェルテュス〔パリ盆地東部、マルヌ川沿いの都市〕に足を伸ばした。侯爵夫人のかつての愛人で子供たちの家庭教師を務めていた、ブリアンクールをたずねるためである。開口一番、ラ・ショセが逮捕されたことを告げると、

「これで彼女は破滅だ！」

と青年は叫び、ブランヴィリエ夫人がたびたび毒物の話をしていたことや、自宅に数種類の毒物を保管していたことなどを語った。

同じ頃、ブランヴィリエ夫人の義妹であるアントワーヌ・ドブレイ夫人、すなわち民事代行官だった上の弟の未亡人が事件の経緯を告げられていた。外科医らの主張通り、夫は、本当に毒殺されたのだった。時を移さず、オフェモンからパリに急行した未亡人は、シャトレ裁判所に審理請願書を提出。一六七二年九月十日、ラ・ショセ及びブランヴィリエ夫人に対する私訴原告人として認められた。おりしも、ブランヴィリエ夫人は、炊事係の女中だけ連れて、イングランドに高飛びしたところだった。この逃避行により、彼女に掛けられていたあらゆる嫌疑がより濃厚になる。

シャトレ裁判所で行われていたラ・ショセに対する審理は、翌一六七三年二月二十三日に終了し、予備審問《ケスチョン・プレパラトワール》に科すという中間判決が下された。予備審問とは、有罪か無罪かの決定にいたるため、被告人から自白を引き出すことを目的とした拷問である。この判決は、ラ・ショセにとっても、ブランヴィリエ夫人にとっても、天の助けであった。彼がこれをしのぎさえすれば、二人の嫌疑は晴れることになる。卑劣なこの男に、たとえ予備にしろ、拷問に耐えるだけの気骨があるとしたらの話ではあるにせよ。

一方、ドブレイ未亡人は、義理の姉とその共犯者を相手取ったこの裁判に心血を注ぎ、懸命に証言した。高等法院に上訴するとともに、あらためて趣意書を作成し、このたびの起訴には十分正当性があること、また、犯人に対する疑念が払拭されないばかりか、犯人の罪過を見逃す可能性すらある前提条件に依拠すべきではないことを、せつせつと訴えたのである。その結果、審理は、高等法院重罪部に移送されることになった。

予備審問をしのぎ切ったラ・ショセは、再審でも罪を免れるべく逃げ口上を駆使したものの、結局、死刑宣告を受ける。一六七三年三月二十四日のことであった。判決文には、毒殺による有罪宣告に加えて、通常及び特別審問から成る事前審問《ケスチョン・プレアラーブル》を科したうえで、車刑に処する旨の宣告が記されていた。事前審問とは、共犯者らの名を自白させるための死刑直前の拷問である。宣告書には、ブランヴィリエ夫人に関する記載もあり、同夫人は、欠席裁判により、斬首刑に処すると記されていた。

死刑直前の拷問を科されている間中、ラ・ショセはまれにみる硬骨漢ぶりを示し、すべてを否認した。彼が受けたのは長靴の刑だった。被疑者の両脚を四枚の板で挟み、中央二枚の板の隙間に八本のくさびをつぎつぎに打ち込んでゆくというもので、当然のことながら、脚はものすごい力で締め上げられてゆく。悶絶したラ・ショセが息を吹き返したのは、拷問台から降ろされて暖炉のそばに敷いたマットレスに運ばれ、蒸留酒を与えられてからだった。と、この時、彼が、犯した罪の数々を自発的に話しはじめたのである。もはやこれまで、と観念したのだ。ヴィルクワでパイ包み焼きに毒薬を仕

長靴の刑

車刑（中世）。古代ギリシャ時代から行われていたこの刑がフランスで完全に廃止されたのは一七九一年のことである。

込んだことも、ブランヴィリエ侯爵夫人からもらった毒殺の請負額についても、洗いざらい告白した。「もし神がこの従僕を捕まえさせてくださらなかったら、本件の告訴人はこの告白を聞くことはできなかったであろう。もし初審の裁判官たちが証拠不十分という判決を下していたら、高等法院は、憶測ないし強引な推定のもとに、この男を断罪することになったかもしれない。もし神がこの卑劣漢の心を動かしてくださらなかったら、拷問の責め苦にも耐え、断固として口を割ろうとしなかったこの男が、死の直前に自ら罪を告白したりはしなかったであろう」

とラ・レニは述べている。

死刑宣告及び事前審問を受けたその日、ラ・ショセは、車刑に処せられた。車刑は、生きながら四肢を撃ち砕いた体を、処刑台に据え付けた車輪上に固定して死ぬまで放置し、降ろした死体を火あぶりの刑と同様の手法で焼いたうえで遺灰を散布する、というものである。

＊＊＊＊＊

ロンドンに亡命したブランヴィリエ侯爵夫人は、惨めな生活を送っていた。耐え難い窮乏の中で、絶え間のない恐怖に襲われながら。

ルイ十四世は、当初から、個人的に、この裁判に強い関心を抱いていた。審理の一部始終が明瞭かつ的確な手続を踏んで遺漏なく行われることを心から望んでおり、この事件に関する共犯者すべてを、たとえいかに地位の高い者であろうと、訴追し、処罰するつもりでいた。重臣たちの動きも速く、一六七三年三月二十四日のラ・ショセによる自供を待つことなく、イングランド政府に被告人——すなわちブランヴィリエ侯爵夫人――の引き渡しを要請しており、一六七二年十一月及び十二月にはすでに、コルベールとその弟クロワシー侯爵(7)との間で、数通の書簡が交わされていたのである。クロワシー侯爵は、当時、イングランド国王チャールズ二世〔在位：一六六〇―八五〕付きのフランス大使を務めていた。イングランド国王は、引き渡しには同意した。しかし、イングランドの役人に彼女を逮捕させることはできない、逮捕はフランスが担うべきであると言明したため、クロワシーは困り果てる。フランス大使館には、こうした事態に対応できる設備が整っていなかったのだ。だが、コルベールがあくまでも逮捕を要求してきたため、大使は、なんとかしてチャールズ二世からイングランド警察が逮捕するという言質《げんち》を取り付けようと手を尽していた。不安に駆られたブランヴィリエ夫人がイングランドを去ったのは、ちょうどそんな時である。彼女は、オランダに向かった。

その頃、彼女の夫であるブランヴィリエ侯爵は、妻が毒殺した義父及び二人の義弟の遺産であるオフェモンの城に、子供や召使いらとなにごともなかったかのように暮らしていた。そればかりか、型破りな性格のこの男は、城を取り巻く近隣の土地の所有権まで手に入れていたのである。死亡した上の義弟の未亡人は、夫の遺産の収益権を確保するため、ルイ十四世の玉璽付き令状を二度も発行してもらわなければならなかった。この城を引き払い少なくとも三リュー以上離れた場所に居住すべしと厳命するその令状は、一度目が一六七四年二月二十二日付、二度目が同年三月三十一日付になっている。二度目の令状で、侯爵は、ようやく重い腰を上げた。

ブランヴィリエ侯爵夫人は、一六七六年三月二十五日、リエージュの修道院で逮捕された。ロンドンを出発してからこの日までの彼女の足取りについては、わずかな記録しか残っていない。ロンドンからオランダに入り、その後ピカルディーに向かった。ちなみに、オランダもピカルディーも、当時フランス軍の統治下にあった。ピカルディーからさらに北仏のカンブレ方面へと足を伸ばし、ほどなくヴァランシエンヌのとある修道院に身を寄せるが、戦闘のためここを出ることを余儀なくされた彼女は、その後もアンヴェール、リエージュとオランダ中部周辺を転々とせざるを得なかった。ほぼ三年半に及ぶ逃亡生活を維持するための資金は、姉の立場に同情した妹のテレーズ・ドブレイから送られてくる五百リーヴルの年金だけで、これも一六七五年八月にテレーズが死んでからは、二百五十リーヴルになった。送金を肩代わりした末の妹は修道女の身だったため、それ以上工面できなかったのである。このため、「一エキュを借りざるを得ない」ことも何度かあった。カンブレに滞在中、夫にきて欲しいと人づてに頼んだらしいが、

「あの女は、他の連中と同じように、私も毒殺するだろう」

というのが侯爵の返答だったようである。

ブランヴィリエ夫人がリエージュに亡命したことを知った陸軍卿ルーヴォワ(8)は、ただちに、国王巡邏隊中隊長デグレを派遣する。辣腕で知られる男だった。デグレは迅速にことを運ぶよう命じられていた。当面フランス軍がリエージュの支配者ではあったが、その地位をいつスペイン軍に奪われてもおかしくない情勢にあったからである。

ミシュレをはじめとする多くの歴史家が、ブランヴィリエ夫人逮捕の模様を、ラヴロマンスさながらの筆致で描写している。宮廷付きの神父に変装した美青年デグレが、好色な侯爵夫人を籠絡した。

ところが、ある日、夫人の恋するその青年神父が、待ち合わせ場所に、大勢の部下を従え幹部警察官として出現し……。

しかしながら、実状はごく月並みだった。それは、「フランス国王の権限がリエージュの町で認められていた最後の日のことだった」とラ・レニは記している。

彼女を逮捕したのもデグレではなく、オランダに駐在するフランス政府の役人で、以前フーケの秘書官を務めていた、ブリュアン、通称デカリエールという名の男だった。デカリエールは、一六七六年三月二十五日、ルーヴォワに書き送っている。

「町長らはきわめて巧妙に立ち回りました。なぜわれわれが同夫人を逮捕するのかについては知ろうともせず、逮捕するための重要な手がかりを本官に打ち明けたのであります」

翌三月二十六日、

「逮捕現場には、巡邏隊中隊長デグレが私人として居合わせるよう手配しておきました」

と追伸し、ブランヴィリエ侯爵夫人から文箱を押収したことも報告している。

「彼女は非常に動揺した様子で、その箱に入っているのは自分の告解録だとゴファン町長に言い、なんとか取り戻せるようはからって欲しいと懇願しました」

デカリエールは、自分の印判とデグレの印判で文箱を密封した。

ラ・レニは、この逮捕劇について、こうも述べている。

「王国から王国へと逃避行をつづけていたこの無恥な女が、自らの有罪判決を裏づける証拠の数々を自ら書き記し自ら持ち運んでいたのは、神のなせる技である」

生涯に犯したすべての罪について洗いざらい語っている彼女の告解録は、一八六一年、アルマン・フーキエから出版された『著名な訴訟事件』に、数頁にわたって収録されている。ただ、内容があまりにも衝撃的なため、版元は原文をそのまま掲載できず、主なくだりをラテン語に翻訳しなければならなかった。

リエージュから、ブランヴィリエ侯爵夫人は、厳重な監視付きで、オランダ南東部の町、マーストリヒトに連行された。マーストリヒトに着いたのは三月二十九日である。ここで彼女は市庁舎に監禁されるが、その直後、自分の歯で砕いたコップの破片を飲んで自殺を図る。何本か針を飲んだりもしたが、どちらも未遂に終わった。

「恥知らずにもほどがある！　親兄弟を殺したあげく、自殺とは！」

と激しくなじる警備兵のレーヌに、

「魔が差しただけのことよ」

と彼女は答えている。

さらに別のおり、デグレは、ブランヴィリエ夫人が、これよりはるかにおぞましい方法で自殺を図ったという知らせを受ける。

「見下げ果てた人だ！　自殺まで企てるとは！　弟たちを毒殺したうえに！」

「出来心よ！　誰にだって、邪念に襲われることはあるものだわ」

リエージュからパリまでブランヴィリエ夫人を護送していた下級警官らが、法廷で、この三度目の自殺について証言しているが、それは、ここではとても再現できないような内容であった。以下は、セヴィニェ夫人が娘に送った手紙を、夫人の従弟、エマニュエル・ドゥ・クーランジュが書き留めていたものである。

「彼女は一本の棒を体内に突き刺しました、どこであるかはお察しください。それは、目でもなければ、口でも耳でも鼻でもお尻でもありませんでした」

ブランヴィリエ夫人の護送には、ムーズ川沿いのベルギーの町ユイまでをデストラード少将が、ユイからロクロワまでをモンタル殿の連隊が当たった。ロクロワは、北仏の都市メジエールの北西に位置するベルギー国境の町である。その間の無謀で身勝手な振る舞いからも、囚われ人の性格が読み取れる。

マーストリヒトで監禁されている時、彼女は、治安維持担当の警官アントワーヌ・バルビエ――この男は彼女の信頼を得ていた――に、猿ぐつわと縄梯子を作ろうと持ち掛けた。デグレに猿ぐつわをかませ、梯子づたいに一緒に逃げようというのだ。手を貸してくれれば、千ピストル払うから、と。別のおりには、デグレの喉を掻き切り、留置所の下僕を殺し、四輪馬車の先導馬二頭を切り離すのを手伝ってくれとしつこく頼み、さらには、証拠品、つまり、彼女の告解録及びその他の重要書類が入っている箱を盗む手助けをして欲しいと詰め寄り、この文箱を中身ごと焼却するためなら「爆弾を仕掛けることも辞さない」と言った。

侯爵夫人は、いまだに彼女を主人とあおいでいる忠実な召使いに手紙を書いており、事実、手紙はいずれも彼らの手元に届いていた。召使いらが、夫人を監視している看守や番兵を買収していたからである。なんとかして彼女を奪い返そうと、召使いらは手を尽くしていた。一方、夫人も、プノティエが起訴されているという事実をもとに一計を巡らせていて、これを実現しようと躍起になっていた。彼に手紙を書きたいからとインクを要求されたバルビエは、それを彼女に与え、あずかった手紙は発送したふりをした。プノティエは仲間だったのかとたずねるバルビエに、夫人はこう答えている。

「もちろんですとも、どうすればわたくしが助かるかは、わたくしと同じくらい、彼にとっても大問題だわ」

別のおりには、こんなことも言った。これは、彼女がその後も何度となく繰り返していた台詞である。

「プノティエは、わたくし以上に恐怖を感じているはずよ。彼について尋問されたけれど、わたくしはなにも言わなかった。それに、わたくし、彼を告発するほど薄情じゃない。彼以外の要人についても同じだわ。告発したりしたら、彼らに見捨てられてしまうもの」

ブランヴィリエ夫人は、メジエールで、高等法院大審部〔革命以前のフランスの最高司法機関である高等法院は、大審部、予審部、重罪部、訴願審理部、臨時審問部の五部門に分かれていた〕の評定官、ドゥニ・ドゥ・パリュオに会うことになっていた。夫人に対する最初の尋問を行うため、法院が派遣した人物である。セヴィニェ夫人の友人ジャック・コルビネリは、グリニャン夫人に次のように書き送っている。

「国王は、高等法院が大審部評定官のパリュオなる人物を派遣することを望まれたのです。ブランヴィリエの尋問は、メジエール北方の町ロクロワで行うべきであり、同評定官自身が彼の地におもむくように、と。なぜなら、彼女に対する尋問がパリで行われるのは望ましくないからです。それというのも、ここパリでは、すべての司法官がこのさげすむべき凶悪犯と親交があるのですから」

パリュオがブランヴィリエ夫人に対して行った第一回目の尋問調書には、「一六七六年四月十七日、メジエールにて」と記されている。被告人は、型どおりの否認を繰り返し、保身を貫いた。

どの家に放火したのかという、告解録第一項に関する問い掛けに対し、そのようなことは一切行っていない、これを記した時は気が動転していた、と述べた。

告解録に記載されている、これ以外の六項目に関する問い掛けに対し、なんのことかわからないし、なにも覚えていない、と述べた。

父親及び二人の弟に毒を盛ったことは断じてないのかという問い掛けに対し、なにも知らない、と述べた。

弟たちに毒を盛ったのはラ・ショセではないのではないかという問い掛けに対し、一切わからない、と述べた。

八通の書状を示し、誰に宛てて書いたのかを明言するよう厳命したのに対し、記憶にない、と述べた。

赤い小箱を奪い取るようテリアに書面で依頼したのはなぜかという問い掛けに対し、なんのことかわからない、と述べた。

テリア宛の書面で、彼がその小箱を奪取し中に入っている訴訟書類を取り出してくれなければ万事休すだ

セーヌ川から見たコンシエルジュリの塔。正面は両替橋、左はメジスリー河岸（17 世紀）。

と言っているのはなぜかという問い掛けに対し、

記憶にない、と述べた。

ブランヴィリエ夫人は、パリに到着したその日、すなわち一六七六年四月二十六日にパリ高等法院付属監獄《コンシエルジュリ》に収監され、治安維持担当の警官バルビエの監視下に置かれた。夫人からのべつ手紙を託されていたバルビエは、宛先に届けると言いながら、実際には上司に手渡していた。

以下は、同月二十九日付のプノティエ宛て書面である。

友人から、貴方がわたくしの事件に力を貸してくださるおつもりだと知らされました。それがわたくしに対する貴方の誠意の示し方であり、貴方にはその義務があるとお考えのようだ、と。もしそのおつもりなら、どうかいたずらに時をもてあそぶことなく、どのような方法で事態の収拾をはかるべきかを、近々貴方をお訪ねする者たちとともにご検討いただきたいのです。今貴方が人前に出ることを差し控えておられるのはきわめて適切なご判断と存じますが、わたくしどもは貴方のお考えを知る必要がございます。それというのも、わたくしは、メジエールで、評定官から貴方について執拗に尋問されたからです。

このあと、「ベルナルダンの未亡人」、すなわちベルナルダン街に住むサント＝クロワの未亡人、に口止め料を出すよう強く勧める文章がつづく。

後日、すなわち死の前日に、ブランヴィリエ夫人は、プノティエにこのような手紙を書いた動機を明かしている。

「ムシュー・プノティエが、毒薬の件でサント＝クロワと共犯関係にあるなどと思ったこともありませんでした。そうと知っていれば、良心の仮借なしに、今回の事件を彼のせいにすることができたでしょうに。でも、サント＝クロワの残した小箱からムシュー・プノティエにかかわる書類が発見されたことを知りました。それに、彼がサント＝クロワと一緒にいるところを何度となく目撃しておりましたので、友情から毒薬の取引を共謀するようになったのだと思いました。で、思い切って彼に手紙を書いたのです。そういう事実があったことを知っているかのように。そうすることで、ものごとがわたくしの事件に都合よく運ぶのならそれにこしたことはない、と自分に言い聞かせたのです。彼らの間に毒薬に関するなんらかの取引が本当にあったのなら、ムシュー・プノティエは、わたくしがその秘密を知っているを思うはずですから、わたくしはそのままことを進めれば良いわけですし、彼はわたくしに告発されるのを怖れ、わたくしの事件が勝訴するよう奔走するはずです。もし彼が無実なら、わたくしの手紙はなんの役にも立たなかったことになりますが、わたくしに実害は一切ございません。わたくしが手紙を書こうと書くまいと、わたくしの味方であることを表明する気もなければ、わたくしのためになんの手助けもする気がないような男の怒りを買う以外は」

女囚からのこの手紙が、プノティィエに対する疑惑を深め、ついには、逮捕状まで出される仕儀になった。こうして、一六七六年六月、聖職者徴税官は、不運にも、コンシエルジュリに投獄される羽目におちいったのである。彼が拘置されたのは、ラヴァイヤック〔アンリ四世の暗殺者。一六一〇年八つ裂きの刑に処された〕が入れられていた部屋だった。

＊＊＊＊＊

おりしも、プノティィエは、ある訴訟事件に巻き込まれていた。彼が聖職者徴税官の職務を引き継いだのは、アニヴェル・ドゥ・サン＝ロランという人物からであったが、その未亡人マリー＝ヴォセがプノティィエを告発したのである。一六六九年五月二日にプノティィエが夫のサン＝ロランに毒を盛った、動機は莫大な収入のある役職を引き継ぐためであった、と。彼女は激しく世論を煽り、すでに別件で本書にも登場している有能な弁護士、ヴォティィエが作成した訴訟趣意書を、攻撃文として街頭でばらまいた。

たしかに、プノティィエの栄達ぶりはあまりにもめざましく、世論を味方に付けることなどとてもできなかった。しかも、この訴訟事件が起きる前から、成功をねたむ無数の敵が彼の前には出現しており、この連中がデマを飛ばすのに一役買っていたのである。庶民は、彼が手にした影響力と財力を驚きの目で見守り、上流人士は、羨望の目で見つめていた。その一方、フーケ(9)がそうだったように、プノティエにも誠実な友人が大勢いたのも事実で、あのように人心が荒廃した時代にあって、これは名誉なことである。

「どれほど多くの要人が彼のために奔走したことか、いまだに信じられないくらいだ」

とサン＝シモンは述べている。

プノティエを支援した人びとの心の広さは、フーケを支援したことで国王の寵愛を失った人びとの心に刻まれた疵と同様、称賛に値するものだ。とりわけ精力的に活動したのは、ボンジ枢機卿、ヴェルヌイユ公爵、パリ大司教アルレー・ドゥ・シャンヴァロン、コルベールである。しかしながら、司法官僚らは違った。彼らは、ルイ十四世から、プノティエの味方ではないかと疑われでもしようものなら、あきれるほど露骨に、無関係であることを釈明して見せた。もっとも、ルイ十四世自身も堕落していたのではあるが。

警察の手入れがあったのは、一六七六年六月十五日のことである。この時、プノティエは、自室で従弟に手紙を書いているところだった。

「ひと月ほど田舎暮らしでもしていれば、ほとぼりも冷めると思う……」

突然の侵入に驚いたプノティエは、いらだたしげにその手紙を口の中に入れた。まるで飲み込もうとでもするかのように。この行為は、その後ブランヴィリエ夫人がプノティエの無実を完全に認めた時点で、彼を起訴すべきかどうかを判定するうえでの唯一の不利な証拠になる。とはいえ、尋問のさい彼が展開した証言の論旨は明快だった。サン＝ロラン未亡人の攻撃文に対する反論を印刷した弁駁書の中で、敵対者らが彼を起訴するための根拠にしようとした事実が誤りであることを指摘し、反駁の余地もないほどあざやかに論破してみせたのである。後日、それら一連の誤謬は、改竄の結果であることが判明した。小細工は、裁判調書の封印がサン＝ロラン宅で解かれた時になされたのである。

誤謬の指摘に加え、プノティエはこうも述べている。

「彼らは、サン＝ロランを毒殺したと私を訴えている。だが、彼の死が毒殺であると証言している者などどこにもいないではないか。犯してもいない罪で私を有罪と断ずるのは、いかにも筋の通らない、非常識な話だ。死に際の状況ばかりか医師らの報告からも、彼の死は自然死であったことが証明されているというのに」

告発者にとり決定的だったのは、弁駁書に記された最終段落の文面である。そこで、プノティエは、サン＝ロラン夫人が裁判所に告訴するまでに六年もの時間的隔たりがある点を指摘している。なぜ、夫人はそんなに長い間この事実を黙過していたのか？　――なぜなら、サン＝ロランが死んだ時、聖職者総徴税官職を遂行するようプノティエを指名したのは彼女自身だったからだ、と。

「サン＝ロラン夫人は、一六六九年六月十二日、プノティエ殿を同職の継承者として指名し、同日、両名は業務提携契約を結んだ。この契約により、以後、サン＝ロラン夫人は、聖職者総徴税官という役職からプノティエ殿が得る収益の半分を受け取ることができるようになった。くわえて、プノティエ殿は、この契約を結ぶにあたって、マヌヴィエット殿に二千ピストルを与えていた。それというのも、マヌヴィエット殿は、一六六九年三月十七日、自らの都合で聖職者徴税官職を辞したが、この時サン＝ロラン殿から反対証書〔公式証書の規定事項を無効にする秘密証書〕を与えられており、この反対証書を盾に、職務の遂行権を取り戻すべく、サン＝ロラン夫人がプノティィエ殿に故人の役職を譲渡するのを阻止しようとしていたからである。サン＝ロラン夫人は、契約が終了する一六七五年十二月末日まで、この役職からあがる収益の半分を、なんら異議を申し立てることなく、享受していた。ところが、聖職者徴税総会がプノティィエ殿の功績を評価し、さらに十年間——これは一六八五年十二月末日をもって終了するものとされている——その役職を続行するよう彼を指名したのだ。仮にこの時、プノティィエ殿が夫人との業務提携契約を更新していたなら、彼女は彼を自分の夫であるサン＝ロラン殿の毒殺者として告発したりすることは決してなかったであろう、と夫人を知る人びとは述べている」

プノティィエが、コルベールの指揮下でフランスの商工業復興のために果たした役割の重要さにかんがみ、この事件に関して少しばかり念入りに記述した。

*****

パリでは、ブランヴィリエ夫人とプノティィエの噂で持ち切りだった。

「このせいで、戦争問題[10]がないがしろにされている」

とセヴィニェ夫人は言っている。

ブランヴィリエ夫人がフランス王国の最高裁判所、すなわちパリ高等法院の大審部及び重罪部を併

パリ高等法院と付属監獄《コンシエルジュリ》の塔、中央に見えるのがサント＝シャペル（17世紀）。14世紀中葉以降、歴代国王はルーヴル宮その他に居住するようになりかつての王宮は最高法院の建物として使われるようになった。

合した法廷に出頭を命じられたのは、彼女が貴族としての特権を有していたからにほかならない。夫人は、自己防衛のための法律顧問つまり弁護士を申請したが、却下された。少なくとも当面は認められない、と。

裁判長は高等法院院長ギヨーム・ドゥ・ラモワニョン[11]で、一六七六年四月二十九日から七月十六日の間に、二十二回にわたり公判が開かれた。ブランヴィリエ夫人は、終始、並はずれた度胸と気魄を示し、裁判官たちの度肝を抜いた。粘り強く否認をつづけ、告発者らに対しては冷たく高飛車な声音で論駁したが、裁判官に対しては決してそのような態度を取ることなく、つねに礼節を保っていた。それは、貴族としての矜持、及び、身分の高さを共有する人びとに対するある種の敬意、少なくとも自分を裁く人びととは同等であると認識している

ギヨーム・ドゥ・ラモワニョン、ブランヴィリエ事件の裁判長。

ことを感じさせるたぐいの敬意、であった。

高等法院評定官ドゥニ・ドゥ・パリュオが四月十七日にメジエールで行った尋問の調書が読み上げられようとした時点で、誰もが予測していた事態に立ちいたる。同調書に記されている告解録の扱いを巡って、議論が沸騰したのだ。以下は、同裁判記録における未公開部分の抜粋である。

メジエールで行われた尋問調書の読み上げが開始したちょうどその時、高等法院院長殿が、次のように述べた。当面この調書の読み上げを中止し、いずれくだんの告解録が読み上げられるさいに、あらためてこの調書の読み上げを行いたい、と。しかし、この意向が物議を醸し、論戦が交わされることとなった。本件における一連の特殊な犯罪が、男色及び近親相姦の罪とひとしなみに問いただせるものなのか、また、本件における犯罪の内容は宗教上の告解の領域においてのみ取り扱われるたぐいのものであり、極秘にすべきと思われるこれらの犯罪について、裁判所が問いただせるものなのか、と。意見は賛否両論入り乱れた。

高等法院評定官パリュオ殿は次のように述べた。神学者たちにたずねたところ、違反すれば地獄に堕ちるほどの重い罰を受けるものと信じている人びとがいる以上、尋問段階で告解録が見つかった場合、それは焼却されるべきであるというのが彼らの答えであった、と。

神学者の中には、次のように主張する者もいた。そもそもパリュオなる人物が、裁判官として、この告解録に記されている内容の詳細な記録の作成を差し控えるとともに、「わたくしは罪を認めます、わたくしの父親云々」と題されたこの告解録については、彼女に尋問するのを差し控えるという判断を下すこともできたのではないか、と。

高等法院院長殿は、きわめて判断の難しい問題ではあるが、やはり、この告解録は読まれてしかるべきものと判断する、と述べた。

高等法院上席評定官ジャン＝ジャック・ドゥ・メーム殿〔一六四〇－一六八八〕は、キリスト教におけるこの種の告解録は、過去にもさまざまなかたちで生かされているので、この慣例を持続させたいと主張し、裁判官諸兄はローマ教皇レオ一世〔三九〇頃－四六一〕の教書に記されている神学論にのっとってこの告解録を活用すべきだ、と述べた。

弁護士ニヴェルは、メーム殿と逆の主張をした。

院長殿は、レオ一世の教書で展開されていたのはメーム殿の主張とは正反対の意見であったことを指摘したうえで、この告解録を解読する以外に道はないと答えた。

激論のすえ、尋問調書の読み上げは続行される運びとなった。

告解をした経験がないのか、また、誰に対して告解しなければならなかったのかという問いに、彼女は次のように答えた。

筋道を立てて告解しようと意図したことなどただの一度もなければ、告解をしなければならないほどの負い目を感じるような司祭も宗教関係者も存知しない、と。

昼食後、ルジョー殿がわれわれに次のような報告を行った。宗教裁判所裁判官兼司教座聖堂参事会員のバンジャマン殿、並びに、ソソワ殿その他の決議論者〔決議論：良心の問題を判断する倫理神学の一部門〕及び神学博士兼教授のレトック殿にこの問題を提示したところ、以下の点で彼らの意見は一致した。すなわち、われわれ裁判官がこの告解録に目を通し、その内容についてブランヴィリエ夫人に尋問することは可能である、また、告解の秘密は聴罪司祭と悔悛者の間においてのみ存在すべきものではあるが、告解形式の文書が発見された場合、その文書を裁判官が読むことは可能である。

一六七六年七月十三日、ブリアンクールが、驚愕すべき陳述を行う。もと愛人の暮らしぶりを詳細に語る彼の声は興奮のあまりうわずっていたが、ブランヴィリエ夫人は、冷然と、高飛車に反論を展開した。

翌七月十四日、高等法院院長ラモワニョンは、次のように記している。

「なんという神経の持ち主なのだろう、彼女には慄然とさせられる。昨日、われわれは、夜の八時まで本件にかかりきりだった。昨日は十三時間、今日も五時間、重罪部でブリアンクールとの対質尋問〔訴訟において、相互の証言・供述に食い違いがある時、当事者同士を対立させ互いに弁明させること〕が行われたが、この二度にわたる尋問中、彼女は、われわれの意表を突く態度を示しつづけた。もはや、ここに居並ぶ裁判官に尊敬の念を抱くことはできないし、証人として出廷しているこの男にも失望したと彼女は言い、ブリアンクールは酒癖が悪く、日頃の不行跡がたたって侯爵家を追い出されたのだと彼を非難し、このような男の証言が彼女に不利なかたちで受理されるべきではないと主張したのである」

だが、その主張は通らず、ブランヴィリエ夫人は敗訴した。

これは、誇り高き侯爵夫人の眼前に、不名誉な刑罰をスペクタクルとして提供する舞台が屹立しており、そこに立つのは彼女自身であることを意味した。囚人服を着せられ、たいまつを手に、ノートルダム大聖堂の正面入り口にひざまずき、公衆の面前で罪を告白するという加辱刑、どんなに強固な意志をもぐらつかせてしまう拷問の責め苦、斬首台、そして最後に待っているのが薪を積み上げた火葬台、いわゆる「燃えさかる墓」である。ここから、彼女の遺灰が、死刑執行人の手でばらまかれることになる。それも、下層民の見守る中で。彼女に有罪判決を下そうとしている司法官たちでさえ、それを思うと胸が痛んだ。

ブリアンクールが、証言の最後に、涙を浮かべ嗚咽をこらえながら言った。

「僕は何度となく忠告しました、マダム、あなたのふしだらな行為、あなたの残酷さ、あなたの犯した数々の罪によりあなたは破滅するだろう、と」

間髪を容れず、夫人が応じた。

「なんて意気地《いくじ》のない！　ひとさまの前で涙を見せるとは！」

この言葉に込められた自制心と自尊心は、ただものではない。ローマ史にもコルネイユの戯曲にも、こんな名台詞は見いだせないだろう。供述調書に簡明かつ散文的に記載されたこのやりとりの方が、ブランヴィリエ夫人の最後の聴罪司祭となる人物に裁判長ラモワニョンが送った書面の記述より、筆者には好ましい。

が、ともあれ、以下は、その書面からの引用である。

「弟たちの毒殺を彼女が打ち明けた件について反証を展開していた時、二人の死を思い出したブリアンクールが泣き出すと、彼女は、お歴々の前で涙を流すとは見苦しい、性根《しょうね》が卑しいからそのような振る舞いをするのだとののしりました。しかし、その口調は驚くほど抑制がきいており、本日行われた五時間に及ぶ尋問中も、終始冷静で、顔色ひとつ変えることはありませんでした」

このように一癖も二癖もある被告人を擁護するという重大な役目を課せられたのが、ニヴェル弁護士であった。彼は、この任務を見事に果たす。この時行った彼の口頭弁論に対する評価は、当時も高かったが、十八世紀にはさらに高まった。陳述内容は、展望が広くしかも詳細であり、きわめて格調の高い表現が随所に織り込まれている。

まず、彼は、

「これら一連の犯罪における残虐性並びに起訴された人物の社会的身分にかんがみ、最高の明証性を有する書証が提示される必要があります。ありていに言えば、明々白々たる証拠書類及び証拠物たる書面を提出していただかねばならない」

と述べ、

「ブランヴィリエ夫人に対して行われた異議申し立ての拠り所として、さまざまな証拠が挙げられておりますが、これらの証拠は信ずるにたるものなのでしょうか?」

と問い掛け、主要な陳述の中には信憑性に問題のあるものがあり、執達吏クルエの陳述にはとりわけ疑問が残る、と論旨を展開してゆく。クルエは、本件の告訴人であるドブレイ未亡人〔毒殺された上の弟の妻〕に「身も心も捧げている」と当人自身が言及しており、ドブレイ未亡人は、怒り心頭に発した損害賠償請求人の役割を演じている。このような状況下でのクルエの陳述に信を置くことはできないのではないか、と。

ついで、エドゥム・ブリシアンの陳述は完全に却下されるべきである、なぜならこの人物はブランヴィリエ夫人と面識がなく、この点において、訴訟手続上の規定における証人の条件を逸脱しているからである、と説いた。

また、ニヴェル弁護士は、ラ・ショセが拷問を受けたあとに行った供述における矛盾点を巧みに衝きながら、被告に有利な方向へと話を進める。

次に、サント＝クロワが所持していた小箱については、もはや議論に値するほどのものとは思えない、と主張。なぜなら、サント＝クロワがこの箱の中身はブランヴィリエ侯爵夫人のものだと添え書きに記したのは一六七〇年五月二十五日であったのに対し、ドブレイ未亡人が毒物入りのガラス瓶を収納した箱に関する審理請願書を提出したのは、そのずっとあと――すなわち一六七二年九月初旬――のことだったのだから。この間には二年もの隔たりがあり、一六七〇年の時点で箱に収納されていたのは、ブランヴィリエ夫人がサント＝クロワ宛てに出した数通の手紙だけだったということも十分考えられる。しかも、それらの手紙に毒物の件は記されていない以上、この小箱について云々するのは論外である、と。

このあと、陳述がリエージュで押収された告解録に及んだ段階で、司法官たちはこの告解録を有罪の証拠にしようとしていると指摘したうえで、これは有罪を立証する証拠にはならないと激しい口調で反論を展開する。

「これは、ブランヴィリエ夫人に帰属する書類から発見されたうちの一点であり、彼女はここに宗教的告解をしたためています。驚くべきは、告発者らがこの告解録を法廷で読み上げるよう裁判官らに示唆している点であります。告解録は、本来、もっとも崇高な秘蹟《サクラメント》〔キリスト教で、神の恩寵の印として最重要視される儀式（ローマ・カトリック教では、洗礼・堅信・聖餐・告解・終油・叙階・結婚の七つがある）〕の一つに属するものであり、神の教え並びに人間の法律により、神聖にして侵すべからずと規定されているものです。そして、告解が神聖にして侵すべからずとされているのは、次のようなあらがいがたい理由があるからなのです」

　それらのあらがいがたい理由は、ニヴェル弁護士自身が、初期キリスト教会の神学者らが綴った記録及び教会史を精査したすえ掘り起こしたものであり、そうした理由を論拠に、ニヴェルは、この告解録に表明されているある種の秘密に対しても最高の敬意を払うべきであると裁判官たちに提言し、数多くの用例や文例を挙げている。

　最後に、ニヴェル弁護士は、依頼人に対する少しばかりの共感、あるいは、少なくともいくばくかの哀れみを得ようと力を尽くし、高貴な生まれの、いかにもたおやかで感受性の鋭いこの女性が、数ヵ月来、憎悪に満ちた中傷や虐待を受け、酒気を帯びた小役人や兵士、粗野な牢番らによる侮辱の矢面に立たされていることを暴露する。

「彼女は、精神的慰めまで奪われ、ペンテコステの日にさえミサに出席することを拒まれたのです！」

死の間際に、ブランヴィリエ夫人に対する世論の評価が急速に好転したのは、間違いなく、ニヴェル弁護士の尽力によるものである。

彼は、告訴人に呼び掛けながら、巧みな演説で口頭弁論を締めくくっている。

「告訴人はブランヴィリエ夫人に抗議すべきではありません。なぜなら告訴人はすでに、夫殺しの実行犯である極悪人ラ・ショセが処刑されたことにより、夫の死に対する怨念を晴らしたいという欲求は満たされているのですから。

目下ブランヴィリエ夫人がもっとも案じているのは、自分のことよりもむしろ親族のことなのです。彼女は、姻戚関係にあたる一族の名が未来永劫汚されることのないよう切に願っております。また、甥たちに対しても実子のようにいとおしく思っておりますが、そうした素直な気持ちまで失っていると非難されることのないよう願っているのです。

故ドブレイ兄弟も、あの世で満足しているはずであります。公的制裁により自分たちの死に対する復讐は達成された、と。もし、今、当法廷でその胸中を披瀝できるなら、おそらく、彼らは、やはり自分たちの思っていたとおりだったと言うに違いありません。愛してやまなかった姉に、あのように非人道的なことなどできるわけがないと思っていた、と。また、彼ら兄弟は、子孫のためにも、この事件の加害者らを罰したり死刑の恥辱にさらしたりすることのないようにと訴え、兄弟にとりもっとも喜ばしいのは、それらの者が生きつづけることにより彼ら兄弟の名誉を保つことであり、さもなくば、彼ら兄弟自身が、それらの者に復讐ではなく罰を与える、と証言することでしょう。しかしながら、彼ら兄弟が胸をなで下ろすことができるのは、やはり、ブランヴィリエ夫人の無罪が認められることであり、彼女の子女も——たとえ今現在、今回の事件が彼ら自身の罪であるかのように世間から誹謗され、生きていることが地獄の苦しみに等しいものとなり、死に慰めを見いだしたくなるやも知れぬような心境になっているとしても——、母親の無罪が認められれば、母親の出自でもあるドブレイというきわめて格式の高い一族の名誉を保てることになります。彼女を裁かねばならない立場に置かれている賢明なる司法官諸氏もまた、国民に、正義と哀れみと公平無私という誉れ高い模範を示すことにより、さらなる栄誉を得られることでありましょう。被告人を無罪放免することにより！」

ブランヴィリエ夫人が最後に法廷に出頭したのは、一六七六年七月十五日のことである。尋問台に座らされた彼女は、三時間にわたり、自らの過去について厳しく詳細な取り調べを受けたが、その間、矛盾した発言をすることは一切なく、すべてを否認した。毒薬についても解毒剤についても、知らぬ存ぜぬの一点張りで、告解録を書いたことについては、「狂気の沙汰」だったと主張した。

以下は、同法廷における裁判記録の概要である。

「高等法院院長殿は、裁判官としての職務を果たしたあと、彼女の気持ちを和らげるために、また、今の彼女の精神状態が嘆かわしいものであることを多少とも悟らせるために、いかにもキリスト教徒らしい慈愛にみちた口調で、この世におけるもっとも厳しい現実とはどのようなものかについて説諭したが、彼女がそれに感銘を受けたようには見えなかった。

ついで、院長殿は、なぜ彼女の父親があのように苦しまねばならなかったのか、また、なぜ彼女は本法廷において十分な説明を行わないのか、その理由をきちんと説明するよううながした。おそらく、これが、彼女の人生における最後の釈明の機会なのだから、と。それは、自らの罪業《ざいごう》、親族ばかりか彼女と共に乱行を繰り返していた連中からさえ非難されている罪業、に正面から向きあい真剣に反省する機会を与えよう、との配慮からであった。

ノヴィオン部長評定官殿は、上の弟である故民事代行官が死の間際まで姉以外の人びとを疑っており、そのような疑惑を抱かねばならないことが臨終の床にある彼を苦しめていたと、彼女に語った。

その後、院長殿がふたたび発言し——この発言は、当時の道徳意識に関する研究上もっとも興味深いものの一つである——、彼女が犯した罪の中でももっとも重大なのは、たとえそれがいかにおぞましいものであるとしても、実父及び二人の実弟を毒殺したことではなく、彼女自身が服毒自殺しようとしたことである、と述べた。

彼女に対する尋問はその後半時間つづいたが、彼女は黙秘を通した。ずっと心が痛んでいた、と漏らした以外は」

この日の裁判を傍聴していたピロ神父は、

「院長は無念の涙を流し、居並ぶ裁判官も落涙した」

と記している。彼女だけが、感情に流されることなく、昂然と面《おもて》を上げていた。妥協などするものかという決意を、青い瞳にみなぎらせながら。

批評家のイポリト・テーヌ〔一八二八－一八九三〕は、ラシーヌ劇に登場するヒロインの性格及びこの作家の技法の巧みさを、含蓄のある言葉で指摘している。

「彼女らがその美しい瞳に涙を浮かべることはない。だが、呑んだ涙の存在をわれわれは感知する」いずれ、ラシーヌ劇のどのヒロインとブランヴィリエ侯爵夫人が接点を交えているかが明らかになるとともに、この非凡な戯曲家が当時の社会情勢及びそこに生きる人びとの姿をいかに正確に再現しているかが、つまびらかにされるはずである。

一六七六年七月十五日に行われたこの銘記すべき尋問を終えるにあたり、ラモワニョン院長は、次のような言葉で締めくくった。

「慈愛の精神から、そして、カルメル会修道女である末の妹の嘆願に応え、われわれは、ある人を被告人のもとに差し向けることにした。被告人の心を慰撫するとともに、自らの魂の救済について被告人自身が熟慮するよう説き勧めるうえで、まことにふさわしく、きわめて徳の高い人を」

こうして、この事件におけるもっとも興味深い人物の一人の出番となる。前段にちらりと姿を見せた、エドゥモン・ピロ神父だ。彼は、ラモワニョン院長からブランヴィリエ夫人の最後の聴罪司祭となるよう懇願され、この日初めて裁判を傍聴していたのである。

判決は、翌十六日の午前中に下されることになった。

Ⅲ　ブランヴィリエの死

エドゥモン・ピロは、神学者でありソルボンヌの教授だった。一六三〇年八月十二日にオーセール〔パリ南東百七十キロ、ヨンヌ川沿いの都市〕に生まれた彼は、ブランヴィリエ侯爵夫人と同い年である。ドイツの哲学者ライプニッツ〔一六四六―一七一六〕を相手に論陣を張ったことにより、ヨーロッパ中にその名を知られていた人物だが、情熱的で感じやすい、他者の苦しみに接すると心を痛めずにいられないような気質の人だった。

当人自身、

「私には過敏なところがあり、いまだかつて人が血を流しているのを正視できた試しはなく、自分の流している血でさえ見る勇気がない。昔、傷口に包帯を巻いているところを見ているうちに気絶してしまったので、以後、そういう場面は避けるようにしている」

と言っている。

しかしながら、彼の持つ繊細で鋭い知性と人の心理を見抜く力には、並々ならぬものがあった。

一方、高等法院院長ラモワニョンは、ピロ神父を聴罪司祭としてブランヴィリエ夫人のもとに送り込んだことにより、人を見る目が卓越していることを証明してみせた。夫人がキリスト教徒として死を迎えられるようにするため、彼は、ピロ神父を指名したのだが、それは、おだやかな、心に深く染み入るような口調で語り掛ける神父の言葉が、被告人の琴線に触れ、司法機関では果たせなかったことをはたしてくれるはずであり、ひいては、彼女が、共犯者や毒物の成分、使用すべき解毒剤についても明かすはずだと推断していたからである。

ラモワニョンは、ピロ神父に、

「われわれは、国民への影響を懸念しているのです。今回のような犯罪が彼女の死とともに消滅することを願うとともに、存知するすべてを述べることにより、彼女が警告を発してくれることを願っているのです。彼女の供述が、今後とも起こり得るこれら一連の犯罪の余波を全面的に封じ込めるための、警鐘となることを願っているのです。さもなくば、この種の犯罪をわれわれ司直の手だけで食い止めることはできないのではないか、また、彼女の用いた毒薬がその死後も巷間に流通しつづけることになるのではないか、との危惧を抱いている次第なのです」

と言っている。

くわえて、ラモワニョンは、この際、ピロ神父がその資質を存分に発揮してくれることを切望していた。神父には聖職者としての天分があると見抜いていたラモワニョンは、被告人のために是非ともその才能を発揮してもらいたい、被告人の神に対する逆心がピロの勧告により揺り動かされ、せめて死の間際には、救済の道に導かれて欲しい、と念じていたのである。

ピロ神父は、ブランヴィリエ夫人が迎えることになった人生最後の一両日について、分刻みで語っている。書籍にすると二冊以上の大部になるこの手記は、文学史における不朽の名作の一つだ。ただ、技術的配慮を一切抜きにして書き進められており、こと会話に関しては、いかに単調で止めどなくつづこうと、反復も含めて、そっくりそのまま報告されている。とはいえ、文体の明晰さ的確さ平明さ、激情を表明する語句の簡潔さ正確さは、ラシーヌの悲劇を思わせずにはおかない。しかも、ラシーヌの戯曲『フェードル』〔一六七七年〕とピロ神父の手記は、同じ年に執筆されている。もしわれらの神学博士が、この手記をものすにあたり、一般の読者をおもんばかって、構成に工夫を凝らし、反復や冗長さを避けるよう心がけていたなら、後世の人々は、これら二つの作品は同一人物の手になるものだと思ったことだろう。

ピロ神父がコンシエルジュリの塔を初めて訪れた時の様子を、ミシュレは、一七六〇年に発表した『十七世紀におけるモラルの衰退、ラ・ブランヴィリエ』と題する評論文の中で、情緒たっぷりに綴っている。

「(一六七六年七月十六日の早朝、)オラトリオ修道会士シュヴィニに導かれるまま、ピロは、モンゴムリ塔の最上階へとのぼっていった。不安に胸のひしげる思いをかかえて……。とある広い部屋に入ると、四人の男女がいた。男の看守二人と女の看守一人、そして、奥まったところに人非人《モンストル》がいた。

モンストルは、華奢で小柄な女だった。青い瞳が、とても優しく、じつに美しい。ピロたちの姿を目にすると、彼女は、シュヴィニ神父に、それまで付き添ってくれていたことへの感謝の言葉をていねいに述べてから、ピロに向かい、心から信頼している旨を、しとやかな物腰で伝えた。ピロがまず気づいたのは、そこで生活を共にしている者らから彼女がいかに慕われているかということである。自らの死について彼女が話す間、三人の看守は涙にくれていた。モンストルも彼らをいつくしんでいるようであり、尊大な素振りなど露ほども見せず、思いやりのある態度で接していたし、食事も同じテーブルでとらせていた。

――貴方でいらっしゃいますね、ムシュー、わたくしを苦しみから立ち直らせようとのご配慮から、院長殿がおつかわしくださったのは。わたくしに残されているわずかな時間をご一緒するのは、貴方なのですね。お目にかかるのを、待ちわびておりました。

――マダム、貴女の魂を神の御許にお返しするため、最善を尽くすようにとの使命をおびて参りました。もっと別の任務であれば、どんなにか良かったことでしょう。

――ムシュー、なんであれ、為すべきことはなさねばなりませんわ。

そう言うと、彼女は、シュヴィニの方に向き直って言った。

――神父さま、こちらの方をお連れくださいましたこと、そして、これまでのご訪問に心からお礼を申し上げます。どうぞ、わたくしのために神に祈ってくださいまし。これからは、こちらの方とだけお話しいたします。お話ししなければならないことがいろいろございますの、差し向かいで。

ごきげんよう《アデュー》、神父さま」

オラトリオ会修道士は立ち去った。

初体面ですでに、ブランヴィリエ夫人は、ピロ神父の人柄に惹かれたようである。厚意に満ちた表情や誠実で思いやりのある話しぶりが、彼女の心をとらえたのだ。

判決の結果はまだ届いていなかった。以下は、神父の『手記』からの引用である。

「わたくしには間違いなく死刑の判決が下ります、今はもうむなしい希望に惑わされている場合ではないのです。貴方に打ち明けておかなければならないことがございます、わたくしの全生涯にかかわる重大な告白が」

しかし、話題は、彼女にまつわる風説へとそれてゆく。そして、

「あれこれ取沙汰されていることでございましょう。しばらく前からは、物笑いの種にされていることも存じております」

と言ったとたん、その目がぎらついた。

万一有罪の判決が下った場合、しなければならないのは、すべての共犯者を告発し、毒薬の成分と

その対症療法を明かすことだ、と説得に務めるピロを遮り、彼女がたずねた。

「ムシュー、この世には、許し難い罪というものはないのでしょうか、犯した罪の重さ、あるいは、犯した罪の数によって？　あまりにも大それた罪だから、あるいは、あまりにも数が多すぎて、教会としてもとうてい許すわけにはゆかない、というようなことはないのでしょうか？

——よろしいですか、マダム、この世には、許し難い罪というものは一つもないのです」

そう答えると、ピロ神父は神の許しに関する体系的な考え方について、熱く、力強く、彼の信仰心がひしひしと伝わる真摯な態度で、わかりやすく説明した。

それに耳を傾けるうち、夫人の心に、自分の犯した罪が許されるかも知れないという思いが少しずつ芽生えるようになり、これにともなって、一条の希望の光が射しはじめる。心安らかで幸せな来世——「神の栄光に満ちた来世」とピロ神父は表現している——が待っているかも知れない、あの世で再生できるかも知れない、という一抹の希望が、彼女のかたくなな心を和らげたのである。

「しかしながら、彼女はさらに食い下がってきた。

——ムシュー、ご説明はよくわかりました、すべておっしゃる通りだと存じます。神にはすべての罪をお許しになるだけの力がおありになることも、神がその力を時に応じて行使なさるということも、信じます。でも、わたくしが犯したすべての罪を前にしては、さすがの神も、これほどの罪を犯した卑劣な輩にはやはり罰を与えるべきだとお思いになるはずです。

神は偉大なる慈愛によって彼女に哀れみを抱かれるはずであり、それに望みを託すべきだと答えたところ、おおまかにではあるが、それまでの人生について語りはじめた。彼女の心が動くのを感じたのは、この瞬間《とき》である。自らの卑劣な行いを直視し、ぼうだの涙を流していた」

人の心を打たずにはおかないピロ神父の善意に触れるとともに、罪のつぐないができるかもしれないという希望の光を垣間見たことよって、彼女の心に変化が生じた。ピロ神父は、わずか数時間で、この非情な女の心を蠟のように溶かしてしまったのである。

「過去についてあらまし語り終えた彼女は、私がまだミサを行っていないことに気づき注意をうながした。ミサの時間なので礼拝堂《サント=シャペル》に降りて、神の恩寵を得られるよう彼女のため聖母マリアに祈って欲しい、そして、それがすんだらすぐに戻ってきて欲しいと懇願し、彼女としては、せめて魂だけでもその場に居合わせるようにするつもりだ、それ以外に方法はないのだからと言い、私が戻ったら、まだざっとしか話していないことの詳細を申し述べたい、と付け加えた」

　ピロ神父の叙述はつづく。

「ミサを終え、塔に戻る前に、

サント＝シャペル（17 世紀）。聖王ルイにより 1248 年に建立された礼拝堂。堂のポーチ最上階と聖王の居室が廊下で結ばれていた。

守衛の部屋に立ち寄って葡萄酒を少しばかり口にしていた時、ブランヴィリエ夫人に判決が下ったことを、サンシ殿から知らされた。サンシ殿は、法院内で書店を営んでいる人物である。最上階に戻ると、ブランヴィリエ夫人が静かに私を待っていた。

——今となっては、死刑執行人の手の中で死を迎える以外に道はございません。もし逮捕される前

高等法院宮殿内の大ホール（17 世紀中葉）。左階段下にあるのが書店、ほかにも小間物屋などが出店し、社交界の人びとや訴訟人などが詰め掛けていた。

にリエージュで死んでいたら、わたくしはどのようにして死の瞬間を迎えていたことでしょう？　また、もし逮捕されていなかったら、どのような最期を遂げることになったでしょう？　裁判官の前で、罪を犯したことをはっきりと申し上げるつもりです。これまで否認しつづけてきた罪を、認めるつもりでございます。わたくしは、この罪を隠し通せると思っておりました。なぜって、思い上がっておりましたから。わたくしが告白しない限りこの罪を立証し得るものなどなにもないし、わたくしがこの罪の責任を負う必要などないと思っていたのです。最終尋問の席で、これまで人様を苦しめてきたことのつぐないをするつもりでおります。

そして、いきなり、こんなことを言い出した。

――どうぞお願いでございます、ムシュー、院長殿にお詫びしていただけませんでしょうか。わたくしの死後、院長殿にお会いになられましたら、これまでのことを、これまでぬけぬけと白を切り通してきたことを、詫びていたとお伝えいただきたいのです、そして裁判官の皆様にもそうお伝えください。自分の立場を守るためにはあのように振る舞ったほうが有利だと信じておりましたし、自白しない限りわたくしが有罪になる十分な証拠などあるわけがないと思っておりました。でも、今になって、その考えが間違っていたことに気づきました。院長殿がお掛けくださった言葉の数々に胸を打たれておりましたのに、それに気づかれるのが嫌で、あのようにかたくなな態度をとってしまいました。どうぞこのことを院長殿にお伝えくださり、わたくしに代わってお詫びしていただきとう存じます。また、わたくしを裁くために開かれたすべての法廷で、世間の顰蹙《ひんしゅく》を買うような騒ぎを起こしてしまいました。これについてもお許しくださるよう、院長殿にお伝えください。そして、院長殿から、裁判官の皆様に、わたくしがあのような振る舞いをしたことを許すよう是非ともお口添え願いたいと申していた、とお伝えくださいませ。

このあと、彼女は、自ら犯した罪について詳細に語りはじめ、昼食のためテーブルに食器が並べはじめられる午後の一時半までこれはつづく。この時彼女が口にしたのは、生み立ての卵二個とブイヨンスープ一杯だけだったが、私が食べている間中、とりとめもなくよもやま話をつづけていた。その様子は、こちらが驚いてしまうくらいくつろいでいて、田舎の別荘で客をもてなしてでもいるかのようだった。見張り役の男女も同じテーブルに着いていた。

彼らを食卓に着かせるさい、彼女は私に、

――ムシュー、貴方がいらっしゃるからといって、堅苦しく振る舞ったりはしないほうがよろしゅうございましょう？　彼らとは、いつも一緒に食事をしておりますの。わたくしの話し相手をしてくれているのです。で、今日も、いつも通りにさせていただければと存じます、もしよろしければ。

と言い、彼らには、

――これが、みなさんととる最後の食事になります。

と声を掛けたあと、女看守の方に向き直り、

――かわいそうなドュ・リュ、もうじきわたくしを厄介払いできるわ。長い間苦労を掛けてきましたけれど、それももう時間の問題。あした中にはきっとドラネに着けてよ、時間は十分にあるはずですから。あと七、八時間もしたらわたくしとはなんの関係もなくなるのですもの。わたくしが処刑されるところなど、見たくはないでしょうから。

冷静に、おだやかな口調で、彼女はそう言った。そこに虚勢は感じられず、泰然自若とでも表現した方が当たっているような態度であった。あふれ出る涙を見せまいと引き下がる彼らを見やったあと、彼女は私に視線を投げ掛けたが、そこに涙はなく、あるのは彼らに対する憐憫の情だけだった。それは、死の床に就いている一家の母親が、まわりですすり泣く召使いらの胸中を思いやるかのような眼差しであり、かたわらに控える聴罪司祭に、彼らの好意が返って辛いのですとでも訴えているような眼差しだった。

彼女は、時おり、もっとお召し上がりくださいとすすめ、キャベツの煮込みをお出しすれば良かったのに、と守衛をとがめるのだった。そして、私の健康を祈って乾杯したいのだが、と丁重に申し出た。私もその気丈な振る舞いに乾杯することで彼女を喜ばせたいと思ったし、こうしたわずかばかりの心遣いを彼女に示すのになんのためらいもなかった。また、彼女は、給仕しないことを謝った。そのために必要なナイフのたぐいを所持していないからなのだが、現状に不満を抱いているという印象を与えないよう、そうした事実には一切触れず、詫びたのである。

食事が終る頃、彼女は、

――ムシュー、わたくし、明日のために肉食を控えておりますの、体力的にとても厳しい日になるとは存じますが、肉を食すつもりはございません。

と言った。斬首される前に拷問を受けることになっていたのである。

――マダム、気力を持ちこたえるために肉入りのスープが必要なら、ためらうことはありません。今、肉を食されたとしても、それは意志が弱いからではなくそれが本当に必要だからですし、このような場合、教会法は肉食を避けるよう義務づけてはいません。

——ムシュー、わたくしが肉食を避けているのは、意志の問題ではございませんわ。もし肉をとる必要があると思ったら、あるいは、貴方がぜひとも肉を食べるようにとおっしゃるなら、いただきもしましょう。でも、わたくしは肉を食べたいとは思っておりませんし、おそらく貴方もそのようなことを無理強いはなさらないはずです。今夜、夕食に一杯のスープを、そしてもう一杯を夜中の十一時にいただくだけで十分なのです。今夜は、いつもより少し濃い目のスープを作らせるようにいたしましょう。明日は、生み立ての卵が二つあればなんとかしのげると存じます。死ぬにはそれで十分なはずですし、拷問にも耐えられるはずです」

ここで、善良な神父は、

「実のところ、私は、どこまでも冷静な彼女の態度にたじろぐとともに、彼女が、今夜はスープをいつもより濃い目にして、真夜中までに二度に分けて出すように、とそれはおだやかに守衛に命じるのを目のあたりにして、身震いした」

と付け加えている。

ついで、以下のような記述がつづく。

「この時、彼女が夫のブランヴィリエ氏に対して非常に優しい気持ちを抱いていることに気づいた。夫を少しも愛していなかったと世間では思われていたが、本当はこんなにも深い愛情を抱いているのだと知り、意外だった。それも、愛しすぎるくらい愛しているようにさえ思えた。ほぼ半時間、自分のことより彼女を気遣う彼女を見守っていた」

彼女の真意を確かめるため、侯爵は今この瞬間も貴女の境遇に無関心なのではないかと思う、とピロが言ったところ、いささか高飛車に言い返される。よく知りもしないのに物事をそう性急に判断すべきではない、それに、今のいままで夫にはじゅうぶん満足していた、と。
そして、ペンを求め、ブランヴィリエ侯爵に宛てて、次のような手紙を走り書きした。思いもよらない内容の手紙を。

まさに魂を神にお返ししようとしている今、わたくしがこれまで貴方に抱いてきた親愛の情をお伝えしておきたいと思い立ちました。この情は、わたくしが死ぬ瞬間《とき》まで変わることはないでしょう。貴方のご恩に報いるどころか仇で返すようなこれまでの振る舞いを、お詫びいたします。わたくしは、身分にふさわしい、毅然とした死に方をいたします。これは、わたくしを敵視している連中によってもたらされた死ではありますが、わたくしは、彼らを心の底から許していますので、どうか貴方も彼らを許してやってください。そして、わたくしのことも許してくださるよう願っております。今後貴方がこうむらざるを得ないであろう不名誉の根源であるわたくしを、許していただきたいのです。とはいえ、わたくしどもは誰しも、ほんの束の間しかこの世にいないこと、また、貴方もそう遠くない将来、ご自分がこの世でためた勘定書《ツケ》の一切合切を神に返済せざるを得ない時がくるであろうことを、お考えください。ちょうど、今綴っているこのような埒《らち》もない言葉にいたるまで、わたくしが自分の行動のすべての帳尻合わせを神の前でしなければならないように、この世で貴方がとったすべての行動のツケを支払わなければならない時がくることを。

俗世で果たさなければならない雑事を片づけるとともに、子供たちの面倒を見てやってください。彼らが神に畏敬の念を抱くよう育ててくださいし、そして、貴方ご自身が彼らの手本となっていただきたいのです。なお、子供の養育の件については、マリヤク殿とクステ夫人にご相談ください。

どうか、わたくしのため、精一杯、神に祈ってくださいますよう。

あらあらかしこ
署名：ドブレイ

ピロは、彼女が、自らの死を告訴人たちのせいにし、彼らを敵視している点に難色を示した。

「なぜですか、ムシュー、わたくしが死ぬべきだと訴えた連中は、わたくしの敵ではないとでもおっしゃるのですか？　そんな連中を許すことこそ、キリスト教徒的精神ではないのですか？」

ピロが、このような場合、キリスト教に帰依する者なら誰もが思い浮かべる故事を語りはじめたところ、彼女はひどく驚いた。それはいずれも、彼女が生まれて初めて耳にした伝承であり、彼女にとっては思いも掛けない発想だったのである。

「ダビデ王は、自ら犯した罪に気づいて動転し、その罪にともなう数々の記憶に苦しみ憔悴してゆきました。皮膚はしわくちゃになり、骨は砕け、心臓はつぶれ、顔もパンも寝床も涙に濡れそぼち、神の恩寵をあまりにも強く求め、天を仰いで叫びすぎたため、声は嗄れ、ついにはこれを失ってしまったのです。苦悶の中でもらす彼のうめきは、小鳩のそれのように、いつ果てるとも知れませんでした。マグダラのマリアも、犯した罪に対する自責の念に駆られ、その記憶の幻影に苦しみました。彼女は、イエス＝キリストの足をぼうだの涙で濡らし、口づけをしつづけました。彼女が流した涸れることのない神聖な涙と、休みなくつづけた聖なる口づけは、自らの罪に対する心からの悔悛の思いの印であり、神に対して彼女が抱いている愛の大きさと堅固さの印なのです」

そして、

「ただひたすら自責の念に駆られ、苦しみ、神の恩寵を求めてやまなかった人びとの逸話を縷々《るる》語りつづけるうちに、彼女は悔恨の涙を流しはじめた」

とピロは記している。

こうして、彼女はふたたび告白を開始した。

昼食後二度にわたって、接見が中断された。いずれも、主席検察官アシル・ドゥ・アルレーによるもので、囚人の自供をうながすための来訪だった。法廷で罪を自供するつもりがあるのか、共犯者の名を明かすつもりがあるのか、毒物の成分を申し述べるつもりがあるのか、と囚人の真意を質すアルレーに、すべてを話すつもりだが、翌日に限る、とブランヴィリエ夫人は答え、明日にそなえて目下死の準備をしているところであり、邪魔をされたくないと付け加えた。今この場で自供した方がよいとピロは強く勧めたが、彼女は肯《がえ》んじなかった。

この日の午後、彼女は子供たちについて語った。彼らへの深い愛情をにじませながら。そして、

「ムシュー、わたくし、彼らに会いたいと願い出ることはいたしませんでした。そんなことをしても子供たちに同情されるだけでしょうし、わたくし自身も感傷的になってしまうだけでしょうから。どうぞ、貴方が、彼らの母親がわりになってやってくださいまし」

と言った。出会った当初からすでに神父は囚人の心をとらえていたが、この時にはもう、その奥深くにまで入り込んでいたことになる。

しかし、母親がわりにならねばならないのは聖母マリアであり、聖母マリアにこそそれを願うべきだし、子供たちが純真さと謙虚さを終生保ちつづけるよう祈願すべきだ、と説くピロに、

「たしかにその二つの徳は崇高ですわ、純真さも謙虚さも！　でも、ご存じですか、この逆境の中でわたくしがどれほどの屈辱を受けているか？　たぶん、わたくしには、まだ謙虚さがたりないのでしょう。いまだに社交界での華やかな日々に恋々としておりますし、今かかえている精神的混乱をどう処理すればよいのかもわからないのですから。

貴方のおっしゃる純真さや謙虚さについては、わたくしなりにあれこれ考えておりますし、そうした気持ちを大切にしなければとは思うのです。でも、ふと気が付くと、持って生まれた性格からほとばしる自己愛や虚栄心に負けてしまっております。そして、そういう自分を許してしまっているのです」

と彼女は言い、こう付け加えたのである。それは、以後長い間、ピロ神父をおののかさずにはおかない述懐だった。

「貴方にお話ししている今この瞬間も、あの男（サント＝クロワ）と知り合ったことを後悔しきれて

はおりません。わたくしにとって、彼との出会いが運命の分かれ道でしたのに、わたくしにこれほどの災いと不幸を招いたあの男の情愛を、どうしても嫌悪しきれないのです」

この晩、ピロは、囚人と夕食も共にする。そして、落日をしおに、明け方には戻ると約束し、引き上げた。シュヴィニ神父にあとを託して。

ピロは、気が動転していた。自宅に戻るや祈禱書を広げ、日課の祈りを唱えはじめるが、「私の心は、終日目の前にいた人の姿で占拠されていたため、とても祈りに集中することなどできなかった。半時間近く、詩篇の《神よわが唇を開かせたまえ》、という文言の周辺を堂々巡りしていた気がする。ともかく先に進まなければと気を取り直し、日課に集中しようと努めたが、ある程度正確に唱えられるようになるのに三時間もかかった」。

その夜、悶々として眠れなかった彼は、心が押しつぶされそうな辛さや、息が詰まりそうなほどの苦悩について、えんえんと綴っている。

「昨夜は一睡もできなかった。こんなにも悲嘆に暮れている人を間近にした時の心痛がどれほどのものかは、私が非常に神経質で、見ず知らずの人の惨めさや心身の苦痛さえ実感してしまうほど過敏な質《たち》だということを知っている人びとには、すぐにわかってもらえるはずである。魂の救済をまかされたのが縁で、身近にその心髄に触れ、深い感銘を受けた一人の貴婦人のために、どれほど心を痛めたことか」

両手を合わせ、彼は叫んでいた。

「神よ！　彼女のゆくすえを案じております。彼女の魂の救済は、私の魂の救済と同じくらい由々しい問題なのです。彼女のためになら、いつなんどきでも死にます。私が望んでおりますのは、死を目前にしている彼女とともに耐えねばならぬこの闘いの褒賞として望んでおりますのは、彼女の魂が救済されるさまを貴方とともに見届けること、ただそれだけでございます」

*****

翌七月十七日の早朝、ピロは囚われ人のもとに戻った。

「塔に案内されてみると、彼女とともに最後の祈りを捧げ終えたばかりのシュヴィニ神父が、涙を流していた。彼女の方は、前日と同様、落着き払っていた」

ブランヴィリエ夫人は、安らかに眠ったという。

この朝、彼女がピロ神父にまずたずねたのは、「つい今しがた生じた」ある懸念についてである。

「ムシュー、貴方は昨日、いくばくかの希望をお与えくださいました。わたくしが救われるかも知れない、と。でもそれが、煉獄〔カトリック教で、死者が天国に入る前に、その霊が火によって罪を浄化されると信じられている場所。天国と地獄の間〕に長くいられるという保障にはならないような気がしてなりません。それに、地獄ではなく煉獄にいると自覚することなどできるものなのでしょうか？」

ピロは彼女の懸念を払拭した。

しばらくすると、使いの者が現れ、判決文の朗読が行われるので法廷に降りてくるよう、ブランヴィリエ夫人に伝えた。

「この時彼女は、死についても、拷問についても十分に覚悟していたが、加辱刑及び火刑についてては考えていなかった。

――すぐに参ります、もう少しで話し終わりますから。

彼女はきわめて冷静に使いの者に言い、われわれは、すみやかに、いともおだやかに話を終えた」

夫人と別れたあと、ピロ神父は、サント＝シャペルにおもむいた。

「彼女のためにミサを挙げてから守衛室に入ったところ、すでに戻っていた守衛から、彼女を審問室まで同伴したことを告げられた。また、判決文の朗読後、捕縛のため近づいてきた拷問執行人を、彼女は頭のてっぺんから足の先までじろっと見たが、執行人の手にしている縄に気づき無言のまま両手を差し出した、という。昼食後には、アルレー主席検察官からこんな報告を受けた。判決文が読み上げられたさい、彼女がひどく動揺し、再読するよう要請した、と」

本法廷は、以下の罪に問われていたマリー＝マドゥレーヌ・ドブレイ・ドゥ・ブランヴィリエが、これらの罪を認めたことを宣告する。これらの罪とは、実父ドゥリュー・ドブレイ殿、並びに、二人の実弟、すなわちパリ裁判所民事代行官であった上の弟及び高等法院評定官であった下の弟に対する毒殺罪、さらには、実妹である故テレーズ・ドブレイに対する殺害計画罪を指す。

また、本法廷は、これらの罪の償いとして、前述のマリー＝マドゥレーヌ・ドブレイ・ドゥ・ブランヴィリエに加辱刑を科すことを宣告する。すなわち、同人は、パリにおける教会の正門前でひざまずき、復讐心から、また、財産奪取の目的で、冷酷にも、実父及び二人の実弟を毒殺させ、故人である実妹の殺害を企てたことの非を認め、これを悔い改め、神と国王と正義の女神に許しを請うとともに、公式に謝罪せねばならない。なお、同人は、死刑囚護送馬車により同教会まで連行されるものとし、その後、裸足で、首に縄を巻かれ、重量二リーヴルの燃えさかるたいまつを両手に掲げて正門前に歩み寄り、謝罪を行う。ついで、前述の死刑囚護送馬車によりパリのグレーヴ広場まで連行され、同所に特設される運びとなっている死刑台で斬首のうえ、首を確保される。遺体は火刑に処され、遺灰は散布される。これらの刑に先立ち、同人は、共犯者らの名を自白させるための、通常及び特別な拷問を科される。

判決文の日付は、前日の一六七六年七月十六日となっており、これはピロ神父の報告書の日付と合致している。なお、判決文が読み上げられたあと再読を要求したのは、死刑囚護送馬車に乗せられて云々という箇所を耳にしたとたん、衝撃のあまりその先を理解できなくなったからだ、と彼女はこの日の夕刻述べている。豪華な馬車を乗り回していた往年の我が身とのあまりの落差に、慄然とするとともに、並はずれた自尊心がよみがえったのだ。くわえて、彼女には、名門貴族の出である以上、加辱刑だけはまぬがれられるとの思い込みがあったようである。

判決文読み上げのあと審問室に連れてゆかれ、そこに置かれている器具を目にした受刑者は、検察官たちに言った。

「皆様《メシュー》、この器具は無用です。これをお使いにならなくとも、すべてを申し上げます。それで拷問を避けられると思っているからではございません。拷問刑の執行についてはすでに判決文に明記されており、この刑が免除されるはずもないことわかっておりますが、すべてをあらかじめ供述いたします。これまで、わたくしはすべてを否認してまいりました。そうすることで自己防衛ができるし、自白しなければならないことなど一切ないと信じていたからです。でも、その考えが間違っていたことを、ある方に悟らされました。そこで、その方からご教示いただいた倫理的行動基準に従うことにいたしました。今、わたくしはここに断言いたします、皆様が二十四時間前におつかわしくださった方に三週間前にお目にかかっていたら、これからお聞きになることを三週間前にお知りになっていらしたことでしょう」

ついで、一段と声を張り上げ、それまでに犯した罪を洗いざらい供述した。用いた毒薬の成分については、砒素、濃硫酸、ヒキガエルの毒液であるということしか知らないが、もっとも強力だったのは「希薄砒素」であると述べた。唯一の解毒剤は牛乳で、サント＝クロワに毒を盛られた時は、彼女もこれで命拾いをした。共犯者は、サント＝クロワと彼がよこした使用人らしかおらず、それ以外には誰も知らないと明言した。

あけすけとも言える供述の内容は、高等法院に衝撃を与えた。とはいえ、いかにそれが衝撃的であったにせよ、彼女がこれを、終始、きわめて真剣な態度で申し述べていたことは、裁判記録からもうかがえる。

ブランヴィリエ夫人は、当時パリの高等法院で適用されていたもっとも残酷な拷問を受けた。水責めである。膨大な量の水が、歯の間に挿入された漏斗《じょうご》から罪人の胃に流し込まれる。と、これが一気に体内に広がり、極限の苦痛をもたらすのだ。

ブランヴィリエ夫人が拷問の責め苦に耐えている間、気の毒なピロ神父は、彼女と同様の苦しみを味わっていた。

「朝の七時半から午後二時まで、彼女には一度も会わなかった。この日一番辛かったのは、なんと言ってもこの時間帯だった。彼女に会わずに過ごしたこの時間は、本当に辛かった。これに比べたら、それ以外の時間に味わった辛さなど言い立てるにも及ばない。彼女が拷問を受けている間中、私は気もそぞろで、心の中で言いつづけていた。今この瞬間も、彼女は拷問を受けているのだ！」

人目を避けようと、守衛に勧められるまま、とある小部屋に身を隠した神父は、とんでもない目にあった。宮廷に仕える貴婦人らが、好奇心に駆られ、押し入ってきたのである。もっとも、彼に小さなお守り《メダル》が手渡されたのもここで、それにはラモワニョン院長夫人からの走り書きが添えられていた。このメダルは教皇から授かったもので、これには死を目前にした人に免罪符を与える力があること、ただそのためにはメダルがその人物を特定している必要があるが、これはブランヴィリエ夫人に与えるよう用意されたものである、と。

ようやく使いの者が現れ、受刑者に会えると伝えた。審問室に入ると、彼女は、暖炉のそばに敷かれたマットレスに横たわっていた。

だが、今ピロの前にいるのは、先刻別れた時の彼女ではなかった。そこにいるのは、怨念に目をぎらつかせた、反抗的でふてくされた女だった。

審問室のブランヴィリエ侯爵夫人

悔い改めについて語り掛けるピロの優しく真摯な言葉により、彼女の鋼《はがね》のように硬い気性は、昨日来、少しずつたわめられ、今朝方彼が裁判官たちのもとにふたたび送り出した時には、素直で悟りきった境地を見いだしていた。ところが、男でさえ屈してしまう拷問の責め苦を受け、本性がよみがえってしまった。法律の名のもとに科される容赦のない暴力を前に、その並はずれた自尊心が回生し、最悪の本能が覚醒したのである。腹いせに、彼女は、ブリアンクールを偽証罪で告発し、リエージュで彼女を逮捕したデグレを、関係資料から書類を抜き取った罪で告発していた――ピロはまだこのことを知らない。

「彼女は、極度に興奮していた。顔は火のようにほてり、目は燃えるようで、激しく感情を高ぶらせ、口は乾ききっていた。この時のために私が用意させていたワインを、彼女は求めた」

ピロ神父は、今まさに死を迎えようとしている娘の評判を気遣う母親のように、はらはらしながら付き添っていた。

「彼女が大の酒好きで、平生から飲みすぎるきらいがあり、死の当日及び前日は大量に飲まずにはいられなかった、と思い込んでいる人びとがいる。彼らの誤りを正すためにも、この一両日の状況について特筆しておきたい。私の見る限り、世間に流布されているような性癖が彼女にあったとは思えない。たしかに、金曜日と同様、木曜日にも、彼女は酒を飲んだ。だがそれは、一杯のワインを、何時間もかけて、ほんの少しずつ口にしていた程度であり、それも、心身に活力を付けるとともに喉の渇きをいやすためでしかなかった。しかも、それは、自分が犯罪者であるかどうかを自問自答し、自己確認するために、記憶と集中力を総動員している時であり、精神的にひどく落ち込んだり、神経をたかぶらせたりしているさなかのことである。また、死の当日に上質のワインを用意させたのは、彼女の精神状態に多少なりとも活を入れることができたらとの思いからにすぎない。くわえて、世間では、不当にも、彼女に関する訴訟趣意書にまで文句を付けている。刑場におもむくにあたり彼女のために一本のワインが用意されていたと記されている点を、咎め立てしているのだ。これは、私が用意させておいたものである。その途上で彼女の気力が萎えてしまうことを、私は怖れていた。そして、昔は、間近に迫る死に対する精神的苦痛に耐えるだけの気力を奮い立たせるため、死刑囚らに強い酒を与えていたと聞いていたので、彼女が喉を潤さねばならないような状態になったら、すぐそれに対応できるようにしておいた方が良いのではないかと思ったからである。本音を言えば、自分のことも少しは考えていた。だが結局のところ、このワインを飲んだのは死刑執行人だけである。執行直後、彼が、このワインを一口あおった」

刑場に向けて出発する前に、ブランヴィリエ夫人は、ほんの束の間ではあるが、サント＝シャペルで祈禱することを許される手はずになっていた。事実、そこには、彼女のために聖体顕示台がもうけられていたのである。ところが、彼女は、他の囚人らに取り囲まれてサント＝シャペルに入る羽目におちいってしまう。コンシエルジュリの囚人らは、祭壇に聖餅《ホスティア》が置かれている時は、いつでもサント＝シャペルに入れてもらえることになっていたからである。このため、祭壇を避け、ピロは夫人とともに聖具室に入った。

「コンシエルジュリの聖具室に入った時、彼女は、牢番に、首に巻いているスカーフを留めるための

サント＝シャペルの内部（18 世紀）。当初、上の礼拝堂は王族専用で、廷臣、兵士、使用人は下の礼拝堂を使っていた。

ピンを求めた。牢番がその要求をどう受け止めるべきか迷っていると察した彼女は、

──もう、わたくしのことで気をもむ必要はありません。これからは、こちらのムシューがわたくしの身元引受人ですし、わたくしに悪事をはたらくつもりなどないことは、この方が保証してくださいます。

と言った。

──マダム、お許しくだせぇ。疑うなんぞ、めっそうもねぇ。たとえそんな奴がいるにしろ、てめぇは違いますさぁ。

と、ピンを渡しながら牢番は言い、ひざまずくと、彼女の両の手に口づけをした。そして、どうか自分のために神に祈って欲しいと頼む彼女に、

──マダム、あしたは、神さまにお祈りいたしやす、あなた様のために、心の底から。

と答えた。その声は、嗚咽で押しつぶされていた」

胸の熱くなるような場面だが、ピロはこれにつづいて次のように記している。

「だが、彼女はまだ悔悛の情を取り戻していたわけではない。前日、そして、この日の朝、私を感動させたような、悔悛の情を取り戻してはいなかったのである。彼女は、判決文についてまくし立てた。死刑を怖れているわけではなく、不名誉な状況に追い込まれたこと、つまり、加辱刑及び遺灰散布の刑が付け加えられたことに、憤慨していたのだ」

そんな彼女に、ピロは言う。

「マダム、貴女の肉体が地に埋められようと火に投げ込まれようと、貴女の魂の救済にはなんの関係

もありません。貴女の魂が神の恩寵を受けていれば、貴女の肉体は、灰の中から栄光に満ちた状態で抜け出すでしょう」

そして、少しあとに、

「そうなのです、マダム、ほどなく焼かれる貴女の肉体は、ある日、今とまったく同じ状態で、それも栄光に満ちた状態でよみがえることでしょう、貴女の魂が神とともにいるならば。そして、その時、貴女の肉体は、太陽のように明るく、霊魂のように苦痛を感じることのない、デリケートで軽やかなものに生まれ変わっていることでしょう」

と言い添えている。

こうして、ピロ神父は、徐々に悔悛者に対する影響力を取り戻していった。

「生来の気質から生じる過激な言動は一掃され、精神的動揺はおさまった。踏みにじられた自尊心から生じた、とげのある非情な眼差しやゆがめた口、激情的な振る舞いは掻き消え、哀れなほどの不安と嗚咽、罪に対する後悔の念、その罪をなんとしてでも償いたいという思いだけが残った。私自身、涙を抑えることができず、彼女とともに一時間半もの間泣きつづけてしまったが、その間も、ありったけの力を振り絞って説諭をつづけた。私の話より私の涙に心を動かされた彼女は、なぜ私が涙を流すのか反芻していたが、やがてこんな風に言った。

――ムシュー、そこまで涙をお流しくださるのは、わたくしの置かれている立場がそれほど惨めだから、あるいは、わたくしの身に起きていることに強い関心をお寄せくださっているからなのですね、きっとそうに違いありません」

拷問のさい、思い付くままにブリアンクールとデグレを誹謗し、ありもしない罪を着せたことを彼に告白したのは、この時である。驚いたピロが、あらたに犯したその罪をただちに償うべきだと言うと、彼女は意外そうな表情をし、とまどっている様子だった。だが、償いの機会は、すぐそこまできていた。すでに六時を回っていたのだから。

おりしも、サント＝シャペルの入り口に顔を出した主席検察官アルレーが、人を介して、ピロ神父を呼び寄せた。

「神父、あの女には手を焼いています。

――なにをそんなに？　目下接見中ですが、とても落ち着いた様子なのでほっとしているところです。これなら神もお慈悲をお与えくださるのでは、と期待しているのですが。

――それが、神父！　自分が犯した罪については白状しているのですが、共犯者については頑として口を割らないのです！」

主席検察官がふたたびサント＝シャペルに姿を現したのは、それから間もなくのことである。数名の評定官及び書記のドゥルーエも一緒だった。なんとかして共犯者らの名を引き出そうと矢継ぎ早の質問が飛んだが、ブランヴィリエ夫人は、もはや言うべきことはないとしか答えない。見かねたピロが、

「知っていることを洗いざらい裁判官諸氏に明かさない限り、神の許しは期待できないだろうと言うと、彼女は言い返した。

——ムシュー、たしかに、初めてお目にかかった時から、貴方はそう言いつづけておられます。だからこそ、貴方の説かれる倫理的行動基準に従ってまいりました。でも、すでに申し述べたことしか知らないのです。こちらのお歴々には、貴方のおっしゃる基準通りに証言いたしましたし、貴方に諭されたからこそ、すべてを申し述べたのです。わたくしはすべて申し上げました、ムシュー、これ以上申し上げることはございません。

このやりとりを聞いていた評定官の一人、パリュオが、

——もう結構です、神父、この件は断念します。

と言い、一同は引き上げた。

われわれがここで過ごす時間は、ごくわずかしか残されていなかった。日も暮れはじめており、六時四十五分くらいにはなっていたはずである。短時間に質問攻めにあい、彼女がいいかげんうんざりしていたであろうことはまず間違いない。しかし、その間、不服そうな素振りを見せることはなかった。それほど誠実に、真面目な態度で、質疑に応じていたということである」

主席検察官らが退出する前に、ピロは、受刑者の承諾を得たうえで、ブリアンクールとデグレの冤罪を晴らした。拷問のさい、彼女が思い付きで彼らに着せた濡れ衣の件である。

このあと、ブランヴィリエ夫人は、ごくわずかの間、祭壇の前にじっとひれ伏していたが、やがて身を起こし、出口の方に歩きだした。と、死刑執行人が入ってきて、

「馬具業者に対する四輪馬車の使用料が未払いである旨を告げたところ、彼女は、実家の者に清算させるよう手配すると言葉少なに答えた。非常にもの柔らかだが、いかにも見下した物言いだった」

サント＝シャペルを出たとたん、五十人ほどの貴族の群れに出くわした。ソワソン伯爵夫人、ランドゥヴィ嬢、ロクロル殿、シャリュゼ神父らが、彼女を一目見ようと押し合いへし合いしていたのである。すっかり自尊心を傷付けられた彼女は、あからさまに彼らを睨《ね》め付けてから、聞こえよがしに、

「ムシュー、これぞまさしく異常な好奇心というものですわ」

と聴罪司祭に声を掛けた。

彼女は、裸足で歩いていた。ごわごわの白い囚人服を着せられ、片手に悔悛者用の大蠟燭を、もう一方の手にキリストの十字架像を掲げて。

＊＊＊＊＊

コンシエルジュリを出ると、彼女は、死刑囚護送馬車に乗せられた。

「それは、街頭で見掛ける解体建造物用残骸運搬車だった。それも、もっとも小型の車で、奥行きが浅く幅も狭いため、われわれ二人分の場所があるのか心配になったほどである。ところが、実際には、四人がこれで移動することになっていた。死刑執行人の下男は、車両前方の突き出た板に座り、馬につないだ二本の長柄の上に足をのせた。彼女と私は、藁の上に座った。藁は、床板を多少とも隠すために敷かれたものだった。執行人は後方の隅に立った。最初に乗ったのは彼女で、車輌を囲む前板と横板が交差する一角に背中をもたせ掛けていたが、横板は少し斜めになっていた。私は、そのかたわらに座った。執行人が両足を床に着けて立てるよう、できるだけ彼女の方に詰め、背中を横板に寄りかからせ、やっとの思いで膝を折り曲げて」

護送馬車はゆっくり進みはじめた。しかしながら、歩みはいっこうにはかどらない。通り道に押し掛けた群衆をかき分けながら、進まなければならなかったからである。街路は黒山の人だかりで、窓という窓は野次馬で埋めつくされていた。この光景を目にしたとたん、受刑者の表情が変わった。

「顔は引きつり、瞳には激しい苦悩と猛々しさとが入り交じっていた。

――ムシュー、こんなことがあったあとでも、この世にとどまるだけの勇気をブランヴィリエ侯爵は持ちつづけていられるものでしょうか？」

ピロ神父は、なんとかその懸念を和らげようと言葉を尽くしたものの、彼女の心には届いていないようだった。

「この時、彼女は、耐え難い屈辱を全身で受け止めながら、生来の激しい気性が今にも爆発しそうなのを必死にこらえていた。満面にしわを寄せ、眉をひそめ、両目をぎらつかせ、口をゆがめたその表情は、険悪としか言いようのないものだった」

とピロは記し、こう付け加えている。

「ともに過ごしたこの一両日で、彼女がここまで強烈な憤怒の表情を示したことはない。たまたまこの場に居合わせたル・ブラン殿がとっさに描いた彼女の顔を、世間では、これほど怒りに燃えた形相の肖像画はないと評しているが、少しも意外だとは思わ

処刑当日のブランヴィリエ侯爵夫人
（シャルル・ル・ブラン画）

ない。彼は、この時、ほぼ七分あまり彼女を観察する機会があったと言われている」
宮廷画家のル・ブラン〔一六一九―九〇〕によるこのデッサンは、現在ルーヴル美術館に展示されている。赤と黒の鉛筆画だが、じつに見事なできで、おそらく彼の傑作であろう。受刑者のかたわらには、ピロ神父のシルエットがラフなタッチで描かれている。

受刑者を乗せた馬車がのろのろと通過する中、群衆の間からは、血に飢え呪いに満ちた声が上がっていたが、その一方で、いたわりの言葉を掛ける者もいたし、魂の救済を祈る声も聞こえた。世論が急変し、彼女に対する見方が徐々に好転していたのである。死を目前にしたこの時点では、その傾向がさらに顕著になってきていた。だが、当人を打ちのめしていたのは、粗末な白い囚人服だった。

「ムシュー、わたくし、こんなものを着せられて」

突然、彼女の顔がまた引きつった。かたわらを騎行しているデグレに気づいたのである。リエージュで彼女を逮捕したさい、いささか邪険に扱った男だった。死刑執行人に、この男を見ないですむ位置に立って欲しいと頼んだものの、すぐに自分の「意気地なさ」を悔いた彼女は、もとの場所に戻るよう頼み直した。

「彼女が顔をゆがめたのは、これが最後だった」

とピロは記している。

この時を境に、彼女は、神父の励ましにひたすら身をゆだねるようになる。希望の光が、心の中で、どんどん明るく、輝きをましながら立ちのぼり、精神に活力を与えていたのだ。

彼女は、加辱刑に甘んじた。ノートル＝ダム大聖堂正門の石段にひざまずき、公衆の面前で、自ら

ノートル＝ダム大聖堂（17世紀）

犯した罪を告白したのである。死刑執行人が読み上げる雛型の文言を、一字一句、素直に繰り返して。

「彼女が父親の名を口にするのをためらったと言う者がいるが、そんなことはない」

とピロは指摘している。

このあと、グレーヴ広場[12]に向かうため彼らはふたたび護送馬車に乗った。

「彼女が、誰かをそしったりとがめたりすることはなかったし、俗世に執着する様子もまったくなかった。死に対する怖れはあったかもしれないが、それは神の審判に対する怖れだけであり、グレーヴ広場や間近に迫る死刑台、そこに設置されているおぞましい器具を目にしても、露ほどの恐怖心も見せなかった」

護送馬車が止まった。と、死刑執行人がブランヴィリエ夫人に声を掛けた。

「マダム、お辛いこってしょうが、道はまだ半ばだ。ムシュー［彼は聴罪司祭を示した］の言われるままにここまでこられやしたが、万事終了ってわけじゃねぇ。はじめた以上、とことんやり抜かにゃ、最後まで突き進まにゃなりやせん」

自ら犯した罪を告白するブランヴィリエ侯爵夫人

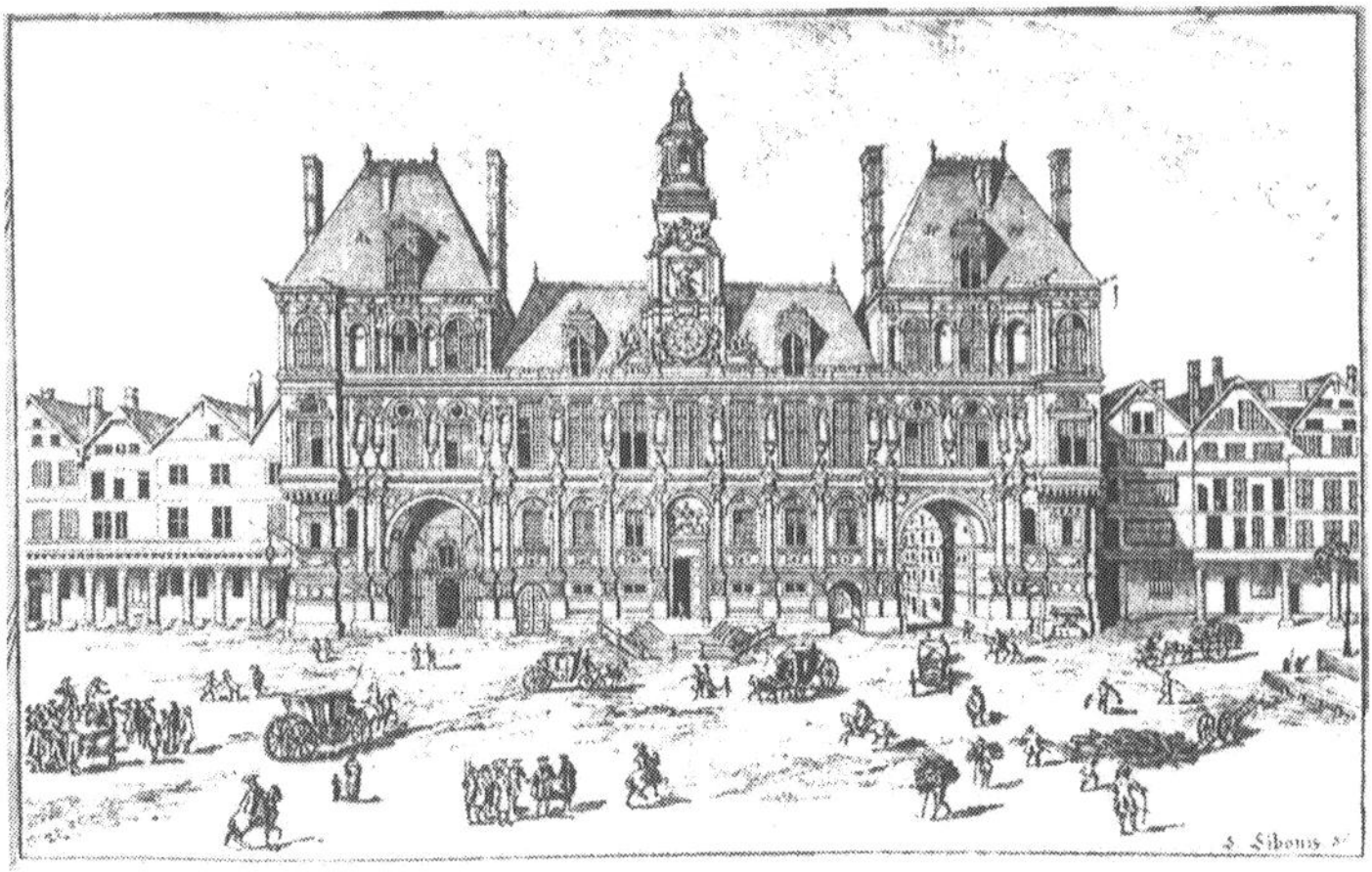
グレーヴ広場（17 世紀）

ピロ神父は、

「人情味にあふれた彼の態度に私は深い感銘を受け、この男はキリスト教徒なのかもしれないと思った。なにも言いはしなかったが、彼女は素直にうなずいてみせた。彼の言葉を快く受け入れていること、また、ようやく見いだした精神的安定を維持するつもりであることを示すかのように。その胆力に驚いた、と彼は私にだけ聞こえるように言った」

と記している。

高等法院の書記官がやってきたのは、ちょうどそんな時だった。評定官たちが、共犯者に関するブランヴィリエ夫人からの追加供述を聞く準備を整え、市役所で待機している、と伝える書記官に、

「ムシュー、申し上げることはもうなにもございません、知っていることはすべてお話ししました」

と答えたうえで、拷問のさいとっさの思い付きでブリアンクールとデグレにありもしない罪を着せたが、これは捏造であったとあらためて申し述べた。

執行人が、死刑台に梯子をかける。

「彼女は、私を見つめた。感謝に満ちた、優しく、おだやかな表情で、目に涙を浮かべながら。

――ムシュー、お別れしなければならないのは、まだ先でございます。わたくしが斬首されるまで決してそばを離れない、とお約束くださいました。この約束をお守りいただければと存じます。

かなり張り詰めた声音から、どれほど自制しているかが伝わってきた。しかし、その口調は、真摯で凛としていた。

私は、なにも答えなかった。涙と嗚咽をこらえるのに精一杯で、思うように言葉が出なかったのである。

――どうか、わたくしをお許しください。わたくしのために時間をお割きくださったことを後悔なさらなければ、と願っております。ほんの少ししかご期待に応えられませんでしたことを、心苦しく思っております、せめて、もう少し時間があれば……。本当に、申し訳ございませんでした。でも、死に際に、かたわらで、《主よわれ深き淵より汝を呼べり《デ・プロファディス》〔一般に死者への哀悼歌として唱えられるラテン語訳聖書詩篇の一節〕》を唱えていただけなかったら、とても往生などできません、そして明日は是非ともミサを。どうか、わたくしをお忘れにならないで、そして、わたくしのため神に祈ってくださいまし。

この時、私は、生まれてこの方経験したことがないほど動揺していた。さもなければ、彼女の真剣でひたむきな態度にもっとうまく応えられたであろうし、ミサだけでなくもっと多くの約束をしたであろう。だが、こんなことしか言えなかった。

――ウィ、マダム、おっしゃる通りにいたします。

踏段をのぼりかけた時、デグレがすぐそばにいることに気づいたブランヴィリエ夫人は、無実の罪を着せたことを詫び、どうか自分のためにミサを挙げてもらい、神に祈って欲しいと頼んだ。そして、自分は「神の僕《しもべ》であり、神の僕として死刑台に果てる」と言って「惜別の辞」を締めくくったが、いささか慇懃無礼ともとれるその挨拶のすぐあとに、

——ごきげんよう《アデュー》、ムシュー。

と付け加えた」

群衆の数は膨大だった。死刑執行を見物するため、ノートル＝ダム橋の上に立つ一軒の家の窓際に陣取っていたセヴィニェ夫人は、

「これほど多くの人がこの広場に集まるのを見たことはないし、パリがこんなに興奮し、固唾を呑んでことのなりゆきを見守ったこともありません」

と娘に書き送っている。

ブランヴィリエ侯爵夫人は、死刑台の上でひざまずいた。顔は、セーヌ川の方に向けられていた。その様子を、ピロ神父は次のように描写している。

「この時ほど自然体の彼女を、また、ここまで精神を集中している彼女を見たことはない。彼女は、私があらかじめ伝えておいた、死刑台の上でわれわれが為すべきことだけに専念していた。死の準備のため暗唱させておいた祈りの言葉を、一心に唱えていたのである。必要不可欠とはいえ、きわめて長い祈りの一節一節を、私の助けなしに、順序通りに唱えており、私に向きあって熱心に祈りを捧げ

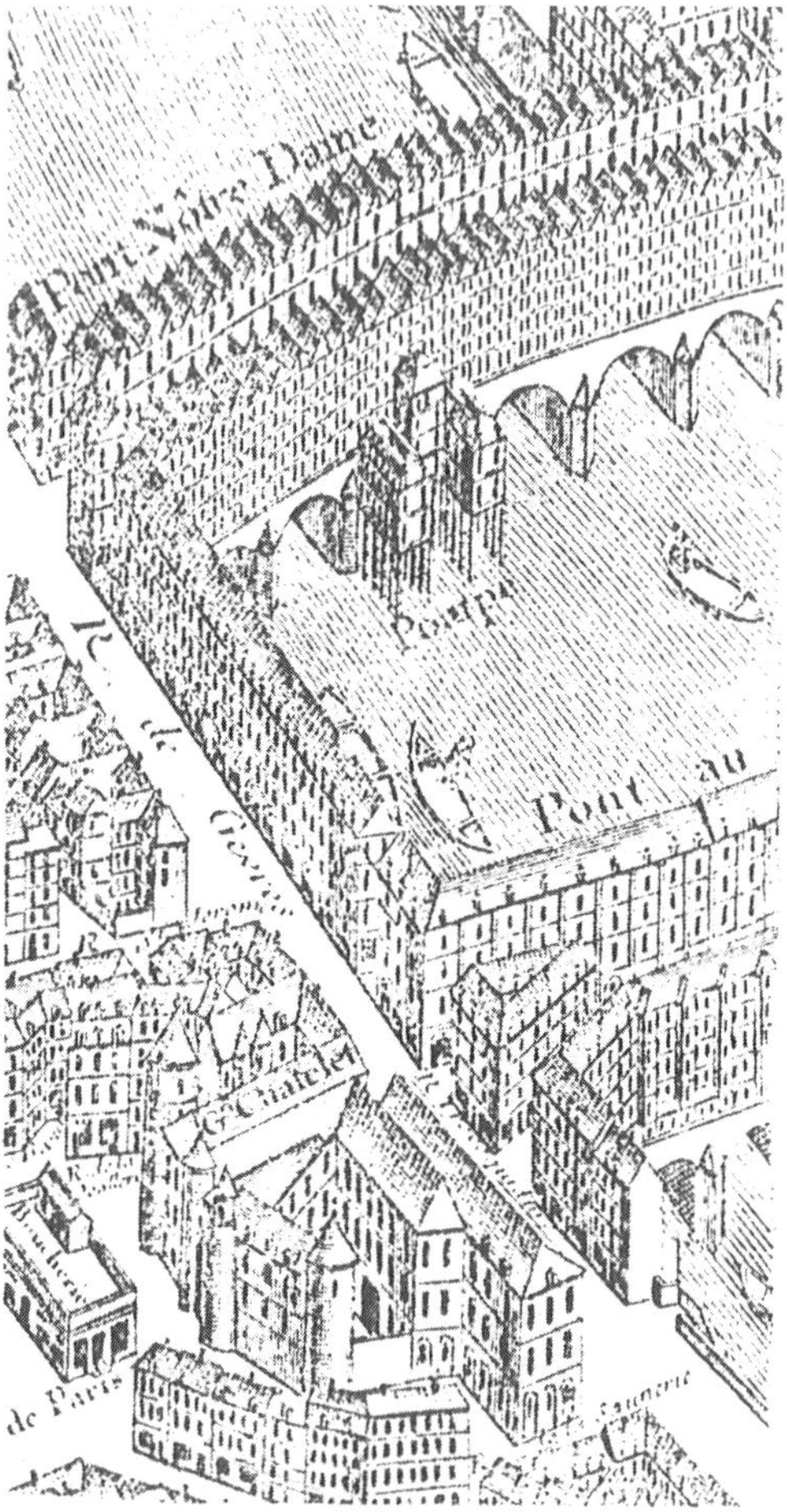

ノートル＝ダム橋。16世紀から18世紀を通じてヨーロッパの名橋の一つに数えられており石造りの橋の両側には四階建ての豪華な家が並んでいた。手前はシャトレ裁判所。

る姿は、真剣そのものだった。

彼女は、少しも怯えてはいなかった。おだやかに、ひたむきに、毅然と逆境を受け止め、無我の境地に入っていた。執行人が死刑の準備を着々と進める間も、驚くほどの忍耐力で、すべて指示通りに行動していた。執行人は、彼女がひざまずくとすぐかぶり物をはずし、髪の毛をまずうしろから切り、ついで両側を切った。このため彼女は、半時間あまりにわたって、あちらこちらに頭を向けさせられ、時にはかなり手荒く扱われもした。これほど多くの人びとの前でかぶり物を脱がされることに強い屈辱を覚えていたはずだが、その辛さをぐっとこらえ、嫌な顔一つせず、されるままにしていた。こんなにおとなしくかぶり物を取られるままにし、髪を刈り込まれるままにしていたのは、生まれて初めてのことだったのではないだろうか。彼女の髪を結いなれていた召使いより、執行人の手さばきの方がなめらかにさえ感じられたようで、このためか、終始、彼の意に添うよう頭の向きを変え、上げたり下げたりしていたものと思われる。ついで、両肩をあらわにするため、彼は囚人服の上部を裂いた。この囚人服は、コンシエルジュリを出るさい、彼女の前開きの服《コートドレス》の上に彼が着せたものである。彼女は、金のブレスレットを着けてもらってでもいるかのように両手を縛られるままに、真珠のネックレスを掛けてもらっているかのように首に縄を掛けられるままにしていた。

――生きながら火あぶりの刑に処して欲しいと思ってはいるのです。重い刑を受けるほど、贖罪の効果も増すことでしょうから。でも、わたくしにあるとは思えないのです、そのような死に方に耐えるだけの勇気が。考えただけでも、目の前が真っ暗になってしまって。

　と彼女は言っていた」

ピロ神父が《サルヴェ・レジナ〔聖母マリアを称える交唱〕》を先唱すると、死刑台の周囲に詰め掛けていた民衆がこれに唱和しはじめた。ついで、神父は、罪の許しを与える旨を死刑囚に告げる。

「すると、彼女が落ち着いた声音で言った。

――ムシュー、死刑台の上で二度目の悔悛の秘跡をお授けくださると、今日の午後お約束くださいました。これではあまりに簡単すぎると、わたくしが申し立てた時のことでございます。それなのに、まだ授けていただいておりません。

私は、彼女のために、《アヴェ・マリアの祈り》と典礼歌《思い出したまえ、救い主よ》から〈マリアよ、恵みの御母よ、……死の時に受け入れたまえ〉の部分を一回ずつ唱えたあと、

――マダム、今一度、心からの悔い改めの気持ちを神にお伝えなさい。

と言い、彼女に罪の許しを与えた。だが、そのあとは、秘蹟の言葉しか唱えられなかった。刻限が迫っていたのである」

ブランヴィリエ夫人の表情が変化した。それは、希望と喜びの表情であり、心安らかな信仰と愛の表情だった。そこには、前非を悔い改め心を入れかえた者特有のおだやかな優しさが入り交じっていた。

「その眼差しに胸を打たれた。いまだかつて、これほど感動的な眼差しに出会ったことはない。心の底から前非を悔い、悔恨の情にあふれた、でも罪の許しを得られるかもしれないという希望に満ちた面差しを描くとしたら、この時の彼女の表情しかあり得ない。それは、今この瞬間も私の脳裏に生きとよみがえっており、終生忘れることのない表情である」

とピロは記している。

パリには夕靄が立ちこめていた。落日が、セーヌ河畔に連なる屋根裏部屋のガラス窓に点々と照り映えていた落日が、一つまたひとつと消え、ノートル＝ダム大聖堂の林立する塔を光背のようにおおっていた茜色の帯も、見る間に青白い残光となり、宵闇の中に消えていった。

死刑執行人のギヨームが、罪人に目隠しをする。彼女は、聴罪司祭ピロとともに最後の祈りを繰り

処刑されるブランヴィリエ侯爵夫人

返していた。ギヨームが、額にしたたり落ちる汗を、袖の折返しでぬぐう。と、鈍い打撃音が響き、ピロは祈りの言葉を止めた。

「ブランヴィリエ夫人は、首をまっすぐに伸ばしていた。一気に振り下ろされた刃《やいば》が命中し、首は一瞬胴体に着いたままだった。斬首が失敗し、もう一度やり直さなくてはならないのかと思い、私はヒヤッとした。

——どうです、ムシュー、見事な一撃だったでしょう?

と執行人は言い、付け加えた。

——こん時だけは、いつだって神におすがり申しておりやすんで。もっとも、今のいままで、ずっとご加護にゃあずかってめぇりやしたがね。五、六日前から、このお方のことがどうも気になって、頭ん中を往来してやした。六回もミサを挙げてもらいやしたよ、このお方のために」

そう言うと、彼はワインのボトルを開け、ぐいっと一口あおった。

遺体は火刑台に運ばれたのち、炎に焼き尽くされ、遺灰はばらまかれた。と、民衆が、あたりを掘り返しはじめた。遺骨のかけらを集めようとしていたのである。そうこうするうち、死刑台のそばに陣取っていた者たちの間から、あの殺人犯が光輪に包まれるのを見たという声があがり、やがて、この死者は聖女に違いないと言うようになる。

ピロ神父がこの現象について誰かれとなく触れ回っている、とセヴィニェ夫人は記している。

ブランヴィリエ侯爵の子供らは、オフェモンの姓を名乗った。

翌一六七七年七月、無罪を言い渡され牢を出たプノティエは、ほどなく高位を取り戻し、周囲からの敬意も取り戻した。


ブランヴィリエ夫人は、サント＝クロワとその従僕ら以外に共犯者はいないと証言した。彼女の証言に嘘はなかったが、当時パリでは、これに勝るとも劣らない重大犯罪が同時進行中であり、それら一連の犯罪が、遠からず、司直の手により明るみに出されることになる。俗に「火刑裁判所」と呼ばれる特別法廷が扱うことになる名高い事件がそれであり、ブランヴィリエ事件は、いずれこの特別法廷で繰り広げられる出し物の序奏のようなものだった。宮廷における連続毒殺事件をテーマにした、劇的な出し物の。

第六版に付加された注記

国王付き薬剤師兼王立植物園公開講座講師、クリストフ・グラゼのブランヴィリエ事件に関する共謀容疑［本章九頁参照のこと］は、否認された。高位の人物であるというのがその理由だった。

しかし、次のような事実により、同人がこの連続毒殺事件の共犯者であることは間違いないものと思われる。

第一に挙げられるのは、ブランヴィリエ夫人とサント＝クロワとの間で交わされた手紙の中で、二人が、自分らの用いていた毒物を「グラゼのレシピ」と呼んでいた点である。以下は、「サント＝クロワの小箱」から発見された手紙の一部だが、ここでブランヴィリエ夫人は次のように記している。

「わたくしは自殺する方法を見つけました。そして、今宵、それを実行するため、以前貴方が後生大事にくださったものを取り出しました。グラゼのレシピをもとに作られたものです。これを実行することにより、わたくしが自分の命を喜んで貴方のために犠牲にするのだということがおわかりになるでしょう」

ここで留意すべき点は、この宣言の目的が相手をあざむくことにあったかどうかではなく、二人の共犯者、すなわちサント＝クロワとブランヴィリエ夫人が、互いにやりとりする手紙の中で、この毒薬を、提供者の名で呼んでいる点である。

次の証言も、上記の事例と同様、精度の高いものである。国王巡邏隊中隊長デグレは、リエージュでブランヴィリエ夫人を逮捕後、彼女が次のように言ったと法廷で証言している。

「クロワ＝サン＝トノレで会う約束をしたさい、サント＝クロワが、四つの小瓶を彼女に見せて、

――ほら、これがグラゼから送られてきたものだ。

と言ったので、そのうちの一つをくれと彼女が頼んだところ、

――そんなことをするくらいなら死んだ方がましだ。

と言われた」[Publié dans *Histoires tragiques de notre temps*, par Rosset, 1700, p.596]

また、グラゼの家に住み込んでいた弟子のロラン・ペレットも、裁判で、こう証言している。

「師匠のところに、サント＝クロワに連れられて、身分の高い婦人が訪ねてくるのを何度も見掛けました。師匠の執事は、

――あれがブランヴィリエ夫人だ。奴らがグラゼに作らせてるのは毒薬だ、首をかけてもいい。奴らは、サン＝ジェルマン大市の角に馬車を待たせてるのさ。

と言っていました」[Publié dans *Histoires tragiques de notre temps*, p.595]

最後に、ブランヴィリエ夫人自身の発言を挙げておきたい。有罪判決を受けたあと、聴罪司祭のピロ神父とのやりとりの中で、彼女は次のように言っている。

「彼（サント＝クロワ）が毒薬の成分を知っていたことも、毒薬の製造に着手しようとしていたことも、わたくしは疑っておりません。でも、毒薬の調合をしていたのは、たいていの場合グラゼでした。フォブール・サン＝ジェルマンの薬剤師で、もうずいぶん前に亡くなりましたけれど」[Publié par Ravesson, *Archives de la Bastille*, IV, p.237]

第二章　宮廷毒殺劇：モンテスパン事件

I　魔女《ソルシエール》の横行——ヴィグルー家の昼食会

　ブランヴィリエ侯爵夫人の裁判は、フランス社会に甚大な影響を及ぼした。これにより、遅まきながら、国内に毒殺行為が蔓延している事態を察知した当局の諮問に対し、ノートル゠ダム大聖堂の特別聴罪司祭たちは、

「先日来、訪れる者の大部分が、最近誰かを毒殺したと告解している」

と、特定の人物名を明かすことは避けながらも、答申している。

　くわえて、王弟妃をはじめとする高位高官の相次ぐ逝去に、宮廷だけでなくパリ中が震え上がった。王弟オルレアン公の妃がサン゠クルーの館で突然亡くなり、外務卿ユーグ・ドゥ・リオンヌが急逝し、サヴォワ公が即死したのである。おりしも、サン゠タントワーヌ街にあるイエズス会教会の告解所で、国王及び王太子の毒殺計画を密告する匿名の書付が発見された。一六七七年九月二十一日のことである。この書付を手がかりに、同年十二月五日、パリ警察長官ラ・レニがルイ・ドゥ・ヴァナンなる男を逮捕させたところ、元保有官僚《オフィシエ》を自称するヴァナンとその愛人フィネットから押収した書類により、ある結社の存在が発覚する。それは、錬金術師、偽金作り、魔術師により組織された結社で、そこには、司祭、官僚、カドゥランをはじめとする大物銀行家に混じって、「高級娼婦《フィーユ・デュ・モンド》」や従僕、無頼漢まで出入りしていることがわかった。高等法院がこの事件の予審を行うことになり、別の類似結社の捜査を開始したラ・レニは、ほどなく、こちらの方がはるかに大規模な悪徳組織であることを把握

する。

一六七八年末頃、ペランという名の二流弁護士が、昼食会に呼ばれた。イノサン墓地近くのクルトーヴィレン街にあるヴィグルー家に集まった客は、みんな陽気で、ワインを浴びるように飲みながらのどんちゃん騒ぎ。招いたのはマダム・ヴィグルーで、夫のヴィグルーは婦人用テーラード・スーツの仕立職人だという。とりわけ派手に騒いでいたのが、「丸顔の、ぶくぶくに肥えた女」で、隣席の近衛騎兵を酔わせようと、ブルゴーニュワインをなみなみとついでやりながら笑いこけていた。マリー・ボスと名乗るこの女は、馬喰《ばくろう》の後家で、トランプ占いを生業としており、周囲からは「女占い師《ドゥヴィヌレス》」と呼ばれていた。

「いい商いだよ！　グランテュル街のあたしんちに、賓客がごまんと吸い寄せられてくるんだ、あのあばら屋にだよ。それも、公爵夫人や伯爵夫人、大公やら領主さまさまがだ。あと三回も毒殺すりゃ、あたしゃ大金持ちになって引退だよ！」

と彼女はわめいていた。

この放言に、会食者の笑いは一段と高まった。じつにひょうきんな女だと思っていたが、マダム・ヴィグルーが一瞬けわしく眉をひそめるのを見て、女の発言があながち嘘でもないらしいことに、ペラン弁護士は気づく。

後日、ペランが、知り合いの国王巡邏隊中隊長デグレにこのさい見聞きしたことを話したところ、デグレは笑うどころか、その日のうちに、おとり捜査を開始。配下の妻を女占い師のところに送り込み、夫に対する不平不満を打ち明けさせた。デグレは、ブランヴィリエ侯爵夫人を逮捕した人物である。女占い師は、初めて訪れた警官の妻に助けてやると約束し、二度目の訪問で、毒入りの薬瓶を与えた。妻からこれを知らされた警官はびっくり仰天、上司のところにすっ飛んでいった。

ラ・レニの指揮のもと、マダム・ヴィグルー、後家のマリー・ボス及びその娘マノンと二人の息子が逮捕された。ボスの上の息子フランソワ、通称ベラムールは衛兵、十五歳になる次男のギヨームはビセートル救済院から出てきたばかりだった。入れたのは母親で、「息子を教化し、仕事に愛着を持たせるようにしてもらうため」だったという。ビセートルは、老人及び精神疾患者を収容する施設だが、当時は少年院も併設されていた。マリー・ボスが逮捕されたのは一六七九年一月四日の朝方で、二人の息子ともどもまだ床の中だった。娘は、起き抜けだった。

「ベッドは一つしかなく、家族全員がそこで寝ていた」

一味に対する第一回目の尋問開始後日ならずして、ある重大犯罪が露見する。そして、このニュースが、ブランヴィリエ夫人侯爵夫人による連続毒殺事件に匹敵するほどの社会不安を巻き起こすことになるのである。

六日後、すなわち一六七九年一月十日に開催された国王諮問会議における裁決により、ヴィグルー、マリー・ボス及びその娘マノンらに関する罪状調査をすべしとの命が、ラ・レニに下った。さっそく調査は開始され、三月十二日には、宝石小間物商アントワーヌ・モンヴォワザンの妻、カトリーヌ・デシェ、通称ラ・ヴォワザンに対する逮捕手続が司直の手により整えられ、ただちに執行された。

ラ・ヴォワザンは、まれに見る極悪人であり、彼女の犯した罪の記憶が犯罪史上から消え去ることなどまずないだろう。逮捕されたのは、ノートル＝ダム＝ドゥ＝ボン＝ヌーヴェル教会の入り口で、ミサを聴き終えて出てきたところだった。この逮捕をきっかけに、ラ・レニは、想像を絶する犯罪の世界へと踏み込んでゆくことになる。以下は、ラ・ヴォワザンの足跡を追い、その歩んだ道をさかのぼるにつれ明らかになる犯罪の実態に衝撃を受けたラ・レニが、後年記した慨嘆である。

「今や、人の命は公然と商品化されており、人の命の商品化こそが、家族のかかえるすべての厄介ごとを解消するほぼ唯一の打開策になっている。無慈悲、冒瀆、忌まわしい所行が、パリはおろかフランス全土で、共通の慣わしになっているのだ」

（1）十七世紀における魔術の実態

これからわれわれの前に登場する人びとの特性及び行動を理解するためには、当時の人びとの信仰心に留意しておく必要がある。十七世紀における宗教の威力は絶大であり、人びとの生活は信仰を中心に営まれていた。当時の人びとが宗教に対して抱いていた感情は、その思い込みの強さ及び愚直なまでの純真さという点で、今のわれわれとは大違いである。また、当時のフランスは、社会的にも道徳的にも荒廃しており、これによる人心の乱れが、[1] 今日では想像もつかないような迷信の数々を誘発したものと思われる。マルグリット・アラコックが聖なる法悦の中でキリストと心の交換をしたのも、この時代のことだった。

パレ＝ル＝モニア〔フランス中東部ブルゴーニュ地方南部の町〕の聖母訪問会修道女だったマルグリットは、ある日、法悦

イエスの聖心の啓示を受けるマルグリット＝マリー・アラコック（オンブール、サン＝ブリス教会のステンドグラス）

状態の中で、イエス・キリストが彼女に告げた言葉を自らの血で書き記した。いずれ、同意書として神に提示するために。

「余は、汝を、現世においても来世においても、余の心及び余の心に宿る無限の宝の後継者として認定する。余は汝に約束する、余が力を失うようなことがない限り、汝が余の救済に事欠くことはないであろうことを。汝は、いかなる時も余の愛弟子であり、余に喜びをもたらすためにその身を捧げ、

DE LA
DEMONOMANIE
DES SORCIERS
A MONSEIGNEUR M. CHRE-
PAR I. BODIN ANGEVIN
A PARIS
M. D. LXXX
AVEC PRIVILEGE DU ROY.

（左）ジャン・ボダン
（右）『魔術師のデモノマニー』

人類に対する余の愛のためにその身を犠牲とする者でありつづけることであろう」

だが、これは、カトリーヌ・モンヴォワザンが、大勢の熱烈な信奉者を得ていた時代でもあった。パリはサン＝ドゥニ門近くのとある小路、ヴィルヌーヴ＝スュル＝グラヴォワに住む、あの恐るべき魔女、通称ラ・ヴォワザンが。

十七世紀の人びとは、悪魔の行動及び男女の魔術師《ソルシエ》〔魔術、妖術、呪術の使い手の総称だが、本書では魔術師を訳語としてあてている〕の力を信じ込んでおり、その思い込みの深さが、想像力を必要以上に掻き立てていた。この思い込みについては、『共和国論』の著者ジャン・ボダン[2]が、一五八〇年に出版した『魔術師の悪魔妄想《デモノマニー》』において総括している。デモノマニーとは、悪魔《デモン》に取り憑かれていると信じ込んだり、地獄に対する恐怖から精神的錯乱におちいったりすることである、と。ここで、ボダンは、魔術師を「悪魔的かつ道徳上及び法律上不正な手段を用いて、なんらかの目的を果たそうとする者」と定義しているが、彼が言及しているのは主として女の魔術師《ソルシエール》、いわゆる「魔女」についてであり、「語らねばならぬのは女魔術師らの邪道に関してであり、男ではない。男どもは腑抜《ふぬ》けで話にならない」というドイツの異端審問官シュプレンガー(3)の指摘を引用している。ボダンによるこの著作を通して、われわれは、十六世紀末にはまだ、いたるところで、黒魔術(4)がおおっぴらに実践されていたことを知ることができる。当時、男女の魔術師は、同業者組合に似た大規模な組織を結成しており、それは、使用する呪文や魔術だけでなくかかえている顧客までもが、遺産として代々受け継がれている家族の集合体であった。

同書において典型的な例として挙げられているのが、一五七八年四月三十日、生きながら火刑に処された魔女、ジャンヌ・アルヴィリエの場合だ。やはり魔女だった彼女の母親も、三十年前、同様の死に方をしている。しかし、それは、このような生業を営んでいる者にとり、ごく当たり前の、というか、想定通りの死に方だった。くわえて、彼女らは、われわれには理解できない使命感に取り付かれており、部外者が想像するほど、そのような死に方を怖れてはいなかったのである。

一五二八年頃、コンピエーニュ近郊のヴェルブリで生まれたジャンヌが、母親から悪魔に引き合わされたのは十二歳の時だった。彼女は、神と縁を切り、背の高い黒人の姿で現れたその「悪霊《エスプリ》」に身を捧げる。

「抱かれたとたん、ジャンヌは悪霊と恋に落ちる。その関係は結婚後もつづき、逮捕されることになる五十歳まで維持された。悪霊の存在に気づかぬまま、夫がとなりに寝ていることもままあった」

ドイツのブロッケン山で催される春節祭に集う魔女たち（17世紀の銅版画）

この悪霊は、いわゆる「夢魔《インクブス》」、すなわち眠っている女を犯す悪魔である。当時の人びとは、この悪魔の存在を本気で信じていた。

多くの人間及び動物を呪い殺した廉で裁判所に呼び出されたジャンヌ・アルヴィリエは、犯行を素直に自白。最後に犯した殺人についても洗いざらい白状し、

「悪魔が準備してくれた粉末の一部を、自分の娘を殴った男が通るはずの場所に撒いた」

と述べている。ところが、通りかかったのは、苦しめる気などみじんもないまったくの別人だった。たちまち全身を激痛に襲われはじめた男に、ジャンヌは、必ず直すと約束し、瀕死の男の枕辺《まくらべ》に付き添って、修道女のように献身的に看護する。そして、どうか男の命を助けて欲しいと悪魔に懇願するが、無理だと言われた。

著作の中で、ボダンは、魔女集会《サバト》[5]に向かうさいの魔女の移動手段について重々しく持論を展

箒に乗って移動する魔女（フランシスコ・デ・ゴヤ画）

開し、彼女らがどのようにして空中を箒で運ばれたかを縷々《るる》叙述したうえで、次のように結んでいる。

「魔女の肉体と魂の移動について、また、きわめて頻繁に実行されていたその移動が彼女らには忘れがたい体験となっていることについて、こまごまと述べてきたのは、その移動体験の実態を白日のもとにさらすとともに、『その移動体験は想像の産物であり法悦以外のなにものでもない』という先人たちの意見が間違いであることを、指摘するためである」

ついで、ボダンの矛先は、クレーヴェ〔現ドイツ西方の都市〕の公爵ヴィルヘルムの侍医でプロテスタンティズムの信奉者、ヨハン・ヴァイヤー〔一五一五－一五八八〕に向けられる。「魔女の移動体験は想像の産物であり云々」という上述の先人たちの意見を、ヴァイヤーが、その著作『悪魔の幻術』の中で支持していたからだ。ヴァイヤーはまた、一五六三年に出版された同書で、ボダンが手本とするシュプレンガー

『魔女への鉄槌』に反意を唱え、魔女の存在を信奉することはもとより、魔女裁判を行うことも誤りであると主張しており、これは、当時としては傑作と言っても過言ではないすぐれた作品である。の

ボダンは、ヴァイヤーらの意見を打ち消すことに心血を注ぐ。彼によれば、
「悪魔が魔女をある場所から別の場所に移動させているという仮説に異議を唱えることは、プロテスタンティズムの歴史をないがしろにすることになるはずだからである」。

当時、魔術師の専門分野とみなされていた病、すなわち、治癒には男女の魔術師による施術を必要とする特殊な病——体力の消耗、体液から発する毒素、鬱病、幻想、無気力状態——の研究に取り組んだヴァイヤーは、神の掟にかなった健全な生活を送ること、及び、医者の知恵を借りることにより、これらの病は改善されるという結論を得ていた。

ボダンは、この説にも激怒する。なんといまいましい見解だ、これでは過去の歴史をまったく無視することになるではないか！　ヨハン・ヴァイヤーは、サタンの口車に乗せられてこの本を書いたのだ、それに、ヴァイヤーは、「かつてもっとも偉大な魔術師と言われていた」アグリッパの弟子だった、と自ら告白しているではないか！

たしかにヴァイヤーは、ハインリッヒ・アグリッパ〔一四八六－一五三五〕のもとで学んでいた。アグリッパは、その著作『神秘哲学』において魔女狩りに反意を唱えたドイツの医学者兼神学者で、黒魔術研究の大家として知られていた。一五三五年、彼がグルノーブルの病院で死んだ時、愛犬が川に身を投じて死んだという逸話は、つとに有名だった。「ムシュー」と呼ばれていたその黒い犬は、飼い主の死を悟るや川に向かって一目散に走り出し、溺死したというのである。ヴァイヤーはこれを流説である

ハインリッヒ・アグリッパ

ヨハン・ヴァイヤー

とし、問題の犬は悪魔ではなかったと断言していた。だが、その言葉を信じるほど分別のある者は、当時皆無だった。

ボダンとヴァイヤーの悪魔論争はよく知られているが、筆者は、この問題に深入りするつもりはない。ただ、ヴァイヤーの著作が、少なくともフランスでは、まったく受け入れられていなかった点だけは、指摘しておく必要がある。それに引き替え、ボダンのそれは絶賛を博していた。ことほど左様に、当時のフランスでは、おしなべて、悪魔の存在や魔術の効力が信じ込まれていたのである。

高位聖職者で説教家のボシュエ(6)も、魔術の効力を固く信じており、魔術に関する独自の思索を論理的に展開していた。一方、十七世紀末、当時革新的医学者として知られていたアンドレ・ボネは、学術論文を出版するにあたって、原稿をプロテスタント共和国の印刷所に持ち込まねばならなかっ

とによるものであるのは明白であり、以後ユスタシュ・ヴィジエ所有の馬や牛が死ななくなったのも、これまた事実である」

オックは、自分が動物に掛けた呪いを仲間が解くようなことがあったら死ななければならない、と思い込んでいた。それほど腕に覚えがあったのである。ところが、呪いはあっさり解かれてしまった。すっかり自慢の鼻を折られた彼は、絶望の淵に沈んだすえ、本当に死んでしまったのだ。

今のわれわれにはとても考えられないが、この事件は、当時の人びとが、裁判官でさえ、魔術の力を固く信じていたことを証明するものである。

（2） 魔女《ソルシエール》の生業

女魔術師、すなわち、魔女らは、黒魔術ないし白魔術に、医学と薬学の知識を付け足していた。薬品類だけでなく、シロップ、ジュレップ〔水にガムシロップを混ぜたもの〕、香油、バルサム〔芳香性樹脂〕、多種多様の軟膏などを無数のガラス瓶に入れて所蔵しており、素人療法ではあったが、経験を重ねることにより腕を上げ、薬剤の調合方法も代々受け継がれてゆく中で改良されていった。ルネサンス時代の名医パラケルス[7]は、一五二七年、当時古典的名著として高く評価されていた薬学書を焚書している。

「ここに書かれている事例は、魔女どもの処方にしか役立たない！」

と言って。

しかし、彼女らが、鎮痛剤や傷薬を用いて病人の手当てをし、神経症の患者に助言を与えて治癒に導くなど、その技量をまっとうなかたちで発揮していたのも事実である。ただ、大半の魔女は助産婦でもあり、この肩書きの陰で堕胎を商売にしていた。これは、毒盛り女が薬屋を隠れ蓑にし、錬金術師が偽金造りを兼ねていたのと同じで、彼女らの世界では、ごく当たり前のことだった。しかも、魔女は占い師でもあり、カードによる星占いや手相から人びとの運勢や吉凶を見立てていた。

以下は、当時のパリ警察長官ラ・レニに逮捕された、魔女らの供述である。

「さしずめ、手相見を皆殺しにしちまうっきゃありませんよ。女にとって、手相を見られるってことは一巻の終わり、破滅ってことだからね。身分の上下なんてなんの関係もありゃしない。手相見は一目で客の弱みを握っちまうし、その弱みにつけ込んで、客を好きなようにあやつれるんだから」

とマリー・ボスは述べている。そして、パリには四百人以上の女占い師や魔術師がおり、

「連中のせいで破滅した人の数は半端じゃない。犠牲になってるのは女、それもあらゆる身分の女なんだから」

と付け加えるとともに、同業の女占い師らがどれほどの大金を稼いでいるかについても語っている。夫に官職を買い与えたり、家を建てたりする者もいれば、大金を手に入れるために占い以外の悪事に手を染めてしまう者もいる、と。

ラ・ヴォワザンも、犯罪の撲滅にもっとも効率的なのは女占い師を一斉捜査することだ、と述べ、

「色事のもつれがもとの毒殺なんて、珍しくもなんともない。それを請け負って、一万リーヴル［五万フラン現行価格］も荒稼ぎをした手相見だってざらにいるって聞いてますよ」

と付け加えている。魔女のラ・ルルーや魔術師のルサージュも同様の供述をしており、ルサージュ

は、
「肝心なのは、あのうさんくさい女占い師どもの化けの皮をはがして、不正行為を暴くことでさ。連中ときたら、宝探しや賢者の石の発明に手を貸してるだなんてほざいてるけど、裏じゃえげつない商売に首を突っ込んでるんだ。賢者の石や吉凶占いなんかより、堕胎や人殺しの方がずっと金になる。なんせ、おおかたの客が、自分の亭主や愛人の夫、実の父親、場合によっちゃ、乳飲み子を毒殺してくれって頼みにくるんだから」

と言い、
「あのろくでなしども「女占い師や魔術師」は、お偉いさん方を後ろ盾にして身の安全を図ってたんでさ。だから、万事やりたいほうだいってわけだ」

とも言っている。

これらの発言はいずれも、ラ・レニがまとめ上げた資料に裏づけられているものである。

民衆がまずもって魔女に求めていたのは、未来を予想することだった。これについで多かったのが金品を探し当てることで、この要求に応えるための方法は多種多様だったが、つまるところ目的は一つなのだから、そのためには持てるワザを最大限発揮するしかない。すなわち、妖しげなワザや呪詛を駆使して、悪霊《エスプリ》つまり悪魔《デモン》に、謎の隠し場所を出現させる、あるいは、示させるのである。魔女のマリー・ボスは、
「パリにゃごまんといるんですよ、お宝を手に入れようとする連中が。この町にゃ、その手の輩があふれかえってるんだ」

とまで言っていた。

子殺しについては、歴史家のフランソワ・ラヴェソンが、一八七〇年出版の著作『バスティーユ監獄の古文書』の中で次のように記している。

「一人の女が、床に描かれた輪の真ん中に寝かされていた。輪の周囲には黒い蠟燭が並べられており、女は分娩直前の娼婦である場合が多かった。出産すると、母親は、我が子を悪魔に捧げるため、司祭に引き渡した。悪魔乞いの呪文を唱えたあと、司祭は生け贄の喉を掻き切った。母親の目の前で行われることもあったが、離れた場所で処置することの方が多かった。最後の瞬間に血縁の情がよみがえり、哀れな母親が、殺されかけている我が子を取り返してしまうことがあったからだ。嬰児《えいじ》の工面がつかない時は、捨て子の喉を掻き切ってすませる場合もあった。女占い師らが捨て子に不自由することなど、ついぞなかった。不注意な娘や尻軽女が、非合法な恋の結晶を遺棄するよう女占い師に託す場合もあった。以上からも、女占い師が、堕胎を請け負い、これに忙殺される助産婦でもあったことがわかる。幼児らは、洗礼を受けたあと殺され、墓場に運ばれたが、森の外れに埋められたり、竈《かまど》で焼却されたりすることもままあった」


以上は、魔女の生業のほんのさわりで、実際には、これをはるかに上回るおぞましい悪行がなされており、職務上その実態を究明する立場にあったラ・レニでさえ、慨嘆せざるを得なかった。

「こうした犯罪が本当に行われ得るということさえ推測しがたく、また、こうした犯罪についてあれこれ検討すること自体苦痛だ。しかしながら、これらはすべて、実際にそのような罪を犯した者らが申し述べていることであり、しかも彼ら極悪人は、そうした犯罪に関する、じつに多くの詳細かつにわかには信じられないような事実を陳述しているのである」

（3） 錬金術師

魔女や魔術師により組織されたグループとは別に、錬金術師《アルシミスト》と賢者の石《フィロソフ》の研究家からなるグループがあった。シャトゥイ、ヴァナン、カドゥラン、ラベル、バシモンらがその代表格で、それぞれが一家をなしており、代表格の一人、ルイ・ドゥ・ヴァナンが逮捕されたのは、一六七七年十二月五日とされている。

錬金術師らからなるこの結社が成立するまでの経緯は、なんとも劇的である。フランソワ・ガロー・ドゥ・シャトゥイが一味の長で、仲間うちでは「元締め」と呼ばれていた。軍隊、宗教界、文学界の頂点に立つ人物を代々輩出する、ラングドックの名家出身だが、向こう見ずな男で、その人生は、想像を絶するほど波瀾に富んだものだった。

一六二五年十一月十五日、エクス〔南仏プロヴァンス地方の旧都〕の会計検査院で主席検察官を務めるジャン・ガロー・ドゥ・シャトゥイの次男として生まれたフランソワは、長じて法学博士の称号を得、一六四四年、マルタ島騎士修道会の騎士になる。父親と同様、地元エクスの高等法院で次席検事を務めていた兄のユベールは、「清廉かつ深い知識の持ち主として知られる」人物だった。弟のピエールは詩人で、当時フランスの文壇で活躍していたボワロー、ラ・フォンテーヌ、スキュデリー嬢らと親交を結んでいた。マルタ騎士団の発展に尽力したことを評価され、団長のラカリス〔一五六〇－一六五七〕から十字勲章を授けられたフランソワ・シャトゥイは、その後、大コンデ〔ロクロワの戦いを皮切りに武勲を重ねた大将軍（一六二一－八六）〕の衛兵隊長にまで上り詰めるが、一六五二年に退役、トゥーロンに身を引く。ほどなく、一隻の軍艦にマルタ騎士団の旗を掲げてイスラム教徒に闘いを挑んだものの、アルジェリアの海賊船に捕らえられ、奴隷にされてしまう。二年間の奴隷生活を経てマルセイユにおもむいた彼は、この地で修道士になり、やがてカルメル会の小修道院長におさまった。

ある日、シャトゥイは、一人の少女をこの修道院に連れ込む。つぶらな瞳の、ほっそりとした金髪の少女だった。彼の独房に幽閉され、妊娠させられた少女は、出産間際にベッドの上で絞殺される。シャトゥイが助修士に手伝わせて及んだ犯行だった。夜陰に乗じ、遺体を院内の教会に運んだ彼らが、敷石をはがして穴を掘っていたところ、円天井に響く鈍い音に、一夜の宿を借りていた巡礼が目を覚ます。柱に寄りかかって眠っていた巡礼がステンドグラス越しに差し込む月明りのもとで目撃したのは、死体を埋めている二人の男の姿だった。恐怖のあまり身動きもならず、じっと夜明けを待った巡礼は、教会の扉が開かれるや、役所に一目散。逮捕されたシャトゥイは、裁かれ、有罪判決を下された。ところが、今まさに処刑されようとしていたやさき、数人の男が忽然と現れ、絞首台からシャトゥイを奪い去る。ガレー船の艦長ルイ・ドゥ・ヴァナンとその手下の仕業だった。シャトゥイとヴァナンは、古なじみだったのである。恩人をともない、シャトゥイは、ニースに逃亡した。

人里離れたところに身を隠した二人は、賢者の石の研究をはじめる。つまり、銅を金や銀に変換する方法を突き止めようとしていたのである。以前から錬金術に取り組み、この道の達人を自負していたシャトゥイは、銀の製法をヴァナンに伝授した。命を助けてもらったことに深い恩義を感じていたので、そのお礼のつもりだった。しかし、金については、絶対に明かそうとしなかった。「うっかり他言しないとも限らない」と思ったからである。

文献によると、ほどなく、シャトゥイは、サヴォワ公[8]率いる「白十字隊」の衛兵大隊長の職を得、同公の息子の家庭教師まで務めるようになっている！　ピエモンテの幼い王子の教育にたずさわりながら、賢者の石についても「あれこれ推理を巡らせて」おり、さまざまな金属を金に変換するオイルの製法を思い付く。この時、少なくとも当人は、その秘法を発明したものと思い込んでいたようである。四十をすぎた頃からは、自ら詩作を行うだけでなく翻訳も手がけており、原作者の中には、無名の予言者から『サチュリコン』の著者とされているペトロニウス〔二七-六六〕や『テバイード』の著者スタティウス〔四〇頃-九五頃〕までいた。

ある同時代人は、彼をこんなふうに描写している。

「痩せこけて、背骨の曲った、中背の男で、いつも激しい咳に悩まされていた。咳の原因は、体に受けた傷のせいだということだった。唇がめくれあがり、ひげは薄く、癖のない黒い髪の毛をぴたりとなでつけており、肌の色は青黒かった」

一方、『フランス大辞典』の著者ルイ・モレリ〔一六四三-一六八〇〕によれば、

「シャトゥイ殿は、この上なく模範的な貴族の一人であり、プラトン哲学に精通していた」

という。

やがて、ヴァナンとシャトゥイは、ミレの領主、ロベール・ドゥ・バシモンと親交を結ぶようにな

る。財務卿フーケの従妹を妻とする、フランス屈指の名家の御曹司バシモンは、パリにあるタンプル騎士団の本拠地近くに屋敷をかまえており、そこには浸漬窯《しんしがま》が四基据えられていた。四階に大窯が一基、予備室に小ぶりのが二基、地下にもう一基の大窯があった。コンピエーニュに所有していたアパルトマンは、ただの物置でしかなく、蒸留器、陶器やガラスの壺、蒸留釜、錬金術用の開放型及び閉鎖型の窯、焼き網、薬剤用すり鉢、化学実験用のレトルトやフラスコ、アンモニア塩、鉄のヤスリ屑、あらゆる種類の粉末・ペースト・液体のたぐいが収納されていた。リヨン近郊のエネにある修道院の敷地内にも研究用の施設を所有しており、そこには金属の溶解や薬用植物の精製、さらには錬金術を行うための設備が整えられていた。

そうこうするうち、ポルトガルの大政治家カステルメロー伯、ルイ・ドゥ・ヴァスコンセーロス・イ・スザ〔一六三六－一七二〇〕が加わり、結社はさらに大きくなる。カステルメローは、ポルトガル国王アルフォンソ六世〔在位：一六五六－六八〕の寵臣として、同国を数年間実質統治していた正真正銘の大立者だったが、国王の権力弱体化にともない失脚、パリに亡命していたのである。ガラス質の物体に含まれる赤色熱の

カステルメロー伯、ルイ・ドゥ・ヴァスコンセーロス・イ・スザ

秘密を教えてくれたのはカステルメローだ、とバシモンは言っている。その後、カステルメロー伯爵はロンドンに移住。シャトゥイの仕えていたサヴォワ公が亡くなって間もない頃だった。ちなみに、同公が亡くなったのは一六七五年六月十二日のことである。彼の地ロンドンで、熱心な錬金術師であり占星術師でもあったイングランド国王、チャールズ二世の寵愛を得た伯爵は、同国王の臨終にまで立ち会っている。国王の死の床にカトリックの司祭を導いたのはカステルメローであり、この司祭がイングランド国王に終油の秘蹟を授けた。

シャトゥイとその一味は、賢者の石を発明しようとやっきになっていた。そして、錬金術師の大半がそうだったように、水銀を凝固させる方法を突き止めればその石ができるはずだと信じていた。

ユイスマンス氏〔一八四八―一九〇七〕は、賢者の石について、その神秘主義的小説『彼方へ』の中で次のように述べている。

「錬金術師らは、金属が化合物であり、その組成は同一であることを突き止めた――今日、現代科学はこれを正論と認めている――。そこで、化合物を構成する各要素の組み合わせを、それぞれの結合比率に従って変化させてみたところ、この比率を変換させるような物質の助けを借りることにより、ある化合物を別の化合物に変えられるようになった。たとえば、水銀を銀に、あるいは、鉛を金に変えられるようになったのだ。そして、その補助物質こそが、賢者の石、つまり水銀である。とはいえ、そんじょそこらの水銀ではない。錬金術師らにとり、普通の水銀は値打ちのない出来損ないの金属にすぎないが、賢者の水銀は特別で、『緑のライオン』とも呼ばれている」

錬金術師の仕事場

また、ラ・ヴォワザン関連の資料の中からは、賢者の石を称えるこんな詩が発見されている。

同属を黄金《こがね》に変える、栄えある金属。
その秘密は、ただ一滴《ひとしずく》の霊薬《エリキシル》にあるようだ
……深海が
この世のすべての金属の、溶けて流れるところなら
ただその一滴で、海底は、黄金色《こがねいろ》に染め上げられ
凝固してしまうことだろう。

さて、シャトゥイとその仲間だが、彼らが模索していたのは、水銀の凝固法だけではない。彼らは、熱を加えなくとも金を溶解できる方法についてもあれこれ試みていた。この方法が見つかれば、不老長寿の薬だって製造できるに違いない、と考えていたのである。
「液状の金は、健康や活力を復元し、老人を壮健にし、娘らの不健康で蒼白い頬を紅色にし、ペストを治す

……」

やがて、彼らは、水銀の凝固法にかわるあらたな方法、つまり、卑金属を貴金属に変質させるための粉末ないしオイルの製造法を模索しはじめる。溶解した卑金属にこの粉末ないしオイルを投入して貴金属にするというもので、当時おおいに話題になっていた方法だった。そして、ついに、その秘法を発見したと信じるにたる配合比率を、突き止めたのである。世界に冠たる、比率を。少なくとも、銀に関しては。

一六七六年当時、彼らは全員パリに住んでいた。結社には重要な協力者がさらに三名加わっており、それぞれが異なった肩書きの持ち主だったが、いずれも名の通った面々だった。名医として知られていたが実は偽医者のラベル、パリの銀行家で国王の秘書を務める大金持ちのピエール・カドゥラン、そして、高等法院の若手弁護士ジャン・テロン・デュ・クロゼルの三人で、クロゼルは、アンジュ街で、ヴァナンとホテル暮らしをしていた。〈アングルテール〉という看板を掲げる、こぢんまりしたホテルだった。

この結社の有利な点は、原料の精製を自由に行えることだった。そのための「ライセンス」をあらかじめ取得していたのである。偽医者だったとはいえ、ラベルの学識は相当なものだったらしく、しかもきわめて実質的だった。「ラベル水」は、彼が発明した薬品にほかならない。アルコールと硫酸を混ぜた水溶性の薬物で、出血時における収斂薬として現在も用いられている〔一九四九年、フランスの薬局方により「ラベル水」の販売は禁止された〕。ラベルは、薬用酒の製造販売も行っており、なんにでも効くというのが謳い文句のその広告文には、現代のおどろおどろしい宣伝文に勝るとも劣らないくらい華々しく、美辞麗句が連なっていた。カドゥランの役回りは、資金提供だった。

錬金術師の実像を、ジャン・ボダンは、きわめて的確に表現している。

「彼らは、植物から『賢者の水銀《クァンテサンス》』を取り出し、これを用いて、体のためになる霊験あらたかなオイルや水を製造するとともに、金属及び金属煉火《れんか》〔卑金属を貴金属に変えること〕の効能について、まことしやかに説いている。だが、そのクァンテサンスで、偽金も製造しているのだ」

他の共犯者とともに逮捕された時、カドゥランはパリの造幣局に権利契約書を取りにゆくところだった。偽のルイ金貨を造幣局で製造するつもりだったというのが歴史家たちの推論だが、筆者はむしろ、錬金術を用いて彼ら自身が偽造した製品を市場に流通させるためだった、と考えている。なぜなら、この時、彼らは、シャトゥイが突き止めた成分の配合比率に微塵《みじん》の疑いも抱いていなかったからである。その化学式に従ってヴァナンにより鋳造され、バシモンによりパリの造幣局に運ばれた銀の塊は、十一ドゥニエ十二グレーンで買い取られることになっていた。造幣局と権利書を取り交わすにいたったのは、造幣局の担当職員によるごく初歩的なミスが原因であり、この間の経緯についてこれ以上云々する必要はないだろう。なお、ヴァナンとシャトゥイが銅から作ったこの銀は、ホワイトメタルにすぎなかった。それでも、この成功は、彼らにとり、無限の光明を見る思いだったのである。ようやく開いた重い扉の向こうに広がる、無限の光明を。

ルイ・ドゥ・ヴァナン〔一六四七－九一〕が逮捕されたのは、一六七七年十二月五日の朝であったとされている。当初、陸軍卿ルーヴォワは、てっきりスパイが捕まったものと思っていた。だが、その正体は錬金術師だった。やがて、芋づる式に、テロン、カドゥラン、バシモン夫妻、ヴァナンの従僕バルトミナ、通称ラ・シャボワジエールが捕まる。翌七八年には、それぞれが別の監獄に送られ、ある者はバスティーユに、ある者はリヨン北方の城塞ピエール＝アン＝シーズに収監された。同じ頃、杳として行方の知れなかったシャトゥイは、ヴェルチェリ〔現イタリア、トリノ東方の町〕で、安らかに往生をとげていた。イングランドに移住していたラベルも、チャールズ二世から住居、食品、年金、山ほどの贈答品を下賜され、なに不自由なく暮らしていたが、その後、フランスに戻ったとたん、投獄される。

一味に、ルイ・ドゥ・ヴァナンが加わっていたことを知った時点で、筆者は、錬金術師と「賢者の石の研究家《フィロソフ》」により組織されたこのグループの実態を暴くことこそ、もっとも重要な課題であろうと考えた。

プロヴァンス出身の青年貴族、ヴァナンは、「ずば抜けて背の高い容姿端麗な男」で、宮廷に強力なコネがあった。当時ルイ十四世の寵姫として権勢を振るっていた、モンテスパン侯爵夫人の知遇を得ていたのである。その一方で、魔女のラ・ヴォワザン宅にも足繁く出入りしており、一時期、彼女の「黒幕」的存在でさえあった。錬金術師と魔女との橋渡し役を務めていたのがこの男で、彼自身、いかがわしい医療行為に異常なまでにのめり込んでいた。従僕のラ・シャボワジエールによれば、ある晩、主人の供をしてポワシー近辺の森に出掛けた時のこと、主人と連れの司祭は、「悪霊《エスプリ》」に呪いの言葉を吐いたり祈禱を捧げたりしながら、宝探しをしていた、という。

ヴァナンは、悪魔崇拝者だった。バスティーユに収監された時、慣例により、他の囚人と同じ房に入れられたが、彼には同伴する犬がいた。深夜になると、ヴァナンは、この白と焦げ茶のスパニエル犬の腹の上で祈りの言葉を唱え、祝別を行ったあと、おもむろに聖母マリア像の描かれた時禱書を取

り上げ、

「去れ、悪魔よ！　ここに汝の善き女主人がいる！」

と言いながら、聖母像を犬の背に押し当てるのだった。同房の者らがその行為をとがめると、

「たとえ神であれ、国王であれ、私の行為を妨げることなどできはしない」

と言い返した。なお、祝別とは、典礼において司祭が祓い清める行為をいう。

なぜ、ヴァナンは、こうもあからさまに神懸かった振る舞いをしたのか。これを考えるにあたり忘れてならないのは、彼がバスティーユに収監されていたこと、及び、自らの言動の帰結を認識していたに違いないことである。バスティーユでこうした狂信的な言動を恒常的に行えば、火刑台送りになるのは理の当然で、このことを彼が知らないはずはなく、それを覚悟の振る舞いであったと考えられる。

ただ、その人となりを知る者の間で、ヴァナンは、きわめて厚い信望を得ていたようだ。この点については、彼の使用人が主人に対する讒言《ざんげん》をのちに撤回した経緯からも、読み取れる。以下は、ニコラ・ドゥ・ラ・レニが残したメモ帳から見つかった一文である。

「ヴァナンの従僕ラ・シャボワジエールは、尋問中、モンテスパン夫人にあんな入れ知恵をした以上ヴァナンが八つ裂きの刑に処されるのは当然だ、と証言した。ところが、その後、彼はこれを取り下げたのである。いったんは尋問調書への記載に同意した自らの証言を、読み上げのさいにあらためて聴かされ、撤回したのだ」

(4) ラ・ヴォワザン

シャトゥイ及びヴァナンについで記しておかねばならないのが、カトリーヌ・デシェである。モンヴォワザンの妻で、通称ラ・ヴォワザン、魔女中の魔女として知られている女だ。

パリに、占いを生業とする女がいた……

と詩人ラ・フォンテーヌが記したのは、この女にほかならない。

「中には、そろそろ未亡人になるって卦が出てるんじゃないか、なぜってちかぢか別の男と結婚することになりそうだから、なんて聞きにくる女もいました。ていうか、ほとんどが、それだけを知りたくてやってきてたんです。手相を見て欲しいって訪ねてくる連中にしても、初めのうちは当たり障りのないことを聞いてくるけど、せんじつめりゃ、同じことが知りたいか、誰かから解放されたいって思いにせっつかれてきてただけのことで、そういう連中には、『あんたが解放されたいと思ってる相手は神様のお気に召した時に死ぬだろう』って言ってやることにしてました。だから、世間じゃ、あたしのことをたいした占い師じゃないって噂してましたよ」

とラ・ヴォワザンは、ラ・レニに述べている。ラ・ヴォワザンの召使い、マルゴは、あらゆる階層の人びとが占ってもらいにきていたと言い、

「ラ・ヴォワザンは、大勢の取り巻きに囲まれてて、今じゃそれが大きな輪っかになってますよ、お

手相を見てもらうパリジェンヌ

偉いさんからそうじゃない連中までひっくるめて」

と付け加えている。

パリジャンは、連れ立って彼女の家を訪れていた。彼らにとって、それは娯楽であり、ヴィルヌーヴ＝スュル＝グラヴォワのちっぽけな家を囲む庭の芝生では、同好の士が寄り集まる陽気な宴が繰り広げられていた。当時、ヴィルヌーヴは、パリの城壁とサン＝ドゥニ地区の間に位置する、まばらにしか人家のないようなところだった。女占い師をサロンでの集いに呼ぶこともよくあった。ちょうど、現代の上流人士が流行歌手を呼ぶように。

「あの頃のラ・ヴォワザンは、稼ぎまくってましたよ。毎朝、目が覚める前から客がわんさと待ちかまえてて、一日中ひきもきらず人が押し掛けてた。夜になりゃ、相手かまわず大盤振る舞いのどんちゃん騒ぎで、四、五年はつづいてましたね、そんなことが」

こうしてみると、ラ・ヴォワザンが、ミシュレの描く往年の魔女とは大違いだったことがわかる。

「魔女の住処《すみか》と言えば、あばら屋か廃屋で、人里を遠く離れた、不気味でいかがわしい場所にあった。つねに世間の白い目にさらされている呪われた女が住めるところなど、社会的に非難され追放された毒盛り女が住めるところなど、野生の低木しか生えない荒れ地以外に、あるわけがないではないか」

ラ・ヴォワザンは、今の金額にして年間十五万フランくらい稼いでいたが、そのほとんどが、夜な夜な繰り広げる派手な宴会費で消えていた。くわえて、愛人らを扶養していた。それも、王侯気取りで。自分の愛人が困窮状態にあるのは、沽券《こけん》にかかわるような気がしたからである。愛人の数は半端ではなく、筆頭がパリの死刑執行人、アンドレ・ギヨームだった。ブランヴィリエ侯爵夫人を斬首したあの男である。ギヨームは、すんでのところでラ・ヴォワザンの首をはねる羽目におちいるところだった。彼につづくのが、クスラン子爵、ラバティ伯爵、建築家フォーシェ、近所の酒屋のあるじ、魔術師ルサージュ、錬金術師ブレシ、その他大勢である。

言い添えておかなければならないのは、ルサージュ、ブレシ、ラトゥールの三人が、賢者の石にかこつけて、ラ・ヴォワザンから大金をしぼりとっていたという事実である。化学や工業の発展に強い関心を持ち、錬金術の可能性を本気で信じ込んでいたラ・ヴォワザンは、実業家気取りで、持ち掛けられた遠大な計画に助成金を出し、製造所の建設費を負担した。だが、結局のところ、彼らいかさま師の術中にまんまとはまり、金を巻き上げられていたのである。ラトゥールは、彼女が働いていた悪事の共犯者、というか兄貴分にあたる男で、「大将」と呼ばれていた。

気位の高いラ・ヴォワザンは、見栄えが良く箔が付くとなれば、どんなに高価な服でも金に糸目は付けなかった。占い師は、主客転倒を可能にする職業である。社会的地位がトップクラスの人びとでさえ、頭を下げて頼み込んでくることだって珍しくはない。それだけに、この職業に誇りを持っており、一万五千リーヴル――現行価格で七万五千フラン――もする服を着込み、ご託宣を言い渡していた。それは、特注で織らせた布で仕立てさせたコートとドレスのアンサンブルで、「王妃の式服」でさえこれほど見事な装飾はほどこされていない、と「パリ雀が騒ぎ立てた」ほどの代物だった。コートは、高価な毛裏付きの深紅のビロードで、金糸刺繍による「両翼を広げた双頭の鷲」二百五頭が一面に散りばめられていた。浅緑のビロードのドレスは、スカートがフランスレースでおおわれ、靴にも、両翼を広げた双頭の鷲の金糸刺繍がほどこしてあった。筆者の手元にある納入業者の勘定書によると、鷲の文様が散りばめられたコート用布地の製織代だけで、一千百リーヴル――現行価格で五千六百フラン――とある。

だが、大金持ちになったからといって、平素の行状が改まったわけではない。年がら年中酔っぱらっていたし、ルサージュとは魚屋のおかみも顔負けの悪態を吐《っ》きながら喧嘩をしていた。腹にすえかねた「大将」のラトゥールから何発も平手打ちをくわされたこともあれば、同業のラ・ボスと髪の毛をつかみ合っての大立ち回りを演じたこともある。

ラトゥールに関する裁判記録の中に、彼女にまつわるくだりがある。

「ある日、ラ・ヴォワザンと城壁地帯を歩いていたラトゥールに、彼女は夫のモンヴォワザンを殴ってくれと頼んだ。ラトゥールが杖で彼女の夫を殴っているあいだ、大将の帽子を持ってその様子をながめている彼女を見て、さすがのラトゥールもモンヴォワザンに哀れみをおぼえた」

この時ラトゥールは、モンヴォワザンの鼻に傷を負わせた。

その反面、ラ・ヴォワザンは、サン＝タムール大修道院長と親交があり、同院長宅を足繁く訪れていた。院長は、パリ大学の総長でもあり、厳格なジャンセニストとして知られる人物だった。また、娘の代母は、フランス王家の侍従長の妻、ラ・ロシュ＝ギュイヨン夫人〔一六四四－一六九〕だった。モラリストとして知られる『箴言集』の著者、ラ・ロシュフコーの嫁にあたる人物である。

夫のモンヴォワザンは、お人好しだったらしい。当時、モンマルトルには聖女ウルスラ(9)に奉じられた礼拝堂があり、この聖女には亭主に「活を入れなおす」特別な力がそなわっているとされていた。ただ、そのご利益を得るには、亭主がここで「九日間祈禱」をする必要があった。金曜の朝から九日間にわたり、ふがいない亭主が、自分の下着を持って連日この教会にかよい、祈りを捧げるのである。ラ・ヴォワザンは、これを実践すれば夫婦生活改善のご利益があると信じ込んでおり、亭主にまつわる悩みを訴えてくる細君には、まずもってモンマルトルにゆかせることにしていた。それが、自分の占い師としての真価を認めさせる一番手っ取り早い方法だ、と確信していたのである。自分自身のためにも、彼女はこの救済策を用いた。このため、夫のモンヴォワザンは、下着を小脇にかかえ、モンマルトルの丘にかよう羽目になるのだが、ご利益はなかった。どうやら、聖女ウルスラが骨惜しみをしたものと思われる。

愛人のルサージュが、ラ・ヴォワザンをそそのかした。モンヴォワザンを始末してしまえ、と。そこで、二人して買ってきた羊の心臓に「ルサージュがなんらかの処置をほどこし」、馬車通用門の裏にある庭に埋めたところ、突如モンヴォワザンが激しい腹痛を起こし、わめきはじめた。

「誰かが俺を亡き者にしようとしてる、こんな苦しい目にあわせるくらいなら、いっそピストルを一発ぶっ放してくれ」

後悔の念に襲われたラ・ヴォワザンは、神の許しを得るためアウグスティヌス修道会に駆け込んだ。悪事を告白して司祭から罪の許しを得たのち、聖体を拝領した彼女は、ルサージュに、モンヴォワザンに掛けた呪いを解くよう迫った。

ラ・ヴォワザンは、占いを稼業としはじめた頃のことを、ラ・レニに、ありのまま打ち明けており、そこに悪びれた様子はまるでない。今でこそ夫は無職だが、もとは宝石商で、その後マリー橋の上で小売業をはじめたものの、店舗を失ったあげく破産してしまった。このため、彼女が働かざるを得なくなり、これを機会に、「神さまがお与えくださったワザに磨きをかけることにした」のだという。

「そのワザってのが、九つの時から習い覚えた、手相占いと人相占いってわけで。けど、十四の頃から嫌がらせをされるようになっちまいましてね。宣教師《ミショネール》(10)どものせいだったんです。で、たまりかねて、司教さまのところにゆきましたよ、あたしのワザはやましいもんじゃないってことを説明しに。司教総代理が聞いてくれました、ちょうど司教座がカラの時で――そう、一六六四年のことです――、代理しきゃいなかったんです。そしたら、ソルボンヌの先生方のところにゆけって言われて、そこでも同じことを話したんだけど、その先生方も、あたしの言うことにケチなんて、これっぽっちも付けらりゃしませんでしたよ」

占いを稼業とするようになってから、ラ・ヴォワザンは手相・人相・占星術を猛勉強し、ついにはパリ大学の教授らと論じ合えるまでになっていたのである。彼女が占星術について教授らと議論するためソルボンヌに出向いた件については、ラ・ボスも証言している。

以上のように、ラ・ヴォワザンが占い師になったのは、多少ともゆとりのある生活を取り戻すためだった。同業者の一人、ラ・ルペールは、折にふれ、危ない橋は渡らないようにと新参者の彼女に注意していた。だが、

「あんたバカじゃない！　この不景気に、どうやってガキや家族を食わせるのさ。あたしにゃ十人もいるんだよ、食わせなきゃなんない人間が！」

と言い返すのがつねだった。事実、ラ・ヴォワザンは、逮捕されるまで、年老いた母親を扶養し、毎週金を与えていた。

人相術がワザの基盤だというラ・ヴォワザンの主張に、嘘はない。筆者自身、ラ・ヴォワザン関連の資料から、このテーマについて彼女が記したおびただしい数のメモと一編の論文を見つけ出している。「六本の不動の柱に支えられた人相論」と題されたその論文には、

「一、精神と肉体の共感。二、理性的動物と非理性的動物との関係。三、性差間の相違。四、民族間の相違。五、体質。六、世代間の相違。ただし、占いの過程で、運勢を示す前兆らしきものが見つかったとしても、たった一つの前兆に基づいて結論を下すべきではない。なぜなら、人間は、なんらかの心理的障害に冒されていることがままあり、この障害は、神のご加護があれば、当人の精神力によって、必ずや克服され得るものなのだから」

と記されている。

オーヴェルニュ地方屈指の名門貴族、ボーフォール・ドゥ・カニヤク伯爵夫人が訪れたさい、「仮面をかぶったまま手を差し出した夫人に、ラ・ヴォワザンは、人相も見る必要があるが、ビロー

ド越しに人の運勢を見立てるすべなど持ち合わせていない、と言った。そこで夫人は仮面をはずした……」。

ラ・ヴォワザンは、手相より人相の方が占いの精度は高まる、なぜなら、顔は、「激しい感情や重大な悩みを隠すのが難しいから」、と打ち明けている。

彼女は、人相見であるばかりか、すぐれた心理学者でもあった。だからこそ、読心術に自らのワザの基盤を置いていたのである。そのごく一例をご紹介しよう。

高等法院評定官の未亡人、マリー・ブリサールは、ある衛兵隊の隊長に惚れ込み、愛人として囲っていた。一六七八年、この男、すなわち、モンデトゥールの公爵、ルイ＝ドゥニ・ドゥ・リュバンテルが、副指揮官に昇進する。辛口の批評家、サン＝シモンは、リュバンテルについて次のように記している。

「それまでの彼は、卑屈な行いはさげすむべきものと心得ていたし、財産など歯牙にもかけず、清貧に甘んじるだけの精神力をそなえていた」

出陣ともなると、ブリサール夫人は、頭のてっぺんから足の先まで身支度を調えてやったうえで愛人を送り出し、戦地への送金も欠かさなかった。ところが、ある時期から、副指揮官が、夫人にすげない素振りを見せるようになる。財布の紐をさらにゆるめさせるためだったのだが、もう愛人に会えなくなると思い込んだ未亡人は、悩んだすえ、ラ・ヴォワザンのところに駆け込んだ。

ルサージュ立ち会いのもと、訴えを聞いたラ・ヴォワザンは、おもむろに呪文を唱えはじめる。一方、ルサージュは、「神々の聖なる場所にかけて、神々の化身にかけて！」という文言を繰り返しながら、杖で地面を叩き、庭を歩き回ったあと、

「ルイ＝ドゥニ・ドゥ・リュバンテルよ、全能の神に成り代わり、そなたに懇願する！　どうかマリー・ミロン（ブリサール夫人の旧姓）を探しにいってもらいたい、そして、彼女が全能の神の体と心と魂のすべてを所有し、全能の神が彼女以外の何者をも愛せないようにしてもらいたいのだ！」

と訳の分らないことを言っていた。

別のおり、ルサージュは、リュバンテルとブリサール夫人の名前を書いた紙を入れた小さな蠟燭玉を、夫人の面前で火中に投げ入れた。玉は、音を立てて破裂した。

しかし、いずれも、これといった成果はなかった。その後も、似たようなこけおどしの妖しげなワザが試みられたものの、いっこうに効き目はない。と、ある朝、ラ・ヴォワザンは、はたと思い当たる。そうだ、夫人は、毎日手紙を書いては小間使いに持たせ、リュバンテルのところに届けさせているではないか。そこで、嘆き悲しむ客に釘を刺した。

「今後は、どんなことがあろうとそんなくだらないことはしないように」

人の心理に通じていた、ラ・ヴォワザンならではの忠告であった。

「夫人が言われたとおりにしたところ、リュバンテル殿は彼女のもとに戻った。それまで連日届いていた未練たらしい手紙が急にこなくなったため、貴重な財源が枯渇するのを怖れたからだったのだが、夫人はラ・ヴォワザンがなにか特別なことをしてくれたに違いないと思い込み、十二ピストルを支払った」

この魔女は、あらゆるたぐいの打ち明け話を聞いていた。訪ねてきた初々しい恋人同士が、ときめきに頰を染め、愛の光に包まれながら、現実離れした夢を語ることもあれば、心配事を綴った手紙をよこす者もいた。いずれも、悩みを解決する方法を得るための相談であったが、もっとも多いのが、情のこわい「愛妾」の心根を和らげてほしい、あるいは、頑固一徹な父親の気性をたわめてほしいというもの。これにつづくのが、年増女の深情けに端を発した相談事で、彼女らは、一様に、自分を袖にして若い女に走った愛人に未練たらたらだった。究極は、野心満々の女をとりこにする金と名誉がらみの色恋沙汰で、これが、いずれ、われわれに、恐るべき「黒ミサ」の実態を知らしめることになる。

黒ミサを行うさい、ラ・ヴォワザンはいつも一人の司祭に補佐してもらっていた。かつてモンゴムリ伯の施物分配僧を務めていたギブール神父である。ぞっとするような容貌の「見るからに怪しげな年寄り」で、たるんだ皮膚の表面に青筋が何本も交差しているのが透けて見えた。

ラ・ヴォワザンの片棒を担いでいた頃のギブールは、サン＝ドゥニにあるサン＝マルセル教会の聖具室係で、黒ミサの時は、型どおり、白い式服に頸垂帯《ストラ》と腕帛《マニプル》を着けて行っていた。

「ミサは腹上で行われていたので、客は、全裸で、祭壇がわりに用いられているテーブルの上に仰向けになって両腕を広げ、それぞれの手に一本の蠟燭を持っていた」

服を脱がせたりはせず「胸のところまでまくり上げるだけ」の場合もあったが、いずれにせよ、聖杯はむき出しにされた腹の上に置かれ、パンと葡萄酒を奉献する段になると、幼児の喉を掻き切った。

ギブールが、生け贄となる子の首に太い針を突き刺すのである。死にかけた生け贄の血が聖杯に注がれ、これにコウモリの血や汚らわしい行為により得たその他もろもろの物質を混ぜ合わせたうえで、最後に小麦粉を投入して固める。こうしてできあがったパンを聖餅《ホスティア》として、祭壇に降臨した神に捧げ、祝別してもらうのだ。なお、この光景は、被告人らの尋問調書に基づいて、ラ・レニが再現したものである。

儀式を執り行うさいの慣行として幼い子供の生け贄を求めていたのは、黒ミサだけではない。ラ・ヴォワザンをはじめとする多くの女占い師も、子供を生け贄として大量消費しており、私生児を産んだ娘に捨てられた子や、貧しい女から買い取った子だけでは需要を満たし切れなかった。このように、極悪非道な殺人行為が生業として受け継がれてゆく中で、実の子の喉を掻き切った罪に問われた女占い師も一人や二人ではない。事実、ラ・ヴォワザンの娘も、出産間際に自宅から逃げ出し、無事出産してから戻っている。母親が信用できなかったからだ。以下は、ラ・レニが、ルーヴォワ宛てにしたためた書面である。

「思い出すのは、一六七六年の騒乱の件であります。この年、子供の誘拐事件に端を発した大規模な騒乱が、パリで巻き起こりました。喉を掻き切るために子供が誘拐されているという風聞に基づいて、民衆が蜂起し、不法集合や不法往来、暴動が数ヵ所で発生したのです。風聞の素因については解明されぬまま、誘拐の嫌疑をかけられた女らに対して、民衆がさまざまな暴力行為に及びました。このため、国王の命により、蜂起者――すなわち、魔女に抗議することを目的として集合蜂起した者ら――に対する裁判が行われ、一人の女が暴力行為を働いた罪で死刑判決を下されました。しかしながら、この女は、その後特赦を得ています」

ご多分にもれず、ラ・ヴォワザンも医療行為をしていた。関連資料の中には、顔の吹き出物を治すための処方や頭痛の治療法、「その効能によりウエストミンスター寺院の長老が百六十六歳まで生きた、というヘレボルス・エキス」の成分表などもあったが、専門は、助産、というより、堕胎の施術だった。なお、ヘレボルスは、根が下剤になる地中海地方原産のキンポウゲ科の多年草で、かつてはこのエキスが精神病に効く霊薬と考えられていた。

「ラ・ヴォワザンがご託宣を下すために使っていた部屋の上に、踊り場状になった中二階の空きスペースがあり、そこで中絶処置がほどこされていた。ご託宣部屋の背後には窯のある隠し部屋があり、その窯から焼けた小さな人骨が発見されている」

この窯の中で、幼子《おさなご》の遺体が焼かれていたのだ。ある日、ラ・ヴォワザンは、胸のつかえを吐き出すように、こんな自供をしている。

「月たらずで生まれた二千五百以上の遺体を、この窯で焼くか、庭に埋めました」

さらに驚くべきは、彼女が、赤子に洗礼を受けさせることにこだわっていた点である。この世に生を受けた子には、死ぬ前に、洗礼を受けさせてやるべきだと思っていたのだ。ある晩、仲間の助産婦ラ・ルペールがモンヴォワザンとご託宣部屋にいたところ、中二階から飛ぶように降りてきたラ・ヴォワザンが、嬉しそうに叫んだ。

「よかった！　あの子、受けられたんだよ、洗礼を！」

ラ・ヴォワザンとは、こういう女だった。極悪非道の女――名だたる魔女の中でももっとも質《たち》の悪い魔女として、ミシュレの脳裏に取り付いて離れなかった女――であり、当時、おおくの凶悪犯から無数の証言を聴取していたニコラ・ドゥ・ラ・レニさえも震え上がらせるほどの、恐るべき犯罪を重ねていた悪女でありながら、どこか風変わりで、つかみどころのない女だった。

筆者の手元に、ラ・ヴォワザンの肖像画がある。刑場に向かう囚人服姿の彼女を、歴史画家のアントワーヌ・コワペル〔一六六一―一七二二〕が描いたものだ。当時の人びとの証言によれば、小柄で小太りだが、かなりの美人だったらしい。並はずれて鋭く精彩のあるまなざしから、そのような評価がなされたようだが、コワペルの筆になる彼女は、ヒキガエルのようだ。おそらく、これは、画家の先入観がそうさせたものと思われる。

この種のスペクタクルに興味津々だったセヴィニェ夫人は、ラ・ヴォワザンが火刑台にのぼる姿を見て、

「彼女は悪魔に魂を売ったのです、唯々諾々と」

と記している。

しかし、ラ・ヴォワザンの死に立ち会った聴罪司祭によれば、彼女の最後は、キリスト教徒らしい、模範的なものだったという。

「あたしには大罪の責任があります、と彼女はきわめて素直に、きわめて真面目な態度で述べていた。神様がこの火焔から救い出してくださるかもしれないなんて、そんな大それた望みなんぞとてもじゃないけど持てない、大罪の責任が。どれだけ苦しんでも苦しみすぎることのないような罪を、ごまん

ラ・ヴォワザン（アントワーヌ・コワペル画）

と犯してきたんですから、と」

（5）　魔術師ルサージュ

ラ・ヴォワザンの片棒を担いでいたのは、おもにルサージュである。ただ、この男、魔女や魔術師、錬金術師の世界では異色の存在だった。一般に、魔女は信心深かったが、彼は信仰心など露ほども持ち合わせてはおらず、それを隠して彼女らとつるんでいた。彼のワザに救いを求め訪れていた上流社会の婦人らも、だまされていたことになる。

カン〔ノルマンディー地方の港湾都市〕近郊の小村ヴノワで生まれたルサージュは、本名をアダム・クーレといった。魔女のラ・ヴィグルーによれば、

「赤茶けた鬘をかぶった貧弱な男で、いつも灰色の服に分厚い毛織りの外套を着ていた」

という。クーレは毛織物商人だった。魔女らと顔見知りになった頃は、ドュビュイソンと名乗り、ラ・ヴォワザンには、いずれ彼女が未亡人になったら結婚しようと約束していた。だが彼自身もすでに結婚しており、バス＝ノルマンディーに妻がいた。一六六八年、邪悪な医療行為を犯した廉で逮捕、漕役刑に処せられるが、一六七二年に釈放。ラ・ヴォワザンが、保証人になったのである。恩赦状が届いたのは、彼の漕ぐガレー船がジェノバ港を目指して航行中のことだった。

自由の身になったクーレは、ルサージュという偽名を使ってパリに戻り、魔女らと共謀関係を結び直した。

セーヌ河畔の家禽市場とパン市場（1660 年頃）

ルサージュのワザの基本は奇術であり、こと奇術に関してはまれに見る才能の持ち主だった。魔女らもその並はずれた才能にたぶらかされ、彼が「降神術に関する知識」を完全に会得している、と思い込んでいたのである。だからこそ、彼女らも、稼ぎの良い仕事があるとルサージュに片棒を担がせていた。以下は、ラ・ヴォワザンの尋問調書の抜粋である。

「ルサージュは、ヴァレ・ド・ミゼール［セーヌ河畔メジスリー河岸の一角、ここで家禽が売られていた］で生きた鳩を買うと、これをベッド用の炭火《すみび》行火《あんか》に入れて焼き、その灰をふるいにかけてから、自分の仕事部屋に持ち込んだ。これがその後四十日間つづく儀式の始まりで、その間、彼は、毎日、足を水につけたまま、気温が氷点下になろうと、《主の祈り》を唱えるのだった。この儀式が終ると、テーブルに白いクロスを掛け、二本の蠟燭に火を付けさせるとともに、あらかじめ買わせておいたクリスタルのグラス三個を用いて、彼女［ラ・ヴォワザン］が見たことも聞いたこともない秘密めいた儀式を行う。そして、その三個のグラスに一枚のローリエをそえて戸棚に入れ鍵を掛けるよう彼女にうながし、鍵はそのまま持っているよう指示した。ほどなくして、言われるままに、彼女がグラスとローリエを戸棚から出しにいったところ、中は空っぽだった。今後彼女に貴重品のたぐいは一切あずけないと言いながらも、庭にいってみろと言うのでいってみると、庭にある小屋の中に三個のグラスが並んでいた。どうしてこんなことができたのかとたずねる彼女に、かつて自分は神託《シビラ》を告げる巫女の使徒兼付き添いだった、とルサージュは答えた」

別のおり、ルサージュは司祭の扮装をして、ミサもどきの儀式を行った。パンと葡萄酒を奉献する段になると、ラ・ヴォワザンと夫のモンヴォワザンをひざまずかせ、パンをちぎってそれぞれに一切れずつ与えた。

「そこまでは、以前、彼らに聖体拝領をした時と同じやり方だったが、そのあとに飲まされた聖水は、極上のリキュールだった。ルサージュによれば、彼らの気づかないうちにリキュールに変えておいたのだという」

こんなこともあった。

「室内装飾業者ルノワールの請求により、強制執行官がラ・ヴォワザン宅にやってきた時のことである。大急ぎでルサージュを呼びにやった彼女は、万事休すだ、戸棚にある聖餅《ホスティア》だけは、なにがなんでも始末しなければならないと言った。すると、時を移さず、ルサージュは、たまたまラ・ヴォワザン宅を訪れていたリュジニャン侯爵夫人を連れ出し、さあもうお帰りください、そして帰宅したらご自分のベッドに白いテーブルクロスを広げておくのです、私がこれからあるものをお届けしますからと告げた。言われたとおりにしたところ、問題のホスティアが、いつの間にか、侯爵夫人のベッドの上に置かれていた。ルサージュがそれを運ぶ姿を見た者は、いない」

ルサージュの行う魔術は、こうした奇術師としての腕の良さに裏打ちされており、それは客を驚嘆させるにあまりあるワザだった。常連を相手に、こんなこともやっている。まず、客たちに紙片を渡し悪魔《デモン》への頼み事を書かせる。と、各紙片をそれぞれ別の蠟燭に丸め込み、それらの蠟燭玉を火に投げ込むふりをする。そして、数日後、火焰の道を通して受け取った悪魔が送り返してきた、と言ってくだんの蠟燭玉を客らに見せるのだ。

ルサージュは、一六七九年三月十七日に逮捕された。一六六八年の邪悪な医療行為による逮捕につぐ、二度目の逮捕である。遠からず、われわれは、彼が司法官たちを前に行う供述の重要性に気づかされることになる。

(6) 火刑裁判所

このようにおぞましい犯罪が横行していることを知ったルイ十四世及びその重臣、警察長官たちの驚きは、想像にかたくない。当時の化学者や医学者には遺体を解剖しても毒の痕跡を見つけ出す能力がないことを知った時点で、彼らの危惧はさらに高まった。そこで急遽設置されたのが、この種の犯罪を専門に扱う特別法廷である。同法廷において、より迅速かつ集中的に事案が処理されれば、蔓延する悪徳犯罪の根絶に成功するかも知れない、と彼らは考え、これに期待した。こうして生まれたのが、名にしおう「火刑裁判所」である。

同裁判所の所長は、コンパンの伯爵、ルイ・ブシュラ〔一六一六－九九〕で、当たりの柔らかい、非常に良心的な人柄だとセヴィニェ夫人は評している。後年、大法官にまで上り詰めた人物だ。ラ・レニとともに予審検察官兼訴訟報告官の役職を任命されたブゾンの領主、ルイ・バザンは、アカデミー・フランセーズのメンバーだった。書記官役を命じられたのは、ラ・レニの私設秘書兼シャトレ裁判所常勤書記官、サゴである。

「特別法廷は、国務諮問会議のメンバーからなるエリートで構成されており、全員がすぐれた司法官として広く知られていた」

と歴史家のラヴェソンは記している。

同法廷が「火刑裁判所」と呼ばれたのは、その昔、重大な犯罪を裁くために特設された法廷に由来する。そこは、一面黒い壁紙におおわれた部屋で、たいまつと蠟燭のあかりでこうこうと照らされていた。

火刑裁判所で審理が開始されたのは、一六七九年四月十日のことである。この日、すべての審理は機密事項とすることが決定された。悪魔の仕業かと思わせるような犯罪の手口が一般大衆の知るところとならないように、との配慮からである。司法官たちは、そうした手口が波及することの恐ろしさを熟知しており、毒薬の調合法についても同様の配慮をする必要があった。

同裁判所における訴訟手続は、次のように執り行われていた。

予審検察官のラ・レニにより容疑者とみなされた者が、王令すなわち国王の封印状により逮捕される。封印状とは、今日の勾引状に該当するもので、被告人及び証人その他の関係者を勾引するために発する令状である。第一段階における被告人尋問は主席検察官〔旧制度下の最高法院管区において国王または体制側の利益を代表する官職、現在の検事長にあたる〕の管轄下にあり、共同被告人との対質〔訴訟において、相互の証言・供述に食い違いがある時、当事者同士を対立させ互いに弁明させること〕及び検真〔証人の供述の真否を照合点検すること〕の手続が行われるのは、主席検察官がこれらの手続を必要と結論づけ、求刑を申し立てた場合に限られる。求刑が申し立てられると、検察官たちが詳細な報告書を作成し裁判所に差し出す。裁判所は、主席検察官が提示した結論をもとに、被告人の「拘禁継続を命じる」か否かを決定する。拘禁継続を命じられた場合、被告人は囚人として引き続き拘禁され、審理が続行される。審理が終了した時点で、被告人に関するすべての証拠書類が裁判官の前で読み上げられ、主席検察官が、無罪判決とすべきか有罪判決とすべきかについて意見陳述を行う。被告人は、最後にもう一度尋問台にすわらされ、裁判所が言い渡す最終判決を聞かされる。

火刑裁判所の本拠は、アルスナル宮[11]に置かれることになった。一六七九年四月十日の第一回から一六八二年七月二十一日の最終回までに、半年あまりの休廷期間を挟んで、二百十の審理を執り行っている。休廷されていたのは、一六八〇年十月一日から一六八一年五月十九日までの間で、その理由については、いずれお話しするつもりである。

同裁判所は、被告人四百四十二名のゆくすえを審理し、三百六十七名に逮捕令を発した。これらの逮捕者中二百十八名が拘置期間を延長され、そのうちの三十六名が死刑並びに通常及び特別審問刑を宣告のうえ処刑され、二名は獄中で自然死、五名はガレー船送りとなり、二十三名は追放されている。

アンリ四世治下のアルスナル宮、1631 年以降特殊な犯罪を裁く法廷と定められた。

なお、もっとも凶悪な犯人らの周辺には多くの共犯者のいることが発覚したものの、これらの者を審理することはできなかった。その社会的地位が高すぎたからである。

被告人の中には、獄内で自殺した者もいる。そのうちの一人、ラ・ドデは、三十五歳のとても美しい女だった。ラ・トリアノンと一緒に逮捕されたこの魔女は、第一回目の尋問後、ヴァンセンヌの主塔《ドンジョン》内で喉を掻き切って死んだ。十六世紀以降、国事犯の監獄として用いられていた塔である。

「一番大きな傷口に下着を巻き付けていたが、そこから大量の血が流れていた。朝食を与えるため部屋の扉を開けたら、死んでいた」

火刑裁判所において審理された事件は、いくつかのパターンに分けられる。

《その一：ドリュー夫人の場合》

ドリュー夫人は、高等法院主任審理官の妻だっ

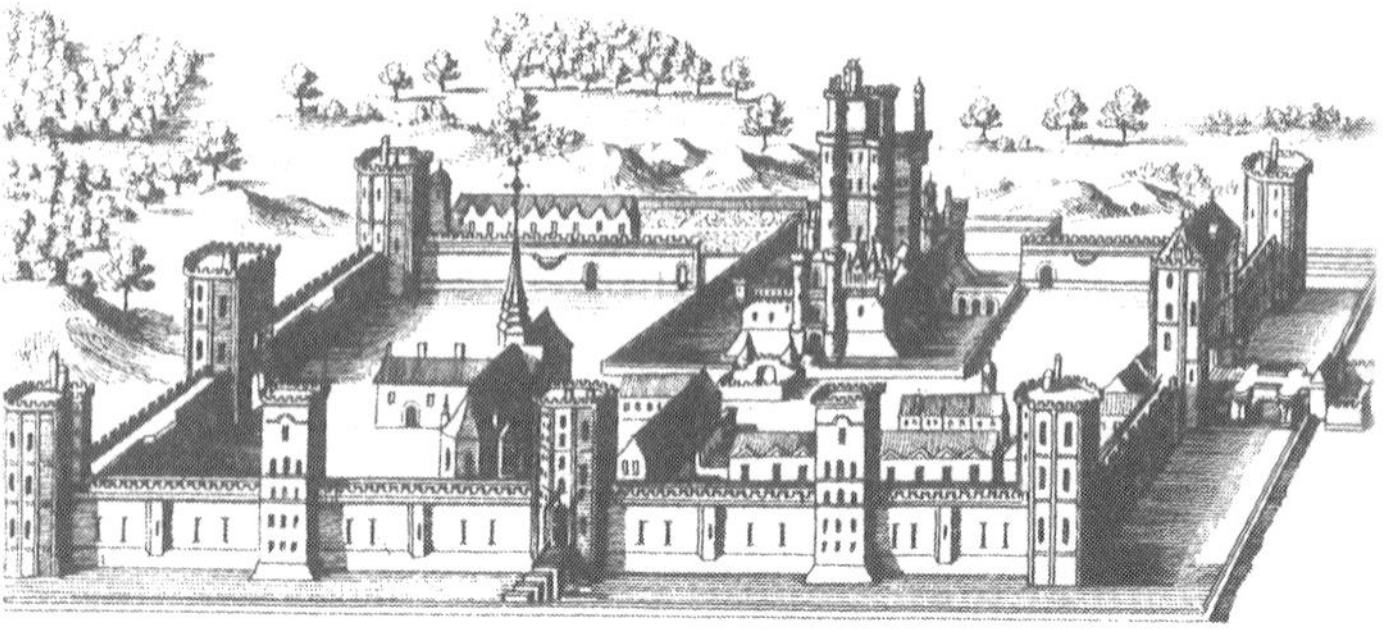

ヴァンセンヌ城、中央奥がドンジョン。16世紀から1784年まで国事犯の監獄として用いられていた。

た。まだ三十にも届かない美女、それも楚々として可憐なたたずまいの、それは魅力的で気品のある女だった。当時火刑裁判所に拘禁されていた魔女の一人、ラ・ジョリの供述によると、夫人はリシュリュー殿[12]を熱愛していたという。ルイ十三世の宰相、リシュリュー枢機卿の遠縁にあたる人物である。

「リシュリュー殿が誰かに気があると知ると、すぐさまその相手を追っ払おうとしてました」

しかも、夫人は、パジョ殿及びヴァレンヌ殿だけでなく、そのほかにも大勢の人を毒殺しており、愛人の一人を殺したのは、別れ話のいざこざから逃れるためであり、自分の夫を毒殺しようとしただけでなく、リシュリュー夫人まで呪い殺そうとしていた、というのだ。

ラ・ジョリのこの発言はパリ中に広まり、社交界は――あきれたことに――この話題でおおいに盛り上がった。妻に浮気されたあげく殺されかけたドリュー殿が、衆人の前で冷罵を浴びせかけられるさまを眺めるのは、この上なく愉快な幕間劇だった、とセヴィニェ夫人は放言している。

ドリュー夫人は過剰なほどに愛敬のある魅力的な女で、しかも、同裁判所で裁判官を務めているオルメソン殿とフォルティア殿の従妹だった。結局、司法官たちは、収監されていたドリュー夫人を、譴責処分で済ませることにした。一六七九年四月二十七日のことである。この軽い処分に、傍聴席にいた彼女の友人知人は大喜び。警察長官に向かって、それみたことかと嘲笑し、公然とののしった。身分の上下にかかわりなく厳格にことを進めるラ・レニに、かねてから反感を抱いていたのである。

「ドリュー殿とその一族は、うちそろってアルスナル裁判所に彼女を迎えにゆきました」とセヴィニェ夫人は記している。晴れて自由の身となったうら若い夫人は、上流社会の人びとに諸手を挙げて迎えられ、ちやほやされた。

「それは、彼女の家族や友人知人にとり、またとない喜びであり、勝利であり、親愛の情を最大限に交わし合う好機でした。この事件では、リシュリュー殿が、終始、持てる力を存分に発揮しました」

恐れ入るのは、収監されていたヴァンセンヌの塔を出たドリュー夫人が、またもや魔女どもに手蔓を求めたことである。彼女は、イエズス会教会でラ・ジョリと落ち合い、毒薬を注文し、受け取った。リシュリュー殿が「思いを寄せている」、ある人物を毒殺するために。

魔女のラ・ジョリが逮捕されたのは、この取引の最中だった。彼女の供述後、ドリュー夫人再逮捕の命が下るが、あらかじめこれを知らされた夫人は逃亡。当人欠席のまま裁判が行われる。この間、夫のドリュー殿とリシュリュー殿が、夫人を救うべく、相たずさえて有力者に懇願して回る姿を、人びとは目撃している。

だが、今回は譴責処分で済ませるわけにもゆかず、国外追放の刑が宣告される。一六八二年一月二十三日のことだった。ところが、国王は、夫人がフランスに居住することを許したのである。パリ以外の土地で暮らしてはならない、夫以外の者と暮らしてはならない、という条件付きで。

《その二：ルフェロン裁判長夫人の場合》

ルフェロン夫人も法曹界に属する人物だったが、ドリュー夫人に比べると、より厳しい局面に立たされていたようである。

高等法院評定官の娘である夫人は、結婚後も旧姓、マルグリット・ガラーを名乗っていた。高等法院第一予審部部長を務める夫のルフェロンは、一六六一年度版『高等法院名簿』において、次のように紹介されている。

「自らの意見に基づき、確固たる判断を下す良心的な裁判官であり、重大な理由もなく意見を変えたり、好悪の感情や先入観にとらわれたりすることのない、規律を好む、誠実で打算のない人物である」

なにものにも左右されることのない性格は、フーケ裁判のさいに示した同財務卿に対する寛大な姿勢にも見てとれる。だが、ルフェロン夫人は、夫を退屈でケチで、しかも――なんと言うべきか？――機能不全な男とみなしていた。当時、夫人はすでに五十路を越えていたが、プラド殿なる人物に首っ丈になり、プラド殿の方は、夫人の財産に惚れ込んだ。そこで二人は、ラ・ヴォワザンを頼ることにし、夫人は、夫を殺すための毒薬を注文し、プラド殿は、愛人の気持ちをつなぎ止めるための魔術を注文。ラ・ヴォワザンは、望み通りのものを与えた。つまり、薬瓶を夫人に、ルフェロン夫人を象った生蠟を情夫に渡したのである。プラドは、ブリキの箱に入れられたこの蠟人形を受け取るにあたり、二万リーヴルの手形を切った——現行価格で十万フランにあたる。ただ、夫人の心を搔き立てるためには、時おり、人形を暖める必要があった。

毒薬の効き目はなかなかのもので、一六七九年九月八日、ルフェロンが息を引き取る。蠟人形の方も効力を発揮し、ルフェロン夫人はめでたくプラド殿と結婚した。当時の二人の様子を、ほぼ十年後に、ラ・ヴォワザンが証言している。一六八〇年二月二十日、火刑台の踏段をのぼりかけていたラ・ヴォワザンが、裁判所の書記官サゴに告白したのだ。以下は、その記録である。

「ルフェロン夫人が彼女［ラ・ヴォワザン］をたずねてきたのは事実である。未亡人になれた、と大喜びしていた。そこで、水薬の効き目をたずねたところ、『薬が効いたのかどうかわからないけれど、とにかく、死んじゃったわ！』と夫人は言っていた。プラド殿も大喜びで、『従僕を三、四人従えて』新品の四輪馬車に乗り、パリの街を走り回っていた」

喜びは束の間だった。新婦は、新郎が「前夫からの遺贈分」を巻き上げることしか考えていないことに気づき、新郎も、新婦が今度は自分を毒殺しようとしていることに気づいたからである。新郎は、知り合いのトルコ人宅に逃げ込んだ。

一六八〇年四月七日、ルフェロン夫人に下された判決は、パリ・ヴィコンテ地区からの所払い、及び、一千五百リーヴルの罰金であった。この判決は、どうみても厳しいとは言い難い。ましてや、ルフェロン夫人による夫毒殺の件に関しては証人が十三、四名以上いる、と大臣のルーヴォワがルイ十四世に書面で報告していた点を勘案するなら、なおさらである。

《その三：プレヨン夫人の場合》

ドリュー夫人とルフェロン夫人があきれるほど寛大な判決を得られたのは、プレヨン夫人のおかげだった。

マルグリット・ドゥ・ジュアンは、ボルドーの名家に生まれた。まだ少女の頃パリに上京した彼女は、神秘学に熱中し、錬金術師らのもとに足繁くかようようになる。やがて、シャンパーニュの河川森林監督官アレクサンドル・ドゥ・プレヨンと結婚。年こそ離れていたが、プレヨンは大金持ちだった。当時の人びとは、プレヨン夫人の美貌と聡明さ、物腰の優美さを、口を揃えて称讃している。

ところが、不運にも、彼女は、ラ・リヴィエールなる人物と知り合ってしまう。それというのも、ラ・リヴィエールは、上流社会の女たちから金を巻き上げることにかけては並々ならぬ才能を有する男だったからである。もっとも、十七世紀当時、このたぐいの才能は、今日ほど信用の失墜につながるものではなかった。お人好しのプレヨン殿も用心深くなり、財布の紐を締め、タンスの引出しに鍵を掛けるようになる。このため、夫人は金策に駆けずり回る羽目になり、椅子やソファー、「金色《こんじき》に輝くイギリス製木目織《モアレ》のダブルベッド」、銀食器セットなど家財ばかりか、夫の礼服まで売り払ってしまった。激怒した夫――こんなことをすれば誰だって怒るだろうが――は、身支度に必要とする金さえ妻に与えなくなり、ドレスやリボンは彼自身が買い与えた。

困り果てた若妻は、魔女のラ・ヴィグルーに相談を持ち掛ける。愛人のために金が入用だったたし、そのためには小うるさい夫を厄介払いする必要があったからだ。夫人がまず思い付いたのは、なんとも無鉄砲というか安直な襲撃計画で、これを実行するには刺客の二、三人も雇えばすむはずだった。「一人が書斎にいるプレヨンの首を絞めている間に、もう一人が窓から財布を投げる、そして、夫人の役目は刺客を入れるために書斎の扉を開ける、って段取りでした」

とラ・ヴィグルーは述べている。

河川森林監督官を生け捕りにして誘拐するという案も浮上し、プレヨン夫人は、いつでも実行できるよう準備万端ととのえていた。しかし、助っ人が見つからず不首尾に終わった。

ラ・ヴィグルーに見切りを付けたプレヨン夫人は、マリー・ボスをたずねることにする。初対面から、ボスの方がずっと仕事熱心で、腹が据わっているように思えた。しかし、「好々爺」の夫を厄介払いしようと執念を燃やす夫人のようすには、百戦錬磨のボスでさえ怖気《おぞけ》をふるうほどだった。彼女に致死量を一括して渡すのはまずい、そんなことをしようものなら容量をいちどきに与えかねず、物議を醸す恐れがある。そう考えたボスは、慎重を期して、下着からはじめることにした。これは、魔女が用いる毒殺法の中でももっとも恐ろしい手段の一つである。夫の下着は砒素で洗われた。こうすれば、外見的にはなんの変化も見られない。砒素を仕込んだ下着を付けさせられた夫は、ほどなく、下腹部と両脚の付け根に耐え難い炎症を起こす。世間では、夫が放蕩の産物である恥ずべき病にかかったものと受け取り、なんてお気の毒な、と妻を慰めた。浣腸にも砒素が混入された。周知の通り、当時の人びとは浣腸を頻繁に用いていた。死を早めようと、ワインやスープにも砒素を混入。プレヨン夫人とラ・ボスが落ち合っていたのは、カルメル会修道女教会である。若妻は、毒薬入りの瓶及び下着に毒薬を染み込ませる作業の代償として四千リーヴル——現行価格で二万フラン——を支払った。

ある日、この毒殺計画を知らせる匿名の手紙が、夫のプレヨン宛に届く。万事休す。ことは急を要したが、手を貸してくれそうな使用人はいない。業を煮やした夫人は、数名の兵士を雇い、街道の指定場所で夫を待つよう指示した。そこがもっとも夫を撲殺しやすい場所のはずだから、と。兵士らは、金を受け取るやプレヨンのもとに急行し、一部始終を告げた。堪忍袋の緒が切れた夫は、妻を修道院に幽閉し、シャトレ裁判所に告訴。即刻、彼女を逮捕すべしとの「令状《デクレ》」が火刑裁判所から発せられた。

険悪な事態になりそうだと察した愛人のラ・リヴィエールは、すべてを犠牲にして尽くしてくれたプレヨン夫人を見捨てて、ブルゴーニュに遁走。コリニー夫人、すなわちルイーズ・ドゥ・ラビュタンのスカートの陰に隠れた。かの有名な風刺作家ビュシー゠ラビュタン[13]の娘である。ところが、数年前コリニー侯爵と死別し、未亡人となっていたこの女性が、逃げ込んできたプレヨン夫人の愛人に心を奪われてしまう。

立てつづけに入ってくる訴訟経過を、新しい恋人に逐一報告するラ・リヴィエール。惚れ込んでいたとはいえ、元愛人の不幸を面白おかしく自分に話して聞かせる男の態度に、未亡人は衝撃を受ける。

「たとえそのご婦人の不幸が貴方にはもうなんの関係もないとしても、わたくしは貴方を独り占めにして得意になどなってはいられませんわ。聞くところによると、その方はとてもご立派な方で、貴方を今も、そしてこれまでもずっと愛していらしたというではありませんか?」

「クルシーの領主、ラ・リヴィエール侯爵」を名乗るこの二枚目は、事実、ラングル〔フランス東部、現シャンパーニュ゠アルデンヌ地方の都市〕の司教、ラ・リヴィエール神父の非嫡出子だった。

プレヨン夫人に対する最終尋問が開始されたのは、一六七九年五月五日のことである。主席検察官は、彼女に対し、拷問刑及びグレーヴ広場における死刑を求刑した。しかしながら、司法官たちの脳裏には、三年たった今も、ブランヴィリエ侯爵夫人のあまりにも模範的、という以上に、あまりにも胸に迫る死に様が焼き付いており、これが彼らに、悔恨の念にも似た思いを引きずらせていた。しかも、裁判官たちの尋問に応えるプレヨン夫人の態度は、ブランヴィリエ侯爵夫人よりはるかに気品があり、神の手にすべてをゆだねるさまもよりひたむきで、あきらめの境地にも乱れはなく泰然自若としていた。法にたずさわる面々の葛藤は激しく、この可憐な頭部を打ち落とさせる気にはどうしてもなれない。

「才気煥発で、死を少しも怖れてはおらず、死をまぬがれるだろうとも思っていないこの女性は、尋問の間も、終始、機知に富んだ受け答えをしていた。裁判官諸氏は、そんな彼女に感服し、憐憫の情を禁じ得なくなったのである」

とサゴ書記官は書き留めている。

ラ・レニも、並み居る司法官が、

「被告席にいるにもかかわらず、自らの煩悩と犯した罪について当意即妙な語り口で説明する、その知的で優雅な物腰に感銘を受けた」

と記している。サゴはまた、こんな指摘もしている。

「裁判官諸氏は、四時間あまりにわたり意見を述べ合った。とりわけ上流階級の婦人となんらかの縁故関係にある人びとは、プレヨン夫人を弁護するか、あるいは、少なくとも、彼女に科される法的責任の軽減を、あからさまに司法を傷つけることなく、図ろうとした。彼女の法的責任の軽減についてもっとも詳細に論じたのは、フューベ殿である。彼は、生来の能弁を駆使して論理を展開し、六名の裁判官中三名が死刑案に賛意を表明していたにもかかわらず、彼らの意見をひるがえさせ、プレヨン夫人の命を救った。それは、ドリュー夫人やルフェロン夫人その他の囚人にとり、なんともありがたい判例となったが、事実上、これを境に、火刑裁判所は、かつての気迫を失い軟弱になってゆく」

しかし、「難問はこのあと発生した」とラ・レニは綴っている。

「死刑ではなく国外追放刑を宣告されただけだと知ったプレヨン夫人を、説得しなければならなくなったのである。それというのも、夫人自身、居並ぶ裁判官を前に、自らに死刑の判決を下していたからだ。自らの犯罪を死によってあがなうことにより、自分がかかえていたその他もろもろの煩悩からも一挙に解放されることになるわけで、こんなに嬉しいことはない、と彼女は明言していたのである」

三年後の一六八二年七月、本人からの請求に基づいて、彼女の刑罰は加重され、国王の命令、すなわち封印状により、アンジェの悔悛者用刑務所における拘禁刑とされた。

一方、元恋人のラ・リヴィエールは、コリニー夫人を身ごもらせたうえで、平然と彼女を妻にした。ほどなく、ビュシー゠ラビュタンとその令嬢、つまりラ・リヴィエール夫人となっていたルイーズ・ドゥ・ラビュタンは、この男の人間性に幻滅し、関係を断ち切ろうと模索しはじめるのだが、男はこれに抵抗。ラ・リヴィエール夫人は、夫と別れたいのであれば、莫大な年金を彼に支払う義務があるとの判決を受ける。

一六七九年五月五日、プレヨン夫人に国外追放刑が下された時、貴族社会は沸いた。しかし、ただの追放刑でお茶を濁したこの判決は、その後長い間、市民社会に不満をくすぶらせつづける要因となる。直後の七九年五月十五日に、ある市民階級の女性がきわめて厳しい判決を受け、処刑されたからだ。資産家ブリュネの未亡人で、のちにフルート奏者フィルベール・ルビエの妻となった人物である。人びとは、彼女に対する判決は不当に厳しすぎる、彼女の犯した罪は、プレヨン夫人はもとより、その後に裁かれたドリュー夫人やルフェロン夫人のそれに比べてもずっと軽いのに、とささやきあった。

《その四：ブリュネ未亡人の場合》

彼女は、シテ島のサン＝ランドリー巷に居を構える大金持ち、ブリュネの妻だった。ブリュネ夫妻宅にはいつも大勢の客が押し掛けていた。同家では、素晴らしい音楽を聴くことができたからである。国王付きの音楽家で、当時人気沸騰中のフルート奏者、フィルベール・ルビエが、常時演奏していたのだ。あるじのブリュネは音楽家の才能に魅せられ、奥方は音楽家の明るく快活な気質に惹かれていた。ブリュネはいつも豪華な食事を用意させていたし、奥方も心をこめて迎えてくれたので、音楽家は、情熱的に演奏することで、この二重のもてなしに応えていた。三者三様に味わう至福の時は、フルートの妙なる調べに乗ってその後も長くつづくはずだった。フィルベールに惚れ込んだあるじのブリュネが、莫大な結納金を付けて娘を嫁にやろうなどという気になりさえしなければ。また、結納金と娘に惚れこんだフィルベールが、この申し出をいそいそと受け入れたりしなければ。

ことのなりゆきに怒り、断固反対するブリュネ夫人に、フィルベールは、この結婚について司教区公証人に相談したこと、また、金と引き替えに、婚儀を整えるための徴税布告書を取得する見通しも立ったことを伝え、理解を求めた。あとは婚約式を待つばかりである。絶望の淵に沈んだブリュネ夫人は、ラ・ヴォワザンに悩みを打ち明けることにした。

「たとえ十年間罪の償いをしなくてはならないとしても、神は夫のブリュネをお召しくださらなければ困る。なぜなら、最愛のフィルベールが娘の腕に抱かれているのを見るなんて、とても耐えられないから」

という意味のことを夫人はラ・ヴォワザンに言い、ついには、庭を見せると言って、愛人まで連れていった。

なんでもその女は手相も見るということだったが、

「彼女が何者なのか存じません。その時、女は泥酔していて、口もきけませんでしたので」

と、フィルベールは法廷で申し立てている。

尋問のさい、ラ・ヴォワザンは、ブリュネ夫人の行動について語ったうえで、

「ほかにもいろいろあるけど、そんなこまかいことまで話すつもりはこれっぽっちもありゃしませんよ。そんなことをするくらいなら、剣で胸を突かれた方がましだ。だって、それは、聴罪司祭に打ち明けることで、裁判官じゃないんだから」

と、付け加えた。

バスティーユ資料館の古文書研究家、フランソワ・ラヴェソンは、ラ・ヴォワザンによるこの重大な発言を出版するにあたって、次のような解説をしている。

「この『こまかいこと』について、ラ・ヴォワザンは、後日、ラ・レニ殿に打ち明けた。その結果、これが、フィルベールの人となりに対する評価を高めるものであることが判明。ほどなく、その内容が裁判官たちによりつまびらかにされたため、このフルート奏者に対する人気はいやまさり、出獄後、彼は、宮廷の貴婦人だけでなくパリジェンヌからも引っ張りだこになった」

ただ、実際に仕事を請け負ったのは、ラ・ヴォワザンではなく、マリー・ボスである。彼女は、二千リーヴル——現行価格一万フラン——で、依頼を実行。一六七三年、ブリュネは毒殺され、フィルベールはその未亡人を妻にした。

新郎は、裁判所で、

「娘ではなく母親と結婚すべきであるという友人らの助言もあり、契約書にご署名くださいました国王の祝意のもと、彼女と結婚いたしました」

と、わるびれることなく証言している。

一六七九年五月十五日、フルート奏者の妻は有罪判決を受けた。最後に一目だけ夫と子供らに合わせて欲しいと懇願したが、聞き入れられることなく、生きながら片手を切断されたのち、絞首刑に処され、遺体は火中に投げ込まれた。フルート奏者をひいきにしていたルイ十四世は、罪悪感を覚えるようならフランスを去るよう助言したが、情に厚いフィルベールは、自首すべく、ヴァンセンヌに出頭する。彼なりの、騎士道精神にのっとった行動であった。一六八〇年四月七日、フィルベール・ルビエに無罪判決が下る。

（7）ルイ十四世と毒殺事件

火刑裁判所が事件の追跡範囲を広げればひろげるほど、当然のことながら、捜査領域は拡大した。問題なのは、その方向が社会の上層部へと波及していったことである。そして、徐々にではあるが、通常では起こり得ないような懸念——というか、予想だにしなかった危機感——が生じるようになる。それというのも、今や恐怖におののいているのは、毒殺者ではなく、司法関係者の方だったからだ。火刑裁判所で続行中の審理を止めさせようとする輩が続出するようになり、たとえば、ある上流階級の婦人は、こんな裁判の訴訟書類など裁判官ともども火をかけて燃やしてしまうべきだ、と触れ回っていた。このため、ラ・レニまでもが、主要被告人らが拘置されているヴァンセンヌの主塔《ドンジョン》に出向くさいは護衛を付けてもらいたい、と要請せざるを得ない事態に立ちいたる。セヴィニェ夫人は、ラ・レニに関する記述の中で言い切っている。

「彼がいまだに生きているということ自体、この世に毒殺者など一人も存在しないということの証です」

一六八〇年二月四日、陸軍卿ルーヴォワは、火刑裁判所所長ブシュラに、

「数日前に布告された火刑裁判所令を機に、パリに空言が流布していることをお知りになった国王陛下は、以下のご趣旨を貴殿に伝えるよう仰せになった。すなわち、それは、貴殿が、諸裁判官に、彼らの身の安全は陛下が守ってくださる旨を保障すること、並びに、彼らが今後とも裁判を厳正に続行

することを陛下が期待しておられる旨を知らしめること、である」

と通知した。

ついで、ルイ十四世は、火刑裁判所所長ブシュラ、訴訟報告官を務めるラ・レニとバザン、主席検察官ロベールの四名をヴェルサイユに召集する。

「昼食後、陛下は、きわめて力強く明快なお言葉で、私に念を押された。公正な裁きを行うとともに、われわれ司法官はその責務を果たすべし、と。また、陛下がわれわれに望んでおられるのは、臣民のために、毒薬売買に関する実態を可能な限り把握しこれを根絶することであると表明されたうえで、いかなる身分の上下、性別をも問うことなく、厳正な裁きを行うよう、われわれにお命じになった。それも、じつにきっぱりとした口調で仰せになったのである」

とラ・レニは記している。

その力強い決意表明に接し、ラ・レニの心は、国王に対する信頼と熱い思いで満たされるとともに、国王の並々ならぬ気概が、課せられた重責を完遂しようと邁進している彼に勇気を与えた。この時期、彼がなによりも必要としていた勇気を。それというのも、彼は、驚愕すべき情報を小耳に挟んでいたからである。

ヴェルサイユ宮廷で側近の配置換えが唐突に行われたのは、この驚愕すべき情報に由来するものだったのだろうか？　配置換えが行われたのは、ラ・ヴォワザンに対する拷問刑が宣告された直後のことであった。ほどなく、その拷問刑は実施されたが、あくまでも形式的なものでしかなく、この事実を知ったラ・レニは、ひどく腹を立て、

「拷問など、ラ・ヴォワザンは受けていない。彼女に対してこのような処置が執られてしまっては、なんの効果もないではないか」

と、怒りを込めて書き付けている。

ラ・レニは、つんぼ桟敷におかれていたのだ。上層部には、ラ・ヴォワザンが真実を暴露してしまうことを危惧する者がいた。それまで口の堅いことで知られていたラ・ヴォワザンだが、拷問の責苦に耐えきれず、よけいなことまでしゃべってしまうことを怖れた彼らが、拷問執行人らに手心を加えるよう命じていたのである。裁判官たちにも、ラ・レニのあずかり知らぬうちに、同じ趣旨の命令が伝えられていた。このため、拷問執行人らによる尋問はいかにも手ぬるいものだった。しかし、すでに深い悔恨の念にとらわれていたラ・ヴォワザンが決意したのは、まさにその直後のことである。ほどなく、我が身は聴罪司祭の手にゆだねられるはずだ、その前になにもかも言ってしまおう、自分の口からすべてを白状してしまおう、と腹をくくったのだ。

「良心の呵責から逃れるためには、自ら罪を認めて、洗いざらい白状する必要がある、と彼女は考えたのである。身分の上下を問わず、社会のあらゆる階層の人びとが殺人手段を求めて彼女のもとに押し掛けてきたこと、また、こうした犯罪の最大の動機は放蕩であることを申し述べておく必要がある、と考えたのだ」

だからといって、尋問が行われなくなったわけではない。ラ・ヴォワザンの処刑後も、ルサージュやギブール神父、娘のマルグリット・モンヴォワザンら、共犯者に対する尋問はつづけられていた。

一六八〇年八月二日、ルイ十四世は、滞在先のリールから、ラ・レニに宛てて次のような書状を送っている。

前月十二日、ヴァンセンヌの我が城において、マルグリット・モンヴォワザンが行った供述を検討のすえ、我が意図は下記のごとくである旨を伝えるべく本状をしたためる。同人の供述に含まれるすべての行為を解明すべく鋭意努力するとともに、その供述の検真、対質、並びに、その供述に関して行われるであろう審理に関する一切を、別個の記録簿に記載させるべく留意すべし。なお、ロマニ及びベルトランの尋問調書については、アルスナルにおいて開廷中の我が国王裁判所への提出を延期すべし。

こうして、ルイ十四世は、火刑裁判所の管轄下にある書類から、ラ・ヴォワザンの娘並びにロマニ及びベルトランの供述記録を分離するよう命じた。ロマニとベルトランは、いずれおおいに話題となる火刑裁判所の被告人である。一方、ルーヴォワは、軽率にも、知っていることを洗いざらい話したら命を助けてやる、とルサージュに告げ、ルサージュは、身の毛もよだつような話をした。そこで下されたのが、この男には虚言癖がある、これ以上この者の話に耳を傾けるな、という命令であった。が、ほどなく、魔女のフランソワーズ・フィラストルにより、ルサージュの発言が真実であることが証明されてしまう。拷問刑のさなかに、彼女が口を割ったのだ。彼女に対する拷問は、一六八〇年九月三十日及び十月一日の両日、規定通りに行われたもので、とりたてて厳しい手法が用いられたわけではなかった。フィラストルの供述は、ルイ十四世の耳にも届く。それは、国王にとり、青天の霹靂にも等しいものであった。

一六八〇年十月一日、すなわち、フィラストルに対する二日目の拷問の日をもって、火刑裁判所での審理は停止された。

国務諮問会議台帳に、大法官ル・テリエ[14]による署名付きの、次のような記載がある。

国王は、フランソワーズ・フィラストルに対する拷問調書をご検討のうえ、同調書に記されている特定行為の謄本への掲載許可を発するのは望ましくないとのお考えを示された。謄本の作成は、今後、アルスナル裁判所においてその記載事項を前例として用いるために行われるものであり、当該特定行為が前例とされることは、同裁判所の公益機関としての重要性にかんがみ、適切ではないとのご配慮からである。また陛下は、当諮問会議にご臨席のうえ、以下のことをお命じになった。すなわち、本訴訟事件の判決記録原本並びに保存用原本〔裁判所の記録保管所に保存すべく別途作成された原本〕は、本特別法廷の書記官から大法官に提出されるものとする、また、判決記録原本の謄本は、国王ご臨席のもと、当該特定行為に関する記述を抜去したうえで、同書記官により、交付されるものとする。

一六八一年五月十四日、陛下ご臨席のもと、ヴェルサイユにて開催中の国務諮問会議において。

署名：ル・テリエ

またしても、国王は、裁判所が管轄する訴訟事件の記録文書の一部を削除させるとともに、あらたな供述が含まれている特定の書類を隠蔽し、法廷の力が及ばないようにした。一連のあらたな供述が事実であると判明したからには、尋問をこれ以上つづけてはまずい。そんなことをすれば、秘密の暴露をまぬがれることなど到底不可能になってしまうではないか。ラ・ヴォワザンの娘並びにロマニ及びベルトランの供述記録分離につづく、第二の隠蔽工作である。

国王が訴訟記録から分離させた書類は、即刻手文庫に収納のうえ封印され、カンカンポワ街に住む火刑裁判所書記官、サゴの家にあずけられた。サゴが亡くなると、手文庫は、サント＝クロワ＝ドゥ＝ラ＝ブルトヌリ街にある、ニコラ・ゴディオン宅に移される。ゴディオンは、シャトレ裁判所及び火刑裁判所書記課に在籍する、サゴの後任であった。

ほぼ三十年後の一七〇九年七月十三日、手文庫はヴェルサイユに運ばれ、収められていた書類は、ルイ十四世の執務室で、当時の大法官ポンシャルトラン〔一六四三－一七二七〕陪席のもと、暖炉で焼却された。ラ・レニの死後、ちょうど三十日目のことである。

「国王陛下は、大法官殿から手渡された原本及び保存用原本を吟味され、御前で焼却させられたのち、国務諮問会議に臨席され、次のように命じられた。ゴディオンは今後とも現住所に居住すべし、なお、同人は本日をもって本件の責務から正式に解除する、と」

一六八〇年当時、ルイ十四世は、驚天動地の衝撃に見舞われていた。一人の男としての情愛だけでなく、君主としての尊厳が、深刻な打撃をこうむっていたのである。火刑裁判所の被告人どもによる供述によって。どこの馬の骨とも知れぬ、恥知らずな被告人どもの。

このままでは、フランスの王権そのものが汚辱にまみれることにもなりかねない。思いも寄らない事態に、コルベールとルーヴォワは肝をつぶし、薄氷を踏む思いで、この難関を切り抜けるべく策動する。二人の敏腕な重臣の助けを得て、絶対君主は、恥辱と懊悩の根源であるそのおぞましい事実を、底知れぬ闇に沈めたつもりだった。

だが、彼らは気づかなかった。一閃の光芒が、消えもせずまたたきつづけていることに。闇の中で燃えつづけていたその炎は、歳月を経て輝きをまし、周辺に明るい光を放つようになる。遠からず、われわれの眼前に、一連の事実が浮かび上がってくることだろう。こうこうたる灯《ともしび》に照らされて。

II　寵姫　モンテスパン

フランソワーズ＝アテナイズ・ドゥ・モンテスパン侯爵夫人は、一六四一年、トネ＝シャラントの城で生まれた。父親は、モルトマールの公爵にしてヴィヴォンヌの領主、ガブリエル・ドゥ・ロシュシュアール。母親は、ジャン・ドゥ・マルシアックの娘、ディアーヌ・ドゥ・グランセイニュ。なお、トネ＝シャラントは、フランス西部、大西洋に面するポワトゥー＝シャラント地方の町である。

ケリュス侯爵夫人(1)によると、

「令嬢の母上は、揺るぎない信仰心を持つ、節操のある女性に娘を育てたいと願っていた。結婚するまでトネ＝シャラント嬢と呼ばれていたこの令嬢の信仰心は過激で、一六六〇年、王妃マリー＝テレーズ(2)の侍女に選ばれた時には、毎日聖体拝領をしながら、自分の信仰心がどれほどのものかについて、にわかには信じられないような意見を述べていた」

という。国王の寵姫になって数年後の一六七二年頃、ダルクール公妃の度肝を抜いた。その年の元旦に、お年玉として、苦行僧が用いる山羊の毛で作った繻袢、懲罰用の笞、ダイヤモンドを散りばめた時禱書を送ったのである。

十八歳で王妃の侍女として宮仕えをはじめたトネ＝シャラント嬢は、一六六三年一月二十八日、同郷の貴族でモンテスパンの侯爵、ルイ＝アンリ・ドゥ・パルデヤン・ドゥ・ゴンドラン〔一六四〇―九一〕と結婚。宮廷を退く。新婚当初は、一つ年上の夫を愛していたようだが、長くはつづかなかった。そして三年後、モンテスパン侯爵夫人として宮廷に復帰した彼女は、ルイーズ・ドゥ・ラ・ヴァリエール(3)の放つ幽艶なオーラに圧倒される。十七歳で宮中に入り、王弟フィリップ・ドルレアンの妃アンリエット・ダングルテール(4)の侍女となったラ・ヴァリエールは、たちまち国王に見初められ深く愛されるようになるが、これがあだとなり、周囲から猛烈な嫉妬と憎しみと怒りを買うようになっていた。控え目な性格で、振る舞いも慎み深かったにもかかわらず、そのたおやかで奥ゆかしい風情が、かえって反感の種となったのである。モンテスパン夫人がいじめの急先鋒に立つのに、時間はかからなかった。うら若い寵姫に対するねたみもあらわに、質《たち》の悪いいじめを繰り返し、辛辣な嫌みの数々を浴びせつづけるモンテスパン。その振る舞いに眉をひそめながらも、周囲の人びとは、遠からず、彼女がラ・ヴァリエールに取って代わるだろうと予感するのだった。

王妃マリー＝テレーズ

モンテスパン侯爵夫人

王弟妃アンリエット・ダングルテール

ルイ14世の寵姫ルイーズ・ドゥ・ラ・ヴァリエール

ルイーズ・ドゥ・ラ・ヴァリエールが、目立たぬよう、脚光を浴びることのないよう、息をひそめるよう行動していたのに対し、見栄っ張りのモンテスパン夫人は、万人の喝采を渇望しており、ほどなくそれを現実のものとする。

セヴィニェ夫人は、寵姫の地位を奪い取ったモンテスパン夫人がヴェルサイユ宮廷で栄華を誇るさまを、

「まるで轟きわたる雷鳴のように傲然と、勝ち誇っています」

と記すとともに、彼女が異彩を放つ光景をこう描写している。

「三時。国王、王妃、王弟、王弟妃、前王弟の姫君《グランド・マドモワゼル》、すべての王子及び王女、そしてモンテスパン夫人。彼らに仕える各侍従団、全廷臣及び貴婦人の群。要するに、君主国フランスの王と廷臣が、一丸となって国王の間に会しているのです。家具はもとより室内装飾の隅々にいたるまで、なにもかもが崇高かつ壮麗な国王の間に。フランスレースのドレスをまとったモンテスパン夫人のたたずまいは、居並ぶ外交官を感嘆させるにあまりある、絢爛たる美しさ、とでも表現すればよいのでしょうか、勝者特有の意気揚々たる光輝に包まれていました。顔《かんばせ》は無数の巻き毛で縁取られ、両のこめかみからは一筋の房が美しい曲線を描く頰のずっと下の方まで垂れていて、頭上に散りばめられた無数の黒いリボンやロピタル元帥夫人から贈られた大粒の真珠が、渦巻く巻き毛や梨形の下げ飾り《パンドロック》を引き立てています。彼女は、自分が独占しているせいでフランス中の人びとが国王さまに拝謁できなくなっている、という周辺のささやきを察知していました。だからこそ、こうして、国王さまをフランスに返上したのです。この行為がどれほどの喜びをもって迎えられているか、また、この行為のおかげで宮廷がど

れほどの尊厳を取り戻すことができたかについては、この場に居合わせた者にしかわからないかもしれません」

　別の日、セヴィニェ夫人は、こうも綴っている。

「モンテスパン夫人の美しさは格別です。満身を彩る宝石は彼女に勝るとも劣らぬくらい美しく、彼女はその宝石に勝るとも劣らないくらい晴れやかに輝いているのです」

　その美しさにもまして評判だったのは、モンテスパン夫人の才気煥発ぶりであり、この点について、サン＝シモンは次のように記している。

「どんな場合にも、同席するには最高の人物だった。身のこなしが優美で、このため傲慢な態度も大目に見られていた。しかも、見事なまでに機知に富んだ話術。これほどの機知を体得することなど、並の人間にできるものではない。ぬかりなく相手を立てながら、独特の言い回しで、雄弁に、話を展開するのである。しかも、論旨は明快だった。この機知が、一癖もふた癖もある彼女特有の言い回しを生み出させていたのだが、とても耳易《みみやす》い、味のある表現だった。ことあるごとに、彼女は、姪や取り巻き、召使いらに、機転を身に付けることの大切さを説いており、今ではその数も少なくなったとはいえ、存命の者たちは、一様に、彼女の当意即妙ぶりを記憶している」

　彼女は、目も眩むほどの豪華な衣装に包まれていた。とりわけ、セヴィニェ夫人が書簡の中で描写した、このドレスを知らない人はいなかった。

「あざやかな錦の織物に、幾重にも金の刺繍をほどこし、そのうえさらに種類の異なる金糸で浮き模様をほどこした、想像を絶するほど華麗な布地でした。妖精がひそかに織り上げたものとしか思えま

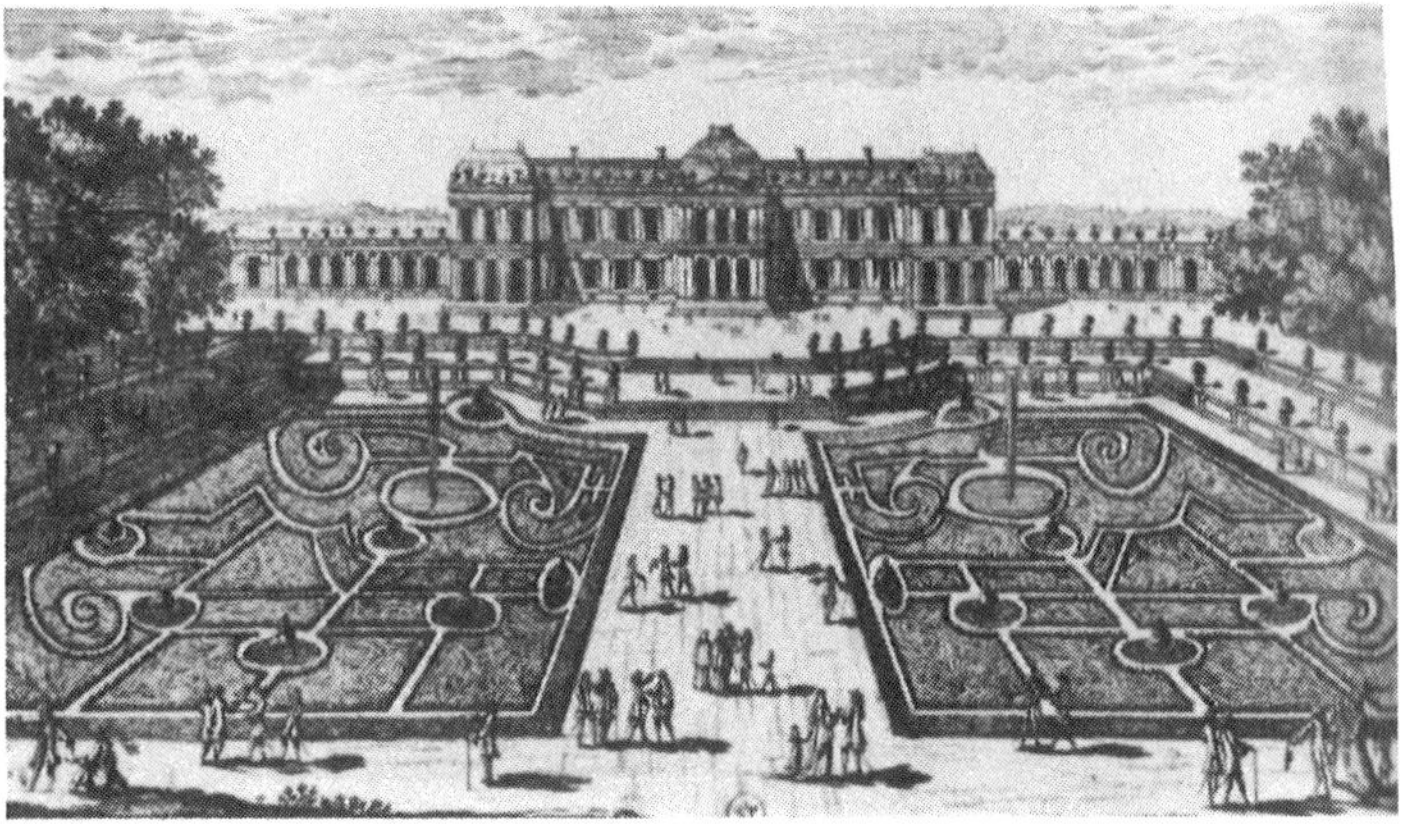

クラニー城

せん」

　ヴェルサイユ宮殿に隣接するモンテスパン夫人の領地、クラニーには、広大な公園付きの豪勢な城があり、第二のヴェルサイユと呼ばれていた。国王は、当初、下賜したこの土地に「こぢんまりした家」、いわば田舎の別荘のようなものを建てさせたのだが、

「オペラ座の踊り子なら、これでもよろしいでしょうけど」

　という彼女の反発にあう。こうして、その家は取り壊され、当代随一の建築家、マンサールの設計による城が建った。ヴェルサイユ宮殿の二階にも、夫人はアパルトマンを所有していた。二十室もあるアパルトマンである。王妃は、三階に十一室のアパルトマンしか持っていなかったというのに。回想録作者ダンジョー〔一六三八－一七二〇〕によれば、モンテスパン夫人の引き裾を持っていたのはのちに元帥となるノアイユ公爵の夫人で、王妃のは一介の小姓だったという。

　この寵姫の権勢は、並み居る大臣、宮廷人、将軍に、

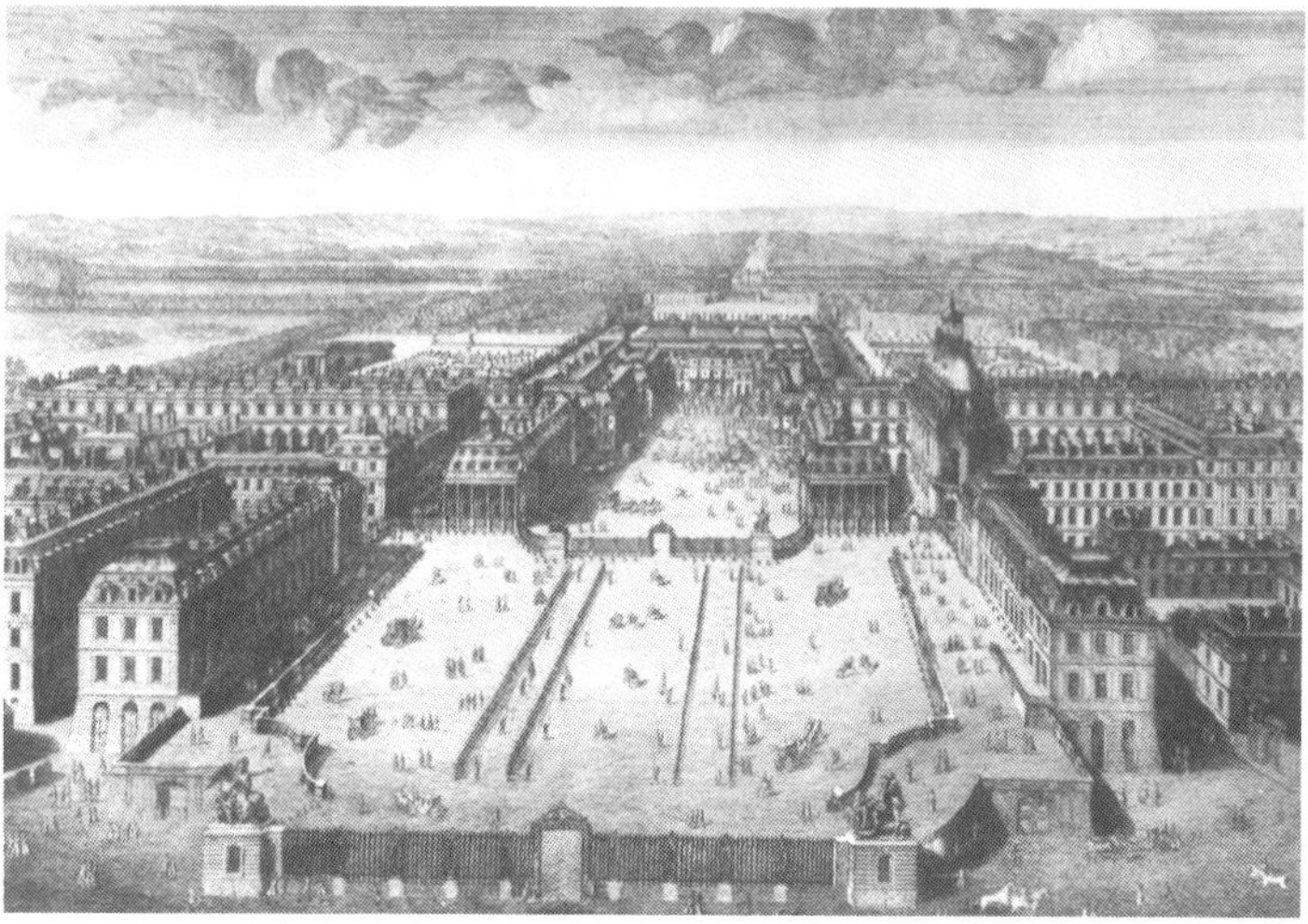
ルイ14世時代のヴェルサイユ宮と庭園

成功と希望と恐怖をもたらした。実父はパリ総督に、兄は元帥に出世。彼女のサロンには、当時の貴族や文学者の中でももっとも見識があるとされていた人びとが足繁く訪れており、そこでは、一種独特の機知を織り交ぜた作法が創り出されていた。微妙で稀少だけれど自然で快い言葉遣いを是とするその作法については、同時代の人びとがしばしば話題として取り上げ、記述している。なお、絶対君主との出会いにより掌中にした彼女の天下は、十三年に及んでおり、これは、ルイ十四世の絶頂期と完全に合致している点を付け加えておく必要がある。

外出のさい、モンテスパン夫人を護衛するのは、近衛兵だった。夫人が通過するとなると、それがフランスのどこであれ、各地方の総督や長官が盛大な宴を催して敬意を表し、諸都市は代表団を送った。地方を、六頭立ての馬車で通過する夫人。背後には、六人の侍女を乗せたやはり六頭立ての

パラティナ侯女と第二子（のちの摂政）オルレアン公ルイ・フィリップ

メーヌ公、25歳。

馬車、ついで物資輸送用の有蓋馬車の列、六頭のロバ、十二人の騎兵がつづく。まるで、ペローのお伽噺の一場面のように。

彼女は、ルイ十四世との間に七人の子を授かった。高等法院は、全員に嫡出子としての権利を与え、王位継承権を認められたフランス国王の子女と宣言せざるを得なかった。長男のメーヌ公〔一六七〇－一七三六〕は、ドンブ公国〔ブルゴーニュ地方南東の小国。一七六二年仏領になった〕及びウー伯爵領を授かり、一六七五年、五歳で名将テュレンヌ元帥麾下《きか》の歩兵連隊を与えられた。一六八二年にはラングドックの地方総督職を、一六八八年九月十五日にはガレー船団の将軍及び地中海東岸《レヴァント》一帯総司令官のポストを、国王は彼に与えている。長女のマドモワゼル・ドゥ・ナントはブルボン公爵と結婚、もう一人の娘、マドモワゼル・ドゥ・ブロワには、さらに輝かしい嫁ぎ先を用意した。

ナント嬢（右）とブロワ嬢（左）

「国王は、モンテスパン夫人の次女であるブロワ嬢を、シャルトル公爵と結婚させたいと考えておられた。シャルトル公は、国王のただ一人の甥であり、混じりけのない王家の血を受け継ぐ、王系男子の中でももっとも身分の高い人物だった」

　とサン＝シモンは記している。

　王弟の後妻、パラティナ夫人[5]は、モンテスパン夫人を評して、

「彼女はふしだらです。でも、それ以上に野心家です」

と述べているが、言い得て妙である。彼女の自尊心は度を超していた。ラ・ヴァリエール嬢は寵姫として、マントノン夫人は養育係として、モンテスパン夫人は支配者として、国王を愛した。

＊＊＊＊＊

　かねてから国王の愛を熱望していたモンテスパン夫人だが、その野望を公然と示すようになったのは、宮廷に復帰直後の一六六六年と歴史家たちはみなしており、これはちょうど、パリ警察長官ラ・レニの指摘する、彼女と魔女らとの接触開始時期と合致する。長官は、火刑裁判所の書類を精査する

中で、モンテスパン夫人が魔女らの住処を訪れるようになったのはこの時期であった、との結論を得ていた。

1666年当時のルイ14世(28歳)。この年、コルベールにより科学アカデミーが創設された。

ほぼ十五年後の一六八〇年、ラ・ヴォワザンの娘マルグリット・モンヴォワザンは、居並ぶ裁判官を前に当時の様子を物語っている。

「身のまわりに新しい動きがあったり、ご寵愛にかげりが見えたりするたびに、モンテスパン夫人は、かあさんに指図してました。適当な薬を用意するようにって。すると、かあさんは、司祭さまのところに飛んでって、ミサをあげていただくんです。それから、国王さまにお飲ませするための粉薬を調合して、夫人に渡していました」

娘の説明によると、母親が処方していたのは惚れ薬だった。調合法はさまざまだが、いずれにしろ伝来の魔術の処方にのっとったものであり、その粉末には、甲虫《カンタリド》(6)、乾燥させたモグラの粉末、コウモリの血、その他吐き気を催すような汚らわしい含有物の数々が入っていた。これを練ってペースト状にしたものが、黒魔術で生け贄を悪魔に捧げる儀式《ミサ》の間、聖杯の下に置かれ、その後、葡萄酒とともに司祭によって祝別される。ルイ十四世は、食べ物に混入されたこの調合物を、飲み下していたことになる。

「かあさんは、モンテスパン夫人のところに、五回か六回いってます。国王さまにお飲ませするための惚れ薬を持って。サン゠ジェルマン゠アン゠レーだったこともあれば、ヴェルサイユやクラニーだったこともあります。国王さまのための薬は祝別されたものだったけど、それ以外のは祝別されてないものもありました。侍女のデズイエ嬢(7)に届けてもらうこともありました。あたしが運んだこともあります、一度目はプティ゠ペール教会で、二度目はサン゠クルーの街道で、モンテスパン夫人に手渡しました」

マルグリット・モンヴォワザンの供述は重要である。彼女が母親の魔術に直接手を貸したことは一度もなかったが、母親がなにをやっているかは知っていた。

ラ・レニは、マルグリット・モンヴォワザンの供述について、

「そこに邪気は感じられない。たとえ供述内容が間違っているとしても、彼女が嘘をついていると思う者などいないであろう」

と述べるとともに、

「彼女はさまざまな状況や局面について多くの供述をしているが、その内容に齟齬は一切なく、彼女がその内容を捏造することは心証的に不可能である。くわえて、彼女には、とっさの思い付きに符号するような別の嘘を付きつづけるほどの能力はない。彼女が述べた状況のうちの数例は、事実であることが証明されている。彼女が、存命中の者らについても言及しているからである」

と付け加えている。ラ・レニはまた、魔女らの否認の仕方それ自体が、この娘の証言の正しさを裏

づけるものであるとも言っている。つまり、マルグリット・モンヴォワザンによりモンテスパン夫人の共犯者として告発された魔女らが、窮地に追い詰められていることを悟った時とっさに示した態度――困惑した表情や矛盾する主張、返答を拒否するさいの素振り――そのものが、この娘の証言の正しさを認めるものにほかならない、というのである。

マルグリット・モンヴォワザンがこのような供述をしたのは、母親が火刑台で死没してから数ヵ月後のことだった。一六八〇年七月十二日付の彼女に関する尋問調書に、次のようなくだりがある。

「なぜ、彼女は、国王のお命をねらうという悪辣な意図について、もっと早くその見解を述べなかったのか？

――母親を失っていなかったら、自分が見聞きしたことについて述べることは、彼女にはできなかったであろう。また、そのことを供述しなければならないとも思わなかったであろうし、それを供述すべきかどうかについて他者に助言を求めることもなかったであろう。ひいては、一連の悪辣な意図に関する既知の事実を全面的に供述することもなかったはずだ。

――彼女は、既知の事実について述べることが義務であることを知らなかったのか、また、内容のいかんを問わず、これらの意図を隠蔽することが大罪であることを知らなかったのか？

――自分の供述がいかなる影響をもたらしているかについて、今では十分に理解している。発言の影響については供述する前からそれなりに理解していたが、供述後、その重要性をきわめて強く認識するようになっている。その供述内容は、それが完全な捏造である場合、あるいは実際に見聞きしていない場合には、口にすることさえ許されないたぐいのものであり、この問題がこれ以上ないくらい重大であることを、今の彼女は十分にわきまえている。

――彼女は、自らの供述内容に、たとえどのような些末事であろうと、真実以外のことを付け加えた場合、これが大罪につながることを知っているのか？

――知っている。彼女は、自分が口にした者らについて語り得ることは多々あったはずだが、その発言はむしろ控え目だったように思われる。彼女は、真実を表明すること以外考えていなかった。すでに死没している以上、母親を気遣う必要はもはや皆無だったのだから。今後、なんらかのあらたな事実を思い出す、あるいは、思い出させられるようなことがあれば、彼女はそれを正直に申し述べるはずだ」

魔女どもがフランスでも屈指の貴族たちをあえて巻き添えにした、と考える文筆家もいた。彼女らは一縷の望みを抱いたに違いない。こんなに偉い人たちとつながりがあると知ったら、火刑裁判所の裁判官も自分らに手出しはすまい、命だけは助かるかも知れない、と。だが、筆者の見方は逆である。ラ・ヴォワザンが死刑台にのぼる寸前まで国王の寵姫との関係を隠し通したのは、弑逆罪《しいぎゃく》に問われることを恐れたからだった。国王暗殺者に対する刑罰がいかにおぞましいものであるかを知りつくしていた彼女は、これが科されることを極度に怖れていたのである。ヴァンセンヌで彼女の警護をしていた衛兵に、こんなことを漏らしている。

「なにがやばいって、宮廷に使いっ走りを頼まれることなんだよ」

モンテスパン夫人に言い付けられて、彼女が宮廷に小包を運んだ件については、いずれ大問題になる。

フランソワーズ・フィラストルの場合も同じである。ラ・ヴォワザンの仲間だったこの魔女が驚天動地の供述をしたのは、最終判決が下されたあとのことだった。つまり、事前審問《ケスチョン・プレアラーブル》を科したのち火刑に処すという判決が最終的に宣告されたあと、初めて真実を明かしたのである。ひとたび最終判決が下されたら、その後いかなる事実が判明しようともこれがくつがえされることはないからで、だからこそ、彼女は、一六八〇年九月三十日から十月一日にかけて執行された死刑直前の拷問刑のさいに、初めて口を割ったのだ。死の間際のその供述に、ルイ十四世は震え上がり、ただちに火刑裁判所での審理を中断させた。

ラ・ヴォワザンの娘の供述が正しいことは、ギブール神父の供述により証明された。逮捕されて以降、マルグリット・モンヴォワザンが同神父と連絡を取るすべは皆無であり、したがって、ラ・レニの言うように、この娘の供述は「正義の法則にのっとって」なされたことになる。

それに、今日では、もっと別の証拠も出てきている。

「身のまわりに新しい動きがあったり、ご寵愛にかげりが見えたりするたびに、モンテスパン夫人は、かあさんに指図してました」

というラ・ヴォワザンの娘の供述は先に記したが、筆者は、別の方面からも彼女の主張が正しいことを確信するにいたった。セヴィニェ夫人の書簡や宮廷年代記等に記されている、一六六七年から一六八〇年にいたるルイ十四世とモンテスパン夫人の関係にまつわる波乱に富んだ顛末を追う一方、火刑裁判所で被告人らが行った供述を吟味し、それらを比較検討した結果、マルグリット・モンヴォワザンの発言が正しいことを確信したのである。

「この被告人により特定された時期は、モンテスパン夫人にとり、きわめて重要である」

とラ・レニが数度にわたり述べているのも、彼が同様の精査と考察を重ねたうえでのことであったのは間違いない。

それにしても、いったいどのようないきさつで、また誰によって、気位の高い寵姫が、魔女どものあばら屋に足を運ぶようになったのか？　この点については、多くの歴史家が、無数の仮説を述べている。ただ、彼らは、筆者が先に引用した、

「モンテスパン夫人にあんな入れ知恵をした以上、ヴァナンが八つ裂きの刑にされるのは当然だ」

という、ヴァナンの従僕ラ・シャボワシエールの供述は知らなかった。かねがね抱いていた思いを口走ってしまったことに、ラ・シャボワシエールは周章狼狽し、どうかこの発言を取り消して欲しい、自分の尋問調書にこの発言を記さないでくれ、とすぐさま頼み込んでいる。ラ・レニは、訴訟記録文の中から、錯乱状態の中で思わず漏らした従僕のこの発言を見つけ出した時点で、これこそがこの事件の発端だった、と明言している。寵姫と魔女集団とのつなぎ役を果たしていたのは、ヴァナンだった。彼の手引きがきっかけで事件は展開していったのである。

したがって、モンテスパン夫人と魔女との関係は、夫人が国王に恋心を抱いたと周囲の者が察知したちょうどその頃、始まったことになる。翌一六六七年、夫人は、魔術師のルサージュ及びサン＝セヴラン教会の司祭を務めるマリエット神父とともに、パリ南端の小路、なめし工場街《タヌリー》にいた。マリエット神父はパリの良家の出で、長身白皙、黒髪の、容姿端麗な男だった。小路に面した建物

のとある小部屋の奥に祭壇がもうけられており、そこでは、式服のようなものをまとったマリエット神父が呪文を唱え、ルサージュが《神よ許したまえ》を歌っていた。ついで、マリエットが、モンテスパン夫人の頭上で福音書を読む。夫人は神父の前にひざまずき、ルイーズ・ドゥ・ラ・ヴァリエールに対する悪魔乞いの呪文を唱えたあと、以下のような文言を付け加えた。ルサージュの尋問調書からも、これと同じ文言が発見されている。

「わたくしは、国王さまの、そして王弟さまのご寵愛を望んでおります、なにとぞこのご寵愛がつづきますように、なにとぞお妃さまにお子が生まれませんように、なにとぞ国王さまがわたくしのためにお妃さまのしとねと食卓をお見捨てくださいますように、なにとぞこの先わたくしやわたくしの両親のため国王さまにお願いすることすべてがかなえられますように、なにとぞわたくしの召使いたちが国王さまのお気に召しますように、なにとぞ国務諮問会議に招かれそこでなにが起きているかを知ることができるくらい、お偉い方々に愛され尊敬されますように、そして、なにとぞ国王さまのご寵愛がこれまで以上に深くなるとともに、国王さまがラ・ヴァリエールを袖にし、二度とお会いになりませんように、また、お妃さまが離縁され、わたくしが国王さまと結婚できますように」

別のおり、サン＝セヴラン教会で、モンテスパン夫人出席のもと、ミサ聖祭〔十字架上のキリストの犠牲をかたどる儀式〕が行われた時には、マリエット神父が、祭典の間中、二羽の鳩の心臓を前に、ルイ十四世とルイーズ・ドゥ・ラ・ヴァリエールの名を挙げながら、悪魔乞いの呪文を唱えつづけていた。二羽の鳩は、神父によりあらかじめ祝別されていた。

一六六八年初頭、マリエットとルサージュは、大胆にも、サン＝ジェルマン＝アン＝レーの宮殿[8]ま

サン＝ジェルマン宮（17世紀中葉）

で出向いている。しかも、宮殿内にあるモンテスパン夫人の姉、ティアンジュ夫人のアパルトマンに潜入し、ここで呪いの儀式を行ったのである。香料を蒸した青っぽい燻煙が、強烈な刺激臭とともに室内を満たし、その中で、モンテスパン夫人が、悪魔に願い事を託す呪文を唱えていた。

「この時の呪文は、国王の寵愛を獲得するため、及び、ラ・ヴァリエール夫人を死なせるためのものだった」

とルサージュは証言しているが、マリエットは、

「ラ・ヴァリエール夫人を国王から遠ざけるためだけだった」

と言っている。

ともあれ、これら一連の儀式が行われて間もなく、つまり一六六八年以内に、モンテスパン夫人はその夢を実現し、国王のしとねに迎え入れられる運びとなった。ラ・ヴァリエールに対する寵愛はたちまち薄れ、翌六九年、モンテスパン夫人は、ルイ十四世との間にもうけることになる七人の子供のうちの第一子を産む。この出産を機に、悪魔乞いの儀式の効力に対して抱いていた彼女の疑念は払拭され、絶対的信頼へと傾斜していったのである。

が、その間に、ようやく手に入れた幸運を脅かすような事件が起きた。マリエットとルサージュが逮捕されたのである。事実、この事件は、いずれ彼女に甚大な影響を及ぼすことになる。

　発端は、マリエットとルサージュの裏切り行為にあった。モンテスパン侯爵夫人というまたとない金蔓を二人に紹介したのは、ラ・ヴォワザンだった。ところが、この恩知らずどもは、夫人のために呪詛を行うにあたり、ラ・ヴォワザンの商売敵、ラ・デュヴェルジェと組んだのである。顔をつぶされたラ・ヴォワザンは、激怒し、風評を立てた。

「この風評が物議を醸し、両名は、国王の命で逮捕される羽目になった。彼らの所行は反宗教的言動及び神に対する冒瀆的行為にあたる、と国王は判断されたのである。マリエット及びデュビュイソン（当時ルサージュはこう名乗っていた）は逮捕され、一六六八年三月、バスティーユに投獄された」

　とラ・レニは記している。

　二人は、呪術行為を行った廉で、シャトレ裁判所に出頭させられた。ルサージュもマリエットも夫人との関係を話すつもりはなかったのだが、結局、隠し切れず、その名を漏らしてしまう。だが、当時の宮廷年代記には、モンテスパン夫人が急遽パリを離れた、としか記されていない。

　その間の事情について、ラ・レニは、以下のように述べている。

「そもそも、この事件の裁判長を務めていたのはマリエット神父の親族にあたる人物で、かつてのパリ高等法院重罪部上席評定官、故メーム殿[9]の近親だった。それを良いことに、ラ・ヴォワザンは、好き勝手に振る舞っており、しかも彼女には、この事件に関与するさまざまな分野の人びととの後ろ盾があった。彼らも彼女の顧客だったからである。くわえて、この時点では、ラ・ヴォワザンをはじめとする魔女集団が悪魔乞いの儀式をしていることを、裁判官たちも知らなかった。したがって、突っ込んだ調査などされるはずもなく、裁判官にとり問題だったのは、この事件をどう取り扱うかということだけだった。すなわち、マリエットの出自であるパリの名門一族を救うには彼の罪を不問に付さねばならない、そのためにはどう審理を進めるべきか、彼らは、この点についてのみ思案していたのである」

ところが、矢継ぎ早にあばかれるぎょっとするような事実を前に、これ以上この事件を隠蔽することは不可能と見た裁判官たちは、ルサージュを漕役刑、マリエットを追放刑に処した。国王は、マリエット神父の量刑を増し、拘禁刑としたものの、神父は、収容されていたサン＝ラザール監獄から脱走。ルサージュも、すでに述べたように、ラ・ヴォワザンのおかげでほどなく自由の身となった。彼女が知り合いの有力者に働き掛けたのである。

一六六八年に行われたこの裁判において導き出された論告について、後年、ラ・レニは、ルーヴォワ宛に、以下のような報告書を提出している。まず、

「時間と場所を精査した結果、両被告人の供述は、特定の時期（一六六八年三月）を起点に、信憑性が高くなっていることが判明した。それというのも、この時点ではルイ十四世とモンテスパン夫人との関係は始まったばかりで、巷間にはいまだ伝わっていなかったはずであり、したがって、マリエットとルサージュが二人の関係を知ったのはモンテスパン夫人本人から聞かされたとしか考えられないからである」

という趣旨の前置きをしたうえで、こうつづけている。

「一六六八年におけるルサージュ及びマリエットに対する裁判により明らかになったのは、以下の事実であります。すなわち、モンテスパン夫人は、少なくとも一六六七年以降ラ・ヴォワザンと取引をするとともに、この時期からラ・ヴォワザンを介してルサージュ及びマリエットに会っていたものと思われること、また、マリエットは、自宅の寝室で、ルサージュ立ち会いのもと、ひざまずくモンテスパン夫人の頭上に手をかざし、福音書の文言を唱えていたものと思われることであります。

したがって、すでにこの時期から、モンテスパン夫人の意中には、なんらかの思惑があったことになります。

今般、小生がマリエット及びルサージュにこの点について尋問したところ、両名は――個別に――次のように供述しました。

夫人の思惑は、国王の寵愛をなんとしても獲得したいという願望から生じたものであったこと。その思惑を成就させるため、この時期から、ラ・ヴォワザンが影響力を持つようになるとともに、彼女とその一味が、聖杯の下に置いて悪魔乞いをした粉薬を、モンテスパン夫人に渡すようになったこと。夫人が、国王と自分の名を挙げながら悪魔乞いの呪文を唱えていたこと。夫人が、サン＝ジェルマンの宮殿で、同様の儀式を何度も行っていたこと。夫人が、サン＝セヴラン教会の内陣でミサを行わせていたこと。さらには、マリエットの寝室で、その他の罰当たりかつ冒瀆的な所行におよんでいたこと。

なお、これらの所行は、ラ・ヴァリエール夫人を殺すためだったと一人は言い、もう一人はただ遠ざけるためだったと供述しております（ラ・ヴァリエール嬢の死を祈願するこの新たな魔術の数々は、人骨の上で行われていました）。

ルサージュもマリエットも、これら一連の所行について断固黙秘し、頑として口を割ろうとはしませんでした。ルサージュは、真実を述べろと厳しく問い詰められ我を忘れるまで、マリエットは事実を白状しろと責め立てられるまで。そして、ようやく、両者とも――個別に――これらの事実を立証したのであります」

さらに、ラ・レニは、ルサージュ及びマリエットが、特定の事実について、その一部始終を明らかにしたことを指摘するとともに、その後、二人の供述内容が正しいと認められた点、及び、その内容はモンテスパン夫人にしか教えられないものであった点を、とくに強調している。

筆者は先に、マルグリット・モンヴォワザンによる一連の供述には信憑性があること、及び、その理由を述べた。同様に、これに対応するルサージュの供述も、注目に値する。以下は、一六七九年十月八日、ルーヴォワがルイ十四世宛てにしたためた書簡である。

「ラ・レニ殿は、某《それがし》が直接ルサージュに話せば、奴は、必ずや、すべてを打ち明けるべく腹をくくるに違いないと申しました。これまでのところ、ルサージュ自身が毒殺を実行したという証拠は一切ございません。しかしながら、ここ七、八年来パリで出来《しゅったい》しているすべての事件についてこの者が知悉していることは明白である以上、奴に自白を決意させるのはきわめて意義がある、というのがラ・レニ殿の考えでした。そこで、昨朝、ヴァンセンヌの塔におもむき、ラ・レニ殿の意図に沿って、奴と面談いたしました。国王陛下が恩赦をお与えくださるやも知れぬとの希望を抱かせるべく留意しつつ、ただし、それはあくまでも、毒薬に関する実行行為の一部始終を法廷で供述すればのことである、と説得した次第であります。奴は、法廷で供述する旨を誓うとともに、某により万事自白する気にさせられたことに大変驚いていると申しておりました」

同年十月十一日付大臣通達において、ルーヴォワは、ルサージュから遺漏のない供述を得るべく審理を再開する旨を告げている。ところが、いざとなると、魔術師は、ためらい、返答を回避しようとあらがい、洗いざらい白状させようと寄ってたかって責め立てるとは驚きだ、と尋問担当官たちに何度もくってかかった。しかし、この反抗的な態度にラ・レニの志気はかえって高まり、根気よく質問を積み重ねてゆく。ルーヴォワ同様、国王の恩赦をほのめかしながら。そして、ルサージュは落ちた。

すでに述べたように、ルサージュによるこの供述の主要部分は、後年ルイ十四世が書斎の暖炉で焼却させた書類に記載されていたものであり、したがって、原文がそっくりそのまま筆者の手元にあるわけではない。しかしながら、火刑裁判所の訴訟報告官を務めていたラ・レニの私的備忘録、保存されていた尋問調書の断片、さらには、後日発見された同尋問調書のコピーの一部から、筆者は確信したのである。ルサージュの暴いた事実とマルグリット・モンヴォワザンの暴いた事実とが、完全に一致することを。

*****

寵姫の夫である若きモンテスパン侯爵は、およそ無愛想で、当時彼が属していた社会では異質の人物だった。それだけに、ルイ十四世がらみの恋愛沙汰は、いやがうえにも注目度を増すことになる。

モンパンシエ公爵夫人

寵姫の夫、モンテスパン侯爵。

「妻に対する国王の寵愛について誰彼なしに愚痴をこぼすような、常識はずれの変人だった」

とモンパンシエ公爵夫人[10]は評している。

侯爵は、妻に罵声を浴びせ平手打ちを食らわせただけでなく、国王にまでくってかかった。モンパンシエ夫人の叙述はつづく。

「彼がサン＝ジェルマンの離宮に押し掛けて国王に講釈をした時は、さすがのモンテスパン夫人もすっかり落ち込んでいた。まるで絶望の淵にでも沈んだかのように。侯爵は親戚筋の者なので、わたくしの家にもよくやってきており、そのたびにたしなめたものである。ある晩など、国王に直奏《じきそう》した講釈を、わたくしの前で再現して見せた。聖書の文言をいやというほど引用したあげく、ついには、妻を返せ、さもなくば神の審判が下るぞ、などと言いたい放題を奏上していたのである。たまりかねて、声を荒げてしまったほどだ。

『あなた、気でも狂ったの！』

翌日、サン＝ジェルマンでモンテスパン夫人に、そのことを話した。

『パリでご主人に会いましたけど、彼ときたら完全に気がふれています。厳しくたしなめておきましたわ。そして、言ってやりましたの、口をお慎みなさい、さもないと監獄行きですよ、って』

『実は、彼、今ここにおりますの、でまかせをまくしたてておりますわ。オウムのように人の話を受け売りしているあの人を見ていると、恥ずかしくて。それに、下々《しもじも》が彼を笑い者にするのを見るのも』」

思いも掛けない侯爵の出方に、当然のことながら、ルイ十四世はむかっ腹を立てていた。とはいえ、絶対的権力者であるはずの国王が、大衆劇に登場する卑屈な情夫さながらに、隠れたり、白を切ったりする姿を、側近らは一度ならず目撃していたのである。寵姫が母親になった時点で、国王の危惧は倍増した。ルイ十四世はどの子も可愛がっていたが、中でもモンテスパン夫人との間にできた子女を目にかけていた。しかしながら、彼らは、法律上、彼女の夫の子供である。復讐心や嫌がらせから、モンテスパン侯爵がその子らを奪い去ってしまうかも知れない。ルイ十四世は震え上がった。

ほどなく、侯爵は、サンスの大司教である伯父の支持を取り付ける。厳格なジャンセニストであるこの大司教、パルデヤン・ドゥ・ゴンドラン〔一六二〇―七四〕から、以下のような言質《げんち》を取ったのだ。

「国王の恋情が表沙汰になった場合、明白な内縁関係が認められる相手の女については、かりにそれが姪の侯爵夫人であったとしても、これを公然と罰するとともに、宗教法違反に異議を唱える旧教会法を大司教区内に公示させるものとする」

サンス大司教区には、当時宮廷が置かれていたフォンテーヌブローも含まれていたため、モンテスパン夫人は当惑し、この地を立ち去らざるを得なくなった。非難の矛先が自分に向けられているのを認識してのことと思われる。以後、この高位聖職者が没する一六七四年まで、その管轄地区に戻ろうとはしなかった。

やがて、モンテスパン侯爵は、すべてが徒労に終わったことを悟るとともに、ルイ十四世が、玉座の高見から、封印状でしか応じてくれないことに気づく。そこで、今度は、自分はもとより、一族郎党にまで喪服をまとわせ、葬儀用の飾り付けをほどこした馬車で宮廷に乗り込むことにした。こうして、名付け親や友人知人に、荘重に、いとまごいをしたのである。この日、黒装束で身を固めた侯爵の姿は、滑稽ではなかった。冷やかし半分になりゆきを見つめていた人びとは、固唾を呑み、国王は、玉座の上で不愉快きわまりない思いをしていた。

一人の天才が、君主に助けの手を差しのべた。モリエールである。彼の戯曲『アンフィトリオン』が、同年、すなわち一六六八年に上演されると、国王派は溜飲を下げ、ふたたび冷笑を取り戻した。

軍神ジュピターとの共有は
決して不名誉なことではない。

この辛らつな揶揄に、豪華な貴賓席におさまった侯爵夫人の取り巻きは呵々大笑、やんやの喝采を送った。だが、国王の気はいっこうに晴れない。とりわけこたえたのが、市民層の評価であった。パリのブルジョワジーが侯爵の肩を持っていると知ったルイ十四世は、ひどくうろたえ、愛妾にこんな愚痴までこぼしている。

「男のために、女は、家庭も子供も夫も捨てた。で、男はどうした。おのが名誉の管理を放棄した。それでなくともすでに地に堕ちていた、名誉の管理を。一人の女にそこまで執心すべきでないことは、重々承知していたのに」

一方、モンテスパン侯爵は、パリを引き上げ、領地に向けて出発した。ところがその途上、彼の率いる部隊の兵士数名が、ペルピニャンの代官補佐といさかいを起こす。ごく些細なもめ事だったにもかかわらず、これが裁判沙汰にまでもつれ込み、ついには、重臣らの耳にまで達してしまう。ペルピニャンは、フランス南部ルシヨン平野中央に位置する都市である。時を移さず、ルーヴォワが同地の長官宛てにしたためたのは、以下のような書面であった。

「一六六九年九月二十一日。当方の存知せぬ間に、モンテスパン殿がさような事件を起こしていたことに驚愕した。ルシヨン国務諮問会議宛の国王陛下からの至急便を、ここに同封する。陛下が同諮問会議に当該事件の予審執行を命じておられる、至急便である。

肝に銘じておいてもらいたいのは、いかなる手段を用いようとも、同部隊の指揮官（モンテスパン）及び可能な限り多くの騎兵を当該事件に連座させることである。これは、彼らを恐怖におとしいれるために、また、大部分の者、それもとりわけ同部隊指揮官の脱走を誘発するために、必要な方策であり、入手した情報が、ペルピニャンの代官補佐からのものであれ、事件が起こされたイレの町での騒動に関するものであれ、その利用法については問わない。

なお、本件は、同部隊の解体を目的とするものではない。貴殿が代官補佐を侮辱した者らの氏名を把握しているのであれば、見せしめのため、まずもってその者らを逮捕すべし。また、その者らに対する予審執行にあたっては、同部隊の指揮官に対する反証をできる限り多く引き出し、それらの陳述から得た情報に、なんとしてでも、指揮官を巻き込み、そのうえで、表面上は公正とみなされるかたちで、同指揮官を免職させ得るよう務められたし。ルシヨン国王諮問機関が同指揮官になんらかの刑を宣告するにたるような基礎事実を掌握すべく、貴殿が策を講じ得るのであれば、大慶至極である。

目下この国において生じている事態に、貴殿が多少とも通じておいでなら、これらの事由について、十分ご推察いただけるものと思う」

ルイ十四世とルーヴォワが講じたこの方策は、あまりに破廉恥であり、完全に限度を超えている。モンテスパン侯爵は、実質的に、スペインに亡命する羽目におちいるが、まさにその亡命当日から、ルイ十四世は、自分の立場がさらに悪くなったことに気づく。侮辱された夫に対する国王の立場は、改善されるどころか、悪化の一途をたどることになったのである。それというのも、侯爵は、国外から、国王の子女に対する自らの権利を主張することによって、その立場を有利にするとともに、全ヨーロッパを前に、国王の不品行について物議を醸すことができたからである。それまでよりずっと自由に、鳴り物入りで。

一六七四年春、ルイ十四世は、モンテスパン夫人が作成した別居及び財産分離の請求を、シャトレ裁判所に提出させた。国王及びその重臣らの切望にもかかわらず、また彼らが執拗に責め立てたにもかかわらず、裁判官たちは、この訴訟を未解決のまま据え置いた。眼前に突き付けられた不正行為を引き受けるべきか否か、腹を決めかねていたのである。が、結局のところ、大法官の座を公約された同裁判所長、ニコラ・ドゥ・ノヴィオン(11)の圧力に屈し、一部を譲歩。一六七四年七月七日、モンテスパン夫妻の別居が、六名の裁判官立ち会いのもと、主席検察官アシル・ドゥ・アレにより宣告された。この裁判では、モンテスパン侯爵による夫婦共有財産の乱費、侯爵と侯爵夫人の夫婦仲の悪さ、さらには夫からの虐待を嘆く侯爵夫人の訴えまで持ち出されていた。モンテスパン侯爵に対して下されたこの判決は、あまりにも非常識かつあるまじき行為であった。ルイ十四世は、王権の名誉ばかりか、法廷の名誉まで汚したのである。

しかしながら、この世にはより次元の高い法廷があり、いずれわかるように、さすがの絶対君主も、こちらの法廷において下された判決をまぬがれることは、おそらくできないはずだ。

シャトレ裁判所における一六七四年七月七日の判決により、国王の危惧が払拭されたわけではない。数年後、モンテスパン侯爵がある訴訟を解決するため一時的にパリに帰還しなければならなくなった、という情報を入手したルイ十四世は、ただちに、以下のような文面をコルベール宛てにしたためさせた。日付は、一六七八年六月十五日となっている。

「モンテスパンが無分別な目的を強引に果たそうとしている、という話を耳にした。この者は変人である。この者を尾行させてもらえるとありがたい。また、パリにとどまる口実をこの者に与えぬよう、ノヴィオンに会い、至急司法官たちを高等法院に召集させてもらいたい。モンテスパンが妻に会わせろと脅迫していることは承知している。この者にはそれが可能であり、その結果が危惧すべきもの——例によって子供たちの問題なのだが——となるであろうことも承知している。そこで、この件についてもそなたに頼みたい。この者がつまらぬ発言をすることのないよう、手を回してもらいたいの

軍務卿ルーヴォワ

財務卿コルベール

だ。なお、本件については、とりわけ、細部にいたるまで周到な配慮を怠らぬよう、この者が可能な限りすみやかにパリから退去すべく取り計らうよう、留意してもらいたい」
国王により課されたこの難題を克服するためには、コルベール派もルーヴォワ派も、体面をかなぐり捨てねばならなかった。ことここにいたったからには、積年の派閥争いにかまけてなど、いられないではないか。だが、ルイ十四世もまた、自ら犯した罪と苦悩を払拭するため、臣下に頭を下げねばならなかった。恥辱のためすでに赤く染まったその額には、遠からず、苦悩ゆえのしわも刻み込まれることだろう。

*****

ルイ十四世は寵姫たちを愛していた。あくまでも自分本位に。
モンテスパン夫人に対する恋情は三年つづいた。彼にしては三年は長い、と言う人もいるかもしれない。ともあれ、一六七一年頃から、国王は夫人をなおざりにするようになっていた。しばし静観の構えを見せていた夫人だが、ついに嫉妬心を爆発させる時がきた。一六七二年のことである。気位の高い彼女の心に巣くいつづけ、悩ませつづけていたに違いない嫉妬心が、爆発したのだ。当時頻発していた癇癪の嵐を、セヴィニェ夫人は、こんな風に伝えている。

「今、彼女は名状しがたい怒りに駆られています。この半月というもの、誰にも会わず、朝から晩まで書き物をし、床につく前に全部破り捨てているのです。その姿を見ていると、哀れをもよおします。でも、彼女に同情する者など皆無です。どんなに彼女が善意を示そうと」

こうして、モンテスパン夫人は、ふたたびラ・ヴォワザン宅を訪れるようになる。初めて国王のしとねに迎えられて以来、数年ぶりのことだった。神々しいまでの気品と機知をそなえたこの女性が、ひとたび犯罪に手を染めるや、どんどん深みにはまってゆくさまには、ある種の衝撃を覚えずにはいられない。やがて、彼女は、マリエット神父の掌中から、ギブール神父の掌中に身をゆだねるようになる。初めのうちは、マリエット神父に、頭上で神の福音を述べてもらったあと、鳩の心臓の上で呪文を唱えてもらう程度だったのが、ついには、ギブール神父に黒ミサを行ってもらうようになってゆくのである。

ギブールは、モンモランシー家の非嫡出子を自称していた。齢七十。肌はワインの澱《おり》のような赤紫色、片方の目は完全に裏返り、白目がむき出ていた。黒ミサを行う時は、実子の喉を掻き切って生け贄にしていたが、いずれも、愛人、シャンフレとの間にもうけた子らである。シャンフレは、太った赤毛の女だった。

黒ミサにより思い通りの結果を得るためには、三度つづけて儀式を行う必要があった。一連の儀式は、一六七三年にそれぞれ二週間から三週間おきに行われ、最初のミサは、パリ南郊の町モンレリの外れにある、ヴィルブザン城の礼拝堂で行われたとされている。一つには、デズイエ嬢の愛人で小廄舎所属の小姓監督官、ルロワが、メニル村にあるその城のそばに家を持っていたからである。くわえて、ギブールは、かつて、ヴィルブザン城を所有するモンゴムリ家の司祭として、この城に住んでいた。

「十四世紀に建てられたこの城は、怪しげな呪文を唱えるには格好の場所である。パリ＝オルレアン街道からほぼ半里に位置し、城を囲む深い堀は清らかな水でみたされていた」

と古文書学者のジュール・レール氏〔一八三六－一九〇七〕は、この城を描写している。

ギブール神父に会うためサン＝ドゥニまで出向き、古金貨五十ピストル――つまり五百フラン――と二千リーヴル分の貨幣をこの儀式のために支払う旨を伝えたのは、ルロワである。神父は、当時、サン＝ドゥニにあるサン＝マルセル教会の聖具室係を務めていた。指定された日、モンテスパン夫人、ギブール、ルロワ、「背の高い女」――これがデズイエ嬢であるのは間違いない――、サンス大司教の補佐官を自称する氏名不詳の人物が、ヴィルブザン城で落ち合う。その後、城の礼拝堂で、ギブールが、祭壇に横たわる全裸の寵姫を前に黒ミサを行い、聖別《コンセクラシオン》のさいには、悪魔乞いの呪文を唱えた。モンテスパン夫人が唱和したこの呪文のテキストを、ギブールは、裁判所の検察官に提出している。聖別とは、ミサにおけるパンや葡萄酒の聖変化、つまり、神聖な用途に当てるためこれらを世俗的使用から区別することを指す。

「愛の守護神である、アスタルテさま、アスモデウスさま、貴方さまがたへの祈願のために奉るこの生け贄を、なにとぞお受け取りくださいませ。願いと申しますのは、わたくしに対する国王さまと王弟さまの友愛がつづくこと、宮廷における大公さまや大公妃さまがたに一目置かれることであり、わたくしとわたくしの両親、そして配下の者たちが国王さまに願い出ることすべてが受け入れられることでございます」[12]

ラ・レニの記述によれば、

「このミサで生け贄にされた子は、ギブールが一エキュ（現行価格十五フラン）であらかじめ買い取っていた。背の高い女から差し出されたその子の喉を、彼はナイフで突き刺し、血を搾り取ると、これを聖杯に注いだ。そのあと、子供は別の場所に運ばれた」

という。

メニルで行われたミサの詳細は、ギブールにより供述されており、彼の愛人シャンフレによる供述記録からも、これが事実であったことが確認されている。

モンテスパン夫人の裸体を前に行われた二度目のミサは、この二週間ないし三週間後、サン＝ドゥニのうらぶれた廃屋で行われた。三度目は、パリのとある家で行われたが、この時ギブールは目隠しをされ、市庁舎のアーケードからその家までを往復させられた。

当時、ルイ十四世の健康日誌を綴っていたのは、筆頭侍医のアントワーヌ・ダカン〔一六三二頃－九六〕であった。そこには、国王が、いまだかつてないほどの激しい頭痛に見舞われていたことが記されている。一六七三年末頃には、瞬間的に目がかすみ、そのあと気を失うのではないかと思うほどのめまいに、何度となく襲われていた。

「こうした頭痛やめまいがラ・ヴォワザンから提供されていた粉薬の影響によるものであるとみなすのは、さほど軽率なことではない」

という、わが国の医学者兼植物学者、オーグスト・ロワズルー氏〔一七七四－一八四九〕の指摘はきわめて的確であり、これは、後段に記すルサージュの供述により、裏づけられることになる。

それにしても、魔女どもに調合された薬物を、モンテスパン夫人はどのような手段でルイ十四世の食べ物に混入したのであろうか？　宮内府の大膳部にいる大勢の給仕係の目をかすめて、そんなことが本当に可能だったのだろうか？　二つの事実が暴露されたことにより、この疑問は解明された。いずれも一六八〇年十一月八日に明かされたもので、一つは、ヴァンセンヌでギブール神父と同じ房に入れられていたルメールによる供述、もう一つは、ルサージュによる供述からである。

以下をお読みいただきたい。ラ・レニが私的に書き留めていた、備忘録からの抜粋である。

「一六八〇年十一月八日、ルメールが話したいことがあると言ってよこし、次のようなことを述べた。ヴァンセンヌに収監中、同じ房にいたもう一人の男とルメールに、ギブールがモンテスパン夫人について妙なことを言っていた。いまだになんのことか判然とはしないが、怪しい役人がいるとしたら大膳部の給仕係デュシェーヌだ。なんでもデュシェーヌは、ドブレイ家〔ブランヴィリエ侯爵夫人の生家：第一章参照のこと〕の従僕だったが、その後ボンタン殿に仕えていた時、モンテスパン夫人にえらく気に入られて宮廷の給仕係にしてもらった。それ以来、デュシェーヌは、彼女のために忠誠を尽くしつづけていた」

少し先には、

「ルサージュに対する一連の最終尋問、とりわけ一六八〇年十一月八日の尋問によれば、やはり大膳部の給仕係であるジロが一六六八年以降この罰当たりな取引に関与しており、この男がモンテスパン夫人のもくろみに荷担するようルサージュをそそのかしたもののようである」

と書き留められている。

一六七五年に起きた危機は、モンテスパン夫人にとり、さらに深刻だった。この年の初め頃からルイ十四世が突如夫人とよりを戻し、彼女を献身的に愛するようになっていた折りもおり、珍事が出来したのである。告解の赦免拒否を受けてしまったのだ。同年の聖木曜日［四月十一日］のことである。洞察力のある人びとの目には、国王が彼女の誘惑に溺れきっているのは明らかだったし、夫人としてもようやく寵愛を取り戻したと思っていた矢先の出来事だった。犯した罪をせっかく告白したのに、所属する小教区の司祭からこれを許すことはできないと告げられたのである。告解の内容が宗教的道義にもとるゆえこれを赦免することはできない、というのが司祭の見解であった。自らの地位と権勢に慢心していたモンテスパン夫人は、この未曾有の対応に憤激する。それまでも類似の告白は何度もしていたのに、いずれも見逃されていたではないか？　それなのに、なぜこの期に及んで拒否されなければならないのか？　教区を管轄するヴェルサイユの主任司祭のところに駆け付け憤懣をぶつけたが、主任司祭は配下の司祭の対応を是認した。告解の内容までは知らされなかったものの、国王も教会側の厳しい姿勢には異を唱えることができず、彼女を、暫時、宮廷から遠ざけざるを得なくなる。くわえて、かねてから二重不倫反対論を主唱していた説教家のボシュエが、それまで以上に声高に、かつ断固たる態度で、その主張を繰り返すようになっていた。ルイ十四世の従姉、モンパンシエ

説教家ボシュエ

公爵夫人は、当時をこんな風に綴っている。「四旬節の間、われわれはヴェルサイユで過ごしていた。ところが、復活祭の当日になって、モンテスパン夫人が宮廷から立ち去ったため、その唐突な退去にみなとても驚いた。パリにいったおり、蟄居先を訪れたが会えなかった。夫人の子女が住んでいる家で、マントノン夫人が養育係として付き添っていたのだが、誰にも会おうとはしないとのことだった。宮廷では、いつ戻ってくるかとみなが待ちかまえていた。むろん、そんな素振りを見せる者などいはしなかったけれど。ただ、ボシュエ殿が、連日、彼女の蟄居先を訪れていることを知らない者はいなかった。灰色のマントで顔を隠して。今はモーの司教職にあるが、当時、彼は、王太子殿下〔ルイ十四世と王妃マリー＝テレーズの長子、ルイ・ドゥ・フランス（一六六一－一七一一）〕の家庭教師を務めていた」

ほかにも、筆者の手元には、ボシュエの私設秘書であるル・デュー神父の残した資料がある。そこには、ルイ十四世に宮廷から退去するよう命じられたモンテスパン夫人の蟄居先を、ボシュエがたずねた時のことが記されている。

「夫人は、ボシュエ殿を罵倒し、彼の思い上がりのせいで自分は追い出された、彼が望んでいるのは国王の精神的な支配者の立場を独占することだ、とまくしたてた」

しかし、高僧の泰然自若たる態度を前にしては、のれんに腕押し。どんなに怒りをぶつけても無駄と悟った彼女は、態度を豹変させる。

「そして、今度は、追従《ついしょう》と甘言で彼を籠絡しようとした。彼女は、国家の最高顕職者ばかりか教会の最高顕職者の気まで引こうとしたのである。目をらんらんと輝かせて」

モンテスパン夫人の蟄居生活は、この年の春、つまり一六七五年の四月十四日から五月十一日まで、ほぼ一ヵ月つづいた。

一方、魔術師のルサージュは、一六八〇年十一月十六日に執行された尋問のさい、モンテスパン夫人が国王に毒薬を盛るようになった経緯について次のように供述している。

「それが一六七五年の初夏だったということしか知らない。当時、モンテスパン夫人は、寵姫の地位に踏みとどまるべく画策していた。ラ・ヴォワザンとデズイエは、夫人のために働く、ないし、働くふりをしていたが、実際には、国王の愛を夫人に繋ぎ止めておくだけの能力は二人にはなかった。したがって、彼女らは、ただ単に粉薬を渡していただけのことだ。もっとも、それは、一定量以上摂取したら、毒薬にもなり得るような薬ではあったが」

ルサージュによるこの供述は、ラ・ヴォワザンの娘の供述とも一致する。以下は、彼女の供述をラ・レニが要約したものである。

「彼女の母親がモンテスパン夫人に提供した粉薬は、媚薬で、国王に飲ませるためのものだった。母親が粉薬をクラニーの城に持ってゆくさい同伴したことがあるが、この時は、大将（魔術師ラトゥール）、彼女の兄、マリーという名の召使い（その後死亡）、大将の親友フェルナン、それにラ・ヴォティエも一緒だった。ただ、娘らは城内には入らなかった。大将が母親と一緒に城に入ったのかどうかは不明だが、帰りはみな一緒で、ブーローニュの森近くにある〈兜亭《かぶと》〉で軽食を取った。バイオリンを演奏している店だったが、そこでちょっとした内輪もめがあったような気がする。兄によると、この時、母親は、ルイ金貨を五十枚もらってきたという。モンテスパン夫人に粉薬を提供する場合、母親がデズイエ以外の者に託すことは決してなかった。したがって、デズイエが粉薬の運び役を務めていたことになる。聖杯の下に忍ばせてあった粉薬は小修道院長《プリウール》と呼ばれる司祭（ギブール神父）から受け取ったものだった。それ以外の粉薬は、母親が戸棚の引出しに収納しており、鍵は母親が持っていた。粉薬には、黒、白、灰色の三色があり、母親はデズイエの前でそれを調合していた。父親が、一度、粉薬が入っている戸棚を壊そうとしたことがある、この戸棚が彼に災いをもたらす、と言いながら」

国王に媚薬を盛る工作は、一度ならず、魔術の力を信じさせ得るような結果をもたらし、モンテスパン夫人は国王のもとに戻った。

「わたくしは、いつだってのけ者だわ」

というのがリシュリュー殿の奥方の口癖だったが、事実上「のけ者」だったはずのモンテスパン夫人には、トゥールーズ伯爵やブロワ嬢など強い味方がいた。夫人が宮廷に返り咲いてからほぼ一ヵ月後の、一六七五年六月二十八日、セヴィニェ夫人は娘に書き送っている。

「あなたのクァントヴァ［モンテスパン夫人］評は的を射ています。たとえご寵愛を取り戻す可能性がまったくないような状況でも、彼女なら、それまで手にしていた権威と権勢をふたたび取り戻し、天空にだって押し上げてしまうことでしょう。ただ、彼女には、なんの憂いもなくつねに愛されている状態を作る必要があるはずですし、今もそれを画策しています。ともあれ、いささか足元がおぼつかない状況下にあるとはいえ、彼女の屋敷は宮廷人であふれかえっていますし、彼らは彼女に絶大なる敬意をはらっています」

さらに、七月三十一日付書簡にはこうある。

「あいかわらず、クァントヴァへのご執心はこの上もありません。これだけでも、小教区の主任司祭やその他のお歴々を苛立たせるには十分です」

この年の春、モンテスパン夫人が宮廷から追放されたのは、教会による赦免拒否に端を発したものであり、宗教的道義が問題視された結果だった。しかし、翌七六年、国王が彼女を身辺から遠ざけたのは別の動機からであり、これが彼女に前回とはおよそ異質の怒りを覚えさせることになる。

当時、国王は、抑えがたい欲情のとりこになり、多種多様な相手と短期的かつ突発的な情事にふけるようになっていた。セヴィニェ夫人は、こうした国王の情動を、意味深長な言い回しで記している。「それはクァントヴァ国、いわばモンテスパン夫人の君臨する王国における、なまなましい肉体の存在を感じさせます」

大勢の貴婦人が、矢継ぎ早に、国王のしとねに迎え入れられた。スービーズ大公妃、ルヴィニ夫人、ロシュフォール・テオボン嬢、リュドル夫人、そして、間違いなく、その他大勢の女性が。

痛快なのは、スービーズ大公妃〔一六四八―一七〇九〕の出処進退ぶりである。ブルターニュ地方の名門、ロアン家の血を引くこの令室が、国王の寵姫の一人になったのは、夫を愛していたからだった。愛する夫のために、夫の望む名誉と権威と地位、そして陽光のように燦然と輝く金貨を獲得すると、彼女は手際よく荷物をまとめ、いさぎよく身を引いた。騒ぎを最小限にとどめるよう万事ぬかりなく手配したうえで、夫のもとに戻ったのである。妻のアヴァンチュールにご満悦の夫のもとに。スービーズ大公は、モリエールとともに、ジュピターとの共有を高く評価した、……ジュピターが妻にたっぷり金をみついだその時から。

スービーズ大公妃

当時ルイ十四世が繰り広げた一連の火遊びとこれにまつわる陰謀については、セヴィニェ夫人による書簡、及び、火刑裁判所の書類から読み取ることができる。前者では、国王による色恋沙汰が宮廷人の目を通して語られており、後者では、国王がそのような状況におちいった由来が被告人の供述を通して示されている。

セヴィニェ夫人は、一六七六年九月二日付の書簡で、「スービーズ夫人の幻影は稲妻よりもすばやく消え去り、すべてが旧に復しています。クァントは、先日、トランプ賭博をしている間、愛する人の肩に甘えるように頭をあずけていました。こんな風に彼女が親愛の情を示す理由についての、周囲の見解は一致しています。いまだかってこんなに幸せだったことはないわ、と吹聴するためだと」

と伝えていたが、九月十一日以降、状況が一変する。

「モンテスパン夫人の星は輝きを失った、とみな思っています。今あるのは、涙と懊悩と取り繕った陽気さと仏頂面。でもね、あなた、結局のところ、すべては終わったのです。ある者はおびえ、ある者は浮かれ、またある者は恒久不変を望んでいますけれど、大半の人びとが求めているのは、舞台の転換。要するに、人びとは目下、眼の前で繰り広げられている演目に飽きてしまい、識者が言うところの、集中力が欠如した状態におちいっているのです」

九月三十日の手紙には、

「国王さまはもう彼女に対していかなる愛着も抱いておらず、モンテスパン夫人の方はこのまま手をつかねて寵愛の再来を待つべきか否かで迷っている、というのが、衆目の一致するところです。なにも手を打たなければ、結果的に、彼は別の人のところにいってしまうのではないか、という不安に彼女は駆られている。人びとはそう読んでいるのです。目下のところ、寵愛を取り戻す確率はまったく不透明です。とはいえ、今もまだ十分に美しく、しかもあれほどの自尊心の持ち主が、次席に甘んじることなどあり得ません。嫉妬心というのは、強烈なものです。これをバネに、なんらかの行動を起こすことでしょう。嫉妬心は、いかなる障害も乗り越えるものです」

とあり、十月十五日には、

「もしクァントが去年の復活祭にパリに戻ってきた時点で身を引いていたら、今のような惑乱状態におちいることもなかったでしょう。身を引くという選択に好感を示す人もいたのですから。でも、人

マントノン夫人

リュドル夫人

間とは弱いものです。誰しも、若い時の美しさの名残を少しでも長く温存しようと手立てを尽くしますけれど、それがかえって仇となり、今はまだとどめている美しさまで台無しにしてしまうものなのです」

と綴られている。この頃にはすでに、リュドル夫人〔一六四二－一七二六〕がスービーズ夫人の後釜に納まっていた。王弟の後妻、パラティナ夫人の侍女を務める、ロレーヌ公領リュドル出身の侯爵夫人である。

モンテスパン夫人の苦悩は、さらに深まる。ヴェルサイユの上空にあらたな星座が出現し、日ごと輝きを増していたのだ。当初、その星座は青白く、控え目で、慎ましやかな光を発しているにすぎなかったのに、今や、無数の小さな閃光をあざけるかのように放っていたのである。大抜擢により国王とモンテスパン夫人の間にできた子女の養育係を務めていた、詩人スカロンの未亡人が、マントノン夫人[13]と呼ばれるようになり、底力を発揮しはじめていたのだ。しかも、養育係の身でありながら、彼女の財産は、ごくわずかの間に飛躍的に増大していた！　すでに、一六七六年五月六日、セヴィニェ夫人は書き送っている。「さあ、お友達［マントノン夫人］の話をしましょう。彼女は、あの方［モンテスパン夫人］よりはるかに大きな勝利をおさめています。万物が、彼女の絶対的権威の前にひれ伏しているかのようです。ほかの方に仕える侍女までもがこぞって彼女になびき、ひざまずいてパテの入った壺を捧げ持つ者もいれば、彼女の手袋を持ってくる者、おべっかを使う者もいます。彼女は、このような振る舞いをする者を認める人ではありませんから、きっと、心の中で嗤っていることでしょう」

セヴィニェ夫人が宮中で起きていたことについて語ってくれているように、マルグリット・モンヴォワザンは、魔女の世界で生じていたことについて語ってくれている。以下は、ラ・レニの備忘録からの引用である。

「（一六八〇年七月）ラ・ヴォワザンの娘は、いわゆる腹上ミサを見たと述べた。ギブールが彼女の母親の家で行っていた、ミサである。彼女は、このために必要なものを準備する母親の手伝いをしていた。並べた椅子の上にマットを敷き、その両端に置かれたスツールの上に大蠟燭を立てた燭台を置く。と、おもむろに、カズール〔司祭がミサではおる袖なしの外衣〕――白地に黒の松ぼっくりの模様を散りばめてあった――を着たギブールが、隣の部屋から出てくる。ついで、ラ・ヴォワザンが、客の女を招き入れ、その腹の上でミサが行われるという段取りだった。モンテスパン夫人がこのようなミサを、母親宅で行わせたのは四年前（ということは、まさしく一六七六年ということになる）で、この時、夫人は夜の十時頃やってきて、帰っていったのは真夜中だった。帰りぎわに、ラ・ヴォワザンが、この件を成就させるためにはさらに二度ミサを行う必要があるので、日時を指定してほしいと言ったところ、とてもそんな時間は作れそうにない、自分抜きでことを進め、なんとか成就するよう取り計らってもらいたいとの返答だった。ラ・ヴォワザンはこれを請け合い、残りのミサはいずれも、ラ・ヴォワザンの腹の上でギブールにより執り行われた（この行為もまた、この魔女の律儀さを示すものである）。ラ・ヴォワザンの娘は、この時執り行われた儀式の一部始終、すなわち、場所の特定、人物の特定（彼女はモンテスパン夫人を知っていた）、聖職者風に装った司祭の準備状況、悪魔乞いの呪文内容を供述しただけでなく、呪文の文言中にルイ・ドゥ・ブルボン〔ルイ十四世〕とモンテスパン夫人の名前が唱えられていたことを明かすとともに、モンテスパン夫人その人が母親の家で執り行わせたミサのさい、一人の子供が喉をえぐられたことも付け加えた」

「あたしが大人になると、かあさんはもうあたしのことを警戒しなくなり、こういうミサにも出るようになったんです。あのご婦人が全裸でマットの上に横たわってるのも見ました。頭も両脚も垂れ下がってて、頭は倒した椅子の上に乗せた枕で支えられてました。おなかの上に広げられたナプキンの胃のあたりに十字架が、おへその少し下のあたりに聖杯が置かれてました」

彼女は、そのご婦人がモンテスパン夫人だったと言い添えた。別の尋問のさいにも、マルグリット・モンヴォワザンは、

「モンテスパン夫人のミサで、月たらずで生まれたみたいな子が、タライに入れられて運ばれてきました。ギブールは、その子の喉を掻き切ると血を聖杯に注ぎ、聖餅《ホスティア》と一緒に聖別してミサを終えました。そして、そのあと、その子の内臓を取り出してました。すぐに、かあさんが、その血とホスティアをガラスの瓶に入れて、デュメニルのところに持ってゆきました。蒸留するためです。その瓶は、

モンテスパン夫人が持って帰りました」

と述べている。

この供述内容は、一六八〇年十月二十三日に行われた対質により、事実であることが確認された。マルグリット・モンヴォワザンとギブールを直接対面させて行われたこの変則的な尋問のさい、ギブールは、嬰児殺害の罪をラ・ヴォワザンに押し付けようとした。

ギブールは、次のように述べている。自分が嬰児の体を切開したというのは嘘だ、なぜなら自分は白い祭服を着用しておりそんなことをしたら祭服が台無しになっていたはずで、自分が対面した時、嬰児はすでに切開されていた、と。

ラ・ヴォワザンの娘の供述内容は、逆である。彼女によれば、ギブールが嬰児の心臓を切り開き、そこから凝固した血を引き出し、別の血及びそれ以外のすべてのものがすでに入っていた瓶に入れたのであり、モンテスパン夫人がその瓶を持ち帰った、という。また、その凝血を瓶に入れる時、ギブールが安物のワイングラスの脚を折って漏斗がわりにしていた、とも彼女は述べている。

これに対し、ギブールは、次のように反論している。嬰児の腹は絶対に開いていない、ただ、すでに開かれていたので、内臓を取り出したのは事実だ。また、血を搾り出すために心臓を切り開き、聖別したホスティアの一部とともにその血をクリスタルの壺に入れた。すべては彼が腹上ミサを行った貴婦人が持ち帰った。その貴婦人はモンテスパン夫人だと当時も思っていたし、今もそう信じている。

この情景は人心を震撼させる。仮にマルグリット・モンヴォワザン及びギブールによるこれらの証言が、すでに引き出されていた別の共犯者らの自白と一致していなかったら、人びとはその信憑性に疑問を抱かずにはいられなかったことだろう。しかしながら、二人の供述内容は、この重大な犯罪に絡んだ別の共犯者ら――ルサージュ、ラクドゥレ、ラ・ドゥラポルト、ラ・ヴェルトマール、フランソワーズ・フィラストル、コトン神父――の供述により裏づけられたのである。共犯者らはいずれも、それぞれ別の日に逮捕され、個別に尋問されており、しかも、彼らの供述は、本件の裁判が始まる以前に、時間も場所も別々に集録されたものだった。また、ルサージュの証言とラ・ヴォワザンの娘の証言との間には十六ヵ月という時間的隔たりがあり、この間に彼らがいかなる連絡も取り得なかった点を、ラ・レニは強調している。

ラ・レニがルーヴォワ宛に綴った、一六八〇年十月十一日付の書簡がある。当時、ルーヴォワ卿は、どうにかしてモンテスパン夫人を救いたいと念じていた。そこで、ラ・フィラストルとコトン神父の自白については、訴訟手続から除外してはどうかと提言。両名が拷問を受けたさいに行った自白が、国王の寵姫にとりもっとも不利だったからである。その一方で、それ以外の被告人の訴訟は確実に続行するよう説いていた。

この提言に対し、ラ・レニは、

「これら一連の供述については、当法廷の利益のためにも、当面、隠蔽しておいた方が良いとお考えかもしれませんが、たとえ裁判官諸兄の目からこれらの供述を隠蔽すべく法にかなったなんらかの手段を見いだしたとしても、今後、シャプレン夫人、ギブール、ガレ、ラ・ペルティエ、ドゥラポルト、そしておそらくさらに多くの者を裁く段になった時点で、同様の供述が再浮上するであろうことは、必定であります」

と述べ、ギブール神父による供述内容が虚偽ではない理由について、

「宣誓までした上でギブールが偽りを述べるということ自体、また、悪魔との契約時に用いた文言——すなわち腹上ミサを行うさい唱えた悪魔乞いの呪文——を彼が捏造すること自体、心証的に不可能であります。なにかをとっさにでっち上げるほどの機知を彼は持ち合わせておらず、このような主題について述べるにあたってはある程度筋の通った思考回路を必要とするところですが、物事を深く考えるだけの頭脳も彼は持ち合わせておりません。たとえそのような思考回路を持ち合わせていたとしても、彼には上流社会に関する十分な情報も知識もありません。したがって、モンテスパン夫人の行動を順序立てて破綻なく叙述することなど、彼にはまず不可能であります」

と記している。また、別の箇所では、

「ギブールとラ・ヴォワザンの娘は、きわめて特殊かつおぞましい状況の中で出会っており、それは、まったく別の場所にいる者同士が共同でなにかを創案したり捏造したりすることなどおよそ不可能な状況と言えます。したがって、これら一連の行動は、彼ら両名の証言通りに為されたに違いありません」

と述べたうえで、以下のような見解を加筆している。

一、ラ・ヴォワザンが、「大将」（ラトゥール）と取引した時期、サン＝ジェルマンに出張した

時期、大将に毒薬を調合させた時期は、いずれも、一六七六年であります。

二、ギブール及びラ・ヴォワザンの娘により明かされた、一連の忌まわしい儀式の挙行日時は、上記と同様の時期にさかのぼるものと考えられます。

三、ルサージュが、大将について語ったのも、毒薬、ラ・デズイエ、さらには一六七六年におけるラ・ヴォワザンのサン＝ジェルマン行きについて語ったのも、ほぼ二年前のことであります。

四、本件に関する裁判は、ルサージュが二度目に逮捕〔一六七九年三月十七日〕される二、三年前に始まっていました。この頃から、この事件が自分の命取りになるやもしれぬと危惧しはじめていた、とルサージュは証言しております。国王の体調不良は、体気[14]による神経障害だというのが、それまでの彼ら一味の見立てでした。ラ・ヴォワザンと別れたいと思った理由は、本毒殺事件の裁判が開始されたこと、及び、ラ・ヴォワザンとラ・デズイエとの共犯関係を知ったことによる、ともルサージュは証言しております。

魔女集団による毒殺事件の捜索開始直後から、上記と同様の供述内容を得てはおりました。その口火を切ったのはラ・ボスでした。彼女が本件に関して最初に裁かれた人物であり、彼女は、一六七九年一月に行われた拷問のさい、本件発生の直接的原因を初めて口にしたのであります。しかしながら、国王は、国家的重要人物に関するこのたぐいの証言を記録することを、この時点では、まだ許しておられませんでした。それになにより、そのような証言に微少なりとも注意を払うよう指示できる者など、いるはずもありませんでした。このため、ラ・ボスに対して行われた拷問時の供述調書においても、彼女がモンテスパン夫人について述べた内容は記載されませんでした。

一六七六年当時、モンテスパン夫人は、黒ミサによる魔術にだけ頼っていたわけではない。夫人にそそのかされ、魔女らは、フランソワーズ・フィラストルをノルマンディーに送り出している。毒薬と媚薬の「秘伝」に精通する、ルイ・ガレなる人物をたずね、それらの薬を調合してもらうためだった。ガレは、フィラストルに粉薬を渡した。火刑裁判所の被告人らがその名を口にするや、即刻逮捕命令が出され、ガレは、一六八〇年二月二十三日、カーンの刑務所に収監される。バスティーユ及びヴァンセンヌに捕らえられている被告人らからはるか北方にいたにもかかわらず、ガレは尋問を受け、双方で引き出された供述内容が合致していることが判明した。これを踏まえ、ラ・レニは、以下のような結論を導き出す。

「ラ・フィラストルに対する拷問執行後、ギブール及びガレの供述が彼女のそれと一致することが認められるとともに、三者の供述がいかなる点からも齟齬をきたすことのない完璧なものとして裏づけられたことになる」

＊＊＊＊＊

モンテスパン夫人が、生来、異常なまでに疑い深い性向の持ち主であったという事実は、認めねばならない。魔女や魔術師による悪魔乞いの効力を盲信していたとはいえ、自らの地位を維持しつづけられるかどうかについてつねに疑念と不安を抱いており、これを不動のものとすべく罪を重ねるにい

熟年期のモンテスパン侯爵夫人（ミニャール画）

たったものと思われる。くわえて、異常なまでに嫉妬深い性向がこれに拍車を掛けた。

以下は、セヴィニェ夫人が娘のグリニャン夫人に書き送った、一六七七年六月十一日付の手紙である。おりしも、ルイ十四世が、侯爵夫人イザベル・ドゥ・リュドルを袖にして、ふたたびモンテスパン夫人の足元にひざまずいたところだった。

「まあ！　あなた！　ヴェルサイユでのこの勝利！　なんとまあ傲慢な態度！　その傲慢さたるや、これまでにも倍増するほど！　心憎いほどの起死回生ぶりです！　彼女の寝室に一時間ほどおりました。美しく着飾り、きちんと御髪《おぐし》を整えて、彼女はベッドに横たわっていました。ちょうど、真夜中すぎに取る《メディアノッシュ》豪華な食事にそなえて休息を取っているところだったのです。かわいそうなイオ（リュドル夫人）について毒舌の限りをつくし、あの娘が彼女を非難するなぞおこがましい限りだ、と嘲笑していました。想像してもみてください、こんなに華々しい返り咲きの勝利に酔いしれる中で、一片の思いやりもない傲慢な人がどんなことを口走るかを、そして、それを間近で見聞きする者の気持ちがどんなものかを。噂では、このお嬢さん（リュドル夫人）、王弟妃さまのおそば仕えの生活にまた戻っているとか。彼女がラ・モルイを連れてデュ・プレシ元帥庭を散策しているのを見掛けましたけど、とても寂しそうでした」

六月十八日付のビュシー＝ラビュタン宛の手紙では、

「モンテスパン夫人は、彼女（リュドル夫人）の息の根を止めようと考えており、連日ひどい仕打ちを繰り返しています」

と記し、七月七日付のグリニャン夫人への手紙ではこう伝えている。

「哀れなイシス（リュドル夫人）は、ヴェルサイユに一度も顔を見せませんでした。このところ、彼女はいつもひとりぼっちです。ある人（モンテスパン夫人）は、彼女のことを『あのクズ』と呼んでいます。今回の返り咲きで、こんな横暴な振る舞いも大目に見られているのです」

「クァントとその愛人は、いまだかつてないほど長い時間、それは楽しそうに行動を共にしています。そこには、初めて出会った頃の情熱が再燃している様子が見てとれますし、胸中からすべての懊悩が払拭されたおかげで、彼女は勝手気ままに振る舞っており、クァント国の秩序はいまだかつてないくらい安定しています」

と別便には綴られ、この直後の手紙では、

「先日、モンテスパン夫人は、全身ダイヤでおおわれていました。これほどの光輝を放つ絶世の美女に立ち向かえる人など、まずいません。どうやら、国王さまのご寵愛は前例のないほど深くなっているようだ、というのがおおかたの見方です。焼けぼっくいがこれほど激しく再燃する例を見たことはありません」

と報告されている。

しかしながら、ちやほやされ、勝ち誇っているとはいえ、寵姫は苦しんでいるようだった。いらいらと落着きがなく、熱病にでもかかったような興奮状態におちいっていたのだ。ルーヴォワの息子レブナック伯が従兄のフキエール侯爵宛てに綴った、一六七八年一月十三日付の手紙にはこうある。

「モンテスパン夫人の賭博熱は度を超しています。百五十万現行価格」を擦ることも珍しくないほどで、クリスマスの日には、七十万エキュ［一千万現行価格］擦りました。でも、手札三枚に十五万ピストル［七百万現行価格］を張って勝ったこともあります」

彼女は勝利に酔いしれていた。だが、これが彼女にとり最後の勝利となる。それは、きわめて輝かしい勝利ではあったが束の間の勝利であり、その先には、これ以上ないほど過酷な日々が控えていた。


一六七九年三月、モンテスパン夫人は、ゴブラン神父に、

「深い穴の淵に立っておられる国王さまのために、祈っていただきたいのです」

と頼んでいる。ゴブラン神父は、当時もっとも厳しい聴罪司祭として知られる人物だった。

この「深い穴」とは、マリー＝アンジェリク・ドゥ・スコレーユ、すなわちフォンタンジュ嬢(15)の心を指していた。フォンタンジュ嬢は、若干十八歳の美少女で、ブロンド、それも明るく光沢のある麦藁のようなブロンドの髪に、幼子が驚いた時のように大きく見開いたパールグレーの瞳をそなえ、その眼差しは深く、きらきらと輝いていた。肌はミルクのように白く、頬はバラ色、性格は、当時の

人びとによれば、小説のヒロインそのものだったという。リュドル夫人やラ・ヴァリエール嬢がそうだったように、彼女も王弟妃の侍女として宮廷で暮らしていた。もっとも、フォンタンジュ嬢が仕えていたのは、後妻のパラティナ夫人である。アンリエット・ダングルテール亡きあと、一六七〇年に

狩の帰途ブーローニュの森でフォンタンジュ嬢を見初めたルイ 14 世（当時の版画）

「フォンタンジュ風ヘアスタイル」。ある狩りの途中ほぐれた髪をあり合わせのリボンで頭上に結い上げたのが評判となり、その後四半世紀に渡り大流行した。（アルベール・ロビダ画）

王弟妃となったパラティナ夫人は、同嬢について
「頭のてっぺんから足の先まで天使のように美しい」

という言葉を残しており、ビュシー＝ラビュタンは、

「あまりに美しく容姿端麗な娘を見て、体面より財産に目のない両親が、資金を出し合って、彼女を宮廷に送り込み、彼女が就くポストに見合うだけの金を稼がせようとした」

と記している。

国王はその麗姿に一目惚れ。これは、ルイ十四世にとっても、モンテスパン夫人にとっても、想定外の出来事だった。アルフォンス・ロロ及びルイ・ドゥ・シヴリにより編まれた、『サン＝ジェルマン＝アン＝レー歴史概説』における当時の記録には、

「モンテスパン夫人、突如サン＝ジェルマンを去る。フォンタンジュ嬢に対する嫉妬がその原因である」

とある。

だが、夫人の愛人は、絶対的権力を有する国王その人である。彼は、情けを掛けた女が勝手に自分のもとを去ることを許さなかった。かつて、ルイーズ・ドゥ・ラ・ヴァリエールに対して恭順を強いたように、モンテスパン夫人にも同様の犠牲を強いた。すなわち、今度はモンテスパン夫人が、フォンタンジュ嬢の勝利を認め身を挺して彼女に仕えるべしと命じたのである。傲岸不遜な夫人も、少なくとも表面上は、これを甘受し、フォンタンジュ嬢の勝利を認めた。一六七九年三月三十日、夫人はノアイユ公爵宛てに、

「こちらは平穏そのものでございます。国王さまは、ミサのあとと夜食後にしか、わたくしの寝室にはお越しになりません。いさかいをしながら頻繁にお目にかかるより、おだやかな気持ちでたまに顔を合わせる方がはるかにましでございます」

と綴っている。ほどなく、この上辺だけの満足も彼女から取り上げられた。つまり、国王は、彼女を公然と遺棄したのである。なんら手心をくわえることなく。

セヴィニェ夫人の証言によれば、

「ヴィレール＝コトゥレ〔北仏、ソワソン南西方の町〕にある王弟宅で仮面舞踏会がありました。フォンタンジュ嬢が華々しく登場しました、それも、モンテスパン夫人その人の手で、美しく着飾ってもらって」

とあり、ビュシー＝ラビュタンは、この失脚に拍手を送っている。

「モンテスパン夫人は失墜した、国王はもはや彼女を見向きもしない。読者諸兄も、宮廷人がこれにならうのはもっともだと思われるに違いない」

四月六日、セヴィニェ夫人は、

「モンテスパン夫人は、恐水病にでもかかったかのように荒れ狂っています。昨日は、号泣していました。自らの高慢を棚に上げて嘆き悲しむ殉教者、そんな姿を思い浮かべてみてください」

と綴り、六月十五日付の娘への返信では、

「あなたの言うとおり、これはまさに針のむしろです。彼女の席次の方が彼女（モンテスパン夫人）のそれより上になろうとしているのですから」

と記している。

モンテスパン夫人は、かつて、ラ・ヴァリエールを風刺する歌を作ったことがある。そして、今度は、幸せに酔いしれる恋敵をあしざまにののしる寸鉄詩をものした。以下は、これにまつわるビュシー＝ラビュタンの記述である。

「偉大なるアルカンドル（ルイ十四世）の心が日増しに遠のいてゆくのに気づいたモンテスパン夫人は、憤激のあまり、フォンタンジュ嬢を公然と中傷するようになり、相手かまわず言いふらしていた。偉大なるアルカンドルは気難しい御仁で、故郷で浮き名を流した小娘に惚れるようなタイプでは絶対ない、しかも、この娘ときたら機知もなければ教養もない、要するに、絵の中の美少女にすぎない、と。フォンタンジュ嬢に関するこの手の聞き苦しい悪口に、彼女は百万言を費やしていたが、それはひとえに、生来の驕慢な気質のせいであり、この驕慢さがためられたことなどいまだかつて一度もなかった」

これでもかとばかりに攻め立ててくる先輩の襲撃に、フォンタンジュ嬢は、贈り物責めで応戦していた。モンテスパン夫人とその子女に、高価な品を贈りつづけたのである。おりしも、公爵夫人の称号及び二万エキュの年金をあらたな寵姫に下賜する旨の布告が発令されたからたまらない。袖にされた寵姫の怒りは頂点に達し、ものすごい勢いで国王に当たり散らした。モンテスパン夫人の傲慢さや支配欲、その他もろもろの欠点を列挙して、ルイ十四世が反撃したところ、彼女は、居丈高に、小馬鹿にした態度で言い返した。怒りのありったけを、ある言葉にこめて。彼女が放つ毒舌はただでさえ手厳しく容赦がないので、寵姫として君臨していた間中、彼は、そうした放言に恐れをなしていたのだが、この日のそれは、彼にとりもっとも耳の痛いものだった。

「たとえ、わたくしが、あなたさまに非難されるような欠点を持っておりましたとしても、少なくとも、わたくしは、あなたさまのように悪臭を放ってはおりませんわ」

公爵夫人の称号を得たフォンタンジュ嬢

「あの頃、母さんは言ってました。モンテスパン夫人は、やることなすこと極端で、胸のむかつくようなことを要求してくるって。それが国王さまのためにならないようなことだって匂わせてたんですけど、その時はよくわかりませんでした。でも、あとで、ラ・トリアノン（魔女、ラ・ヴォワザンの仲間）の家で起こったことを聞いて、やっぱりそうだったんだって思いました」

とラ・ヴォワザンの娘は供述している。見捨てられた寵姫が腹をくくったのだ。ルイ十四世とフォンタンジュ嬢を一挙に始末してしまおう、と。ヴィルヌーヴ＝スュル＝グラヴォワに住む魔女、ラ・ヴォワザンに声を掛けたモンテスパン夫人が、共犯者どもをボールガール街の一隅に召集するなど、造作もないことだった。共犯者は、ラ・ヴォワザンを含め計四名である。グラヴォワから目と鼻の先に位置する薄気味悪い小屋《しょうおく》で落ち合った彼らは、各自、役割を分担。ラ・ヴォワザンとラ・トリアノンが、ルイ十四世を亡き者にする役を引き受け、「腕利きの毒薬師」であるロマニとベルトランが、フォンタンジュ嬢殺しを請け負い、モンテスパン夫人が、金を与えた。

最初に毒を盛られるのは、ルイ十四世のはずだった。当初、実行犯らは、魔術書の記載通りに処方した粉薬を、国王の衣服に仕込むか、国王が必ず通る場所に撒こうと考えており、後者は、「これなら自分にもわけなくできる、とモンテスパン夫人の腹心、デズイエ嬢が断言していた」方法だった。これで、国王は衰弱死するはずだった。しかしながら、熟慮のすえ、ラ・ヴォワザンは、より確実に実行できそうな第三の方法を選択する。歴代フランス国王の慣例にならって、ルイ十四世は、特定の日に、恩赦を求める臣民の請願書を手ずから受け取っており、これらの日には、身分や階層の別なく、万民が宮廷に自由に出入りすることが許されていた。この慣例に乗じ、一味は、一通の請願書を準備し、あらかじめ聖別した粉薬をそれに塗り付けておくことにしたのである。こうすれば、国王は、その請願書を手にしたとたん絶命するだろう。ラ・トリアノンが請願書の準備をし、ラ・ヴォワザンがその請願書を国王に手渡すことになった。

請願書には、テルム男爵の居城に幽閉されている、ブレシという名の錬金術師を恩赦するよう取り

臣民の請願書を受け取るルイ 14 世

計らって欲しい、と記されていた。ブレシは、ラ・ヴォワザンの愛人の一人で、ルサージュらとともに賢者の石の研究にかこつけて、彼女から大金を搾《しぼ》り取っていた男である。ラ・ヴォワザンは、詐欺仲間のレジェをたずね、サン＝ジェルマン＝アン＝レーにいる彼の友人に推薦状を書いてもらいたい、そしてその人物が彼女を接見場所に集まる人びとの最前列に並ばせてくれるよう計らって欲しい、と頼んだ。王太子の教育官モントジエ公爵の従僕を務めていたレジェは、彼女がサン＝ジェルマンまで足を運ぶ必要はない、自分がその請願書を確実な方法で国王の手に渡るようにするから、と言ったが、ラ・ヴォワザンは、どうしても自分の手で渡したいと主張した。

なんとも不敵なラ・ヴォワザンの手口には、仲間内でも剛胆無比で知られる男らでさえ、震え上がった。おおかたの同業者は、死を怖れてはいなかった。しかし、国王殺しに対して裁判所が定めている拷問のすさまじさを思うと、二の足を踏まずにいられない。そこで、ラ・トリアノンが、ラ・ヴォワザンの星を占うことにした。彼女を怖じ気づかせようと、一計を案じたのである。この間の経緯に関する資料は、火刑裁判所がラ・トリアノンに関して聴取した書類から発見されている。ラ・トリアノンの封には、ラ・ヴォワザンが反逆罪の嫌疑を受け裁判にかけられるだろうと出た。これを告げるや、彼女は言い返した。

「だけどさ！　十万エキュ［百五十万フラン現行価格］も稼げるんだよ」

これが、ラ・ヴォワザンとモンテスパン夫人の間で取り決められていた、ルイ十四世毒殺の対価だった。

一六七九年三月五日、日曜日、ラ・ヴォワザンは、サン＝ジェルマンに向けて出発。ロマニとベルトランが同行した。戻ってきたのは、三月九日、木曜日である。彼女は、ひどく不機嫌だった。国王に近づくことができず、請願書を直接渡せなかったのである。かたわらにもうけられた机の上に置くこともできたが、この書状は、国王に直接手渡されなければ意味がない。ラ・ヴォワザンが、もう一度サン＝ジェルマンにゆくと言ったところ、なぜそんなに急ぐ必要がある、いったいどんな仕事なんだ、と夫がたずねた。

「やり遂げない限り、身を滅ぼすような仕事なんだよ！

——身を滅ぼすだと！　たかが紙ぺら一枚にしちゃ、ご大層な話じゃないか」

翌三月十日、金曜日、例の「宣教師《ミシヨネール》」たちがラ・ヴォワザン宅にやってきた。先に登場した、俗世の浄化活動に取り組む布教集団の面々である。彼らにしてみれば通常の活動の一環として、たまたまこの日、担当地区内に位置する彼女の家を訪れただけのことだったが、極度の緊張状態にあったラ・

ヴォワザンは、この突然の訪問に動転。陰謀が発覚したものと思い込み、くだんの請願書を焼却するよう娘に命じる。とりあえず証拠を隠蔽しなくては。計画の実行は延期しよう。娘は、翌土曜日の未明、言われたとおりにした。当然のことながら、請願書は、手つかずのまま封筒の中にあった。請願書に直接触れたら死ぬことは、一味全員周知の事実だったのだから。だが、三月十二日、日曜日、ラ・ヴォワザンは逮捕されてしまう。翌十三日の月曜日、再度サン＝ジェルマンにゆくつもりでいた彼女だが、その思惑は外れた。逮捕のニュースはあっと言う間に広がり、三月十五日、水曜日、モンテスパン夫人が宮廷から遁走する。

筆者の手元にあるラ・レニのメモ帳に、この請願書に関する記載がある。このくだりで、ラ・レニは、ルイ十四世毒殺計画が事実であること、及び、その計画がモンテスパン夫人の手先として使われていたラ・ヴォワザンの主導により進められたものであること、を証明してみせている。ただ、走り書きの箇所が多々あるため、以下に転載する部分のゴシック体の箇所は、書き崩されて判読しづらい文言を筆者が読み解き、補筆したものであることを申し添えておきたい。なお、四行目に付されている傍線はラ・レニによるものである。

請願書：――ヴォワザンの娘、ロマニ、ベルトランによる**供述**から、ラ・ヴォワザンのサン＝ジェルマン行きは、請願書を提出するためであることが**確定した**。請願書の原文を清書したのはベルトランである。また、同人は、宮殿内での行動をラ・ヴォワザンに問い質した結果、彼女が日曜日から宮殿にいたこと、請願書を手渡すことができぬままそれを持ち帰ったこと、このため再度サン＝ジェルマンにゆかねばならなくなったこと、を知った。このことからも、ラ・ヴォワザンがサン＝ジェルマンに出掛けた真の目的が、同請願書の提出であったことは明白である。

ラ・トリアノン及びラ・ヴォティエもまた、ラ・ヴォワザンのサン＝ジェルマン行きが事実であると認めている。ラ・トリアノンは、**星占いの中で**、この旅が国家的重大事、すなわち大逆罪にあたるものだと**指摘している**。**尋問中の彼女は**、**請願書の件について口を濁しているが**、公式に自供する**段になると**、この件をきっぱり否認している――この程度の食い違いはさして問題視するには及ばぬ些末事であるのやも知れぬが、不問に付して良いものだろうか。本件には背後で糸を引いている者がいる違いない。――そして、その者とは、ラ・ヴォワザンの娘が述べている人物以外にあり得ない。

サン＝ジェルマン行きは、ラ・ヴォワザンの行動だっただけにいっそう疑わしい。サン＝ジェルマン行きについて尋問された時、彼女はその人物について一切言及しなかった。たとえ請願書の提出だけが目的だったとしても、この人物について言及させる手段を講じるべきだったのではなかろうか。

ラ・ヴォワザンは、**獄中で**、警護の者らに打ち明け話をしていた。このさい彼女が漏らした言葉を付け加えておく必要がある。それは、サン＝ジェルマン行きには危惧の念を抱いていたという彼女の発言に対し、**警護の者らがその理由をたずねた時のことだ**。彼女は、明言しているのである。「神が国王をお救いになった」と。

さらに、ラ・レニは、

「(一六八〇年八月十九日のラ・ヴォワザンの娘との対質中)ラ・トリアノンが以下の事実を認めた。ラ・ヴォワザンの逮捕直後、たしかに、自分はこの娘に次のように言った。すなわち、彼女の母親が逮捕されたのはサン＝ジェルマン行きが原因であり、いずれこの旅が彼女に不幸をもたらすことになるであろう、しかもこの旅はラ・ヴォワザンの思惑を超えたものになってしまっているため、彼女が何らかの国家的重大事に巻き込まれるであろうことはまず間違いない、と。当時、ラ・ヴォワザンは、愛人のブレシにすっかり愛想を尽かしていたものと思われる(したがって、彼の釈放に尽力する理由など彼女にはまったくなかった)。さらに重大なのは、星占いで問題とされた反逆罪がラ・ヴォワザンのサン＝ジェルマン行きを指していたという点で、ラ・トリアノンとラ・ヴォワザンの娘の意見が一致していることである」

と付言し、こう指摘している。

「ともあれ、法廷でこの請願書の件が初めて論じられたのは、これよりかなり前のことだ。なにせ、ラ・ヴォワザンの娘が逮捕される以前のことなのだから」

ラ・ヴォワザンの娘が逮捕されたのは一六七九年六月のことであり、同年九月二十七日にはルサージュが、ラ・ヴォワザンのサン＝ジェルマン行きに関する再供述を行っていた。半年前の逮捕時に行った供述を踏まえ、さらなる詳述を行ったのである。その日のうちに、ルーヴォワは、以下のような書面をルイ一四世に送っている。

「ラ・ヴォワザンのサン＝ジェルマン行きに関する、ルサージュの再供述記録を同封いたします。自らの主張に関する証人として、同人は多くの人名を挙げており、同人が事実を捏造していると考えるのは困難であります」

ラ・レニもまた、ラ・ヴォワザンのサン＝ジェルマン行きが事実であったと確信しており、その理由を次のように記している。

「裁判所での供述以前に、ラ・ヴォワザンの娘は、同じ房の囚人二人に、母親のサン＝ジェルマン行きについて漏らしていた。そして、最終的に、裁判所で供述しなければならなくなった時点で、自殺願望に駆られ、縊死したいとまで思い詰めたのである」

フォンタンジュ公爵夫人は、一六八一年六月に亡くなった。彼女の死は暗殺によるものだ、復讐心に燃えるかつての寵姫モンテスパンに殺《や》られたに違いない、というのが当時のおおかたの見方であり、以後これが通説として語り継がれていた。

事実、一六七九年当時、ラ・トリアノンの家で夕食をとっていたラ・ヴォワザンが、この件に話が及ぶや、声高に言っていたという。

「まったく！　バカらしいったらありゃしない、恋の遺恨だなんて！」

ロマニとベルトランがフォンタンジュ嬢〔この時点では公爵夫人の称号はまだ与えられていなかった〕の毒殺をまかされており、準備は、ラ・ヴォワザンとラ・トリアノンがルイ十四世を亡き者にしようとしていたのと同時期に、進められていた。ただ、同嬢に用いられた毒薬は、請願書に仕込まれたものに比べ、即効性がはるかに低く、犯人らの描いた筋書きによると、

「彼女は鬱病がこうじて死ぬことになっており、国王の死を嘆き悲しんで死んだ、と世間が噂するような死に方をするはずだった」

二人は、フォンタンジュ嬢に商品の布地を売り込むことにしていた。ロマニが服地販売業者に変装し、ベルトランはその従僕役という割り振りになっていたが、彼女が布地を買うとは思っていなかった。だが、

「手袋は、買わずにゃいられないさ。どれもグルノーブルから取り寄せた品で、出来も最高だ。奥方連中は、一度でもしっくりなじむ逸品をはめたがさいご、買っちまうに決まってる。それに、手袋にゃ、服地とおんなじくらい毒の効き目があるはずだ」

とロマニは言っていた。事実、一味は、ローマ及びグルノーブルから最高級の手袋を取り寄せており、ロマニが、古くから魔術師の間で用いられてきた処方に従って、それらに「毒を仕込んだ」。

筆者は、こちらの事件に関する記述も、ラ・レニが残したメモ帳の中から見つけ出した。例によって、不完全な文言による走り書きではあるものの、これがフォンタンジュ夫人殺しに関する陰謀の事実を証明する根拠となっている。


服地、手袋……――フォンタンジュ夫人殺人計画に関するラ・ヴォワザンの娘の供述内容が事実であるのは、まず間違いない。なぜなら、計画の実施方法がロマニの供述内容と一致しているからである。ロマニは、フォンタンジュ家の入り口を探したこと、自分を外国の絹商人と思わせようとしたこと、服地の入手方法を仲間内であらかじめ話し合っていたこと、を認めており、これ

ら一連の行動はわれわれが娘から聴取した内容と一致する。

ラ・ブルテシュ夫人との取引にまつわる娘の供述にも、嘘はないはずだ。同夫人は、毒薬取引にかかわるすべての裁判で責任を問われているだけでなく、ブレシ自身による自白——すなわちブレシが夫人との取引について自白したこと——がきっかけで、疑いを掛けられているのだから。

ラ・デュメニルとの取引に関する娘の供述も、これまた然りである。この者は、実際に、フォンタンジュ家に出入りする権利を有しているのだから。

ベルトランの供述も、事実と受け止めて良いだろう。なぜなら、ラ・ヴォワザンの娘には、彼ら二人がその取引を受け入れるかどうかをあらかじめ見抜くことなど不可能だったからである。

注記：当時、ロマニがラ・デズイエ（モンテスパン夫人の侍女）との間で行った取引については、追跡調査の必要あり。

このような注記をラ・レニが加筆したのに、なんの不思議もない。

すでに見たとおり、ラ・ヴォワザンとその一味の逮捕を知った直後の一六七九年三月十五日、モンテスパン夫人は、宮廷から逃亡しているのだから。ただ、当時、この逃亡は、フォンタンジュ嬢に対する嫉妬心からとしかみなされていなかった。この頃、モンテスパン夫人は、極度の不安、いやむしろ、猛烈な憤怒に駆られていた。そして、自らの幸運が木っ端微塵にされ、その地位が完全に失墜したことを悟った時点で腹をくくったのである。自らの不運と引き替えに、少なくとも、ある種の快感を味わってやろうと。フォンタンジュ嬢を我が手で亡き者にする、というおぞましい快感を。ところが、怨念を晴らすにあたってもっとも頼りにしていた、手先のラ・ヴォワザンが逮捕されてしまった。遠からず、尋問を受け、すべてが暴露されてしまうことだろう。微に入り細《さい》をうがつ司法官たちを前にしては、いくらしたたかなラ・ヴォワザンでも事実を隠し通すことはかなわず、国王の寵姫が絡んでいた恐るべき陰謀の数々は、白日のもとにさらされてしまうに違いない。だからといって、たとえ不実な愛人に対する復讐はあきらめるにしろ、恋敵のフォンタンジュ嬢に対する暗殺計画まで放棄するつもりはなかった。なにがなんでもこれを実現させたいという思いに取り付かれていたモンテスパン夫人は、不敵にも、フランソワーズ・フィラストルと取引をすることにした。フィラストルは、ラ・ヴォワザンの古なじみで、彼女に次ぐパリでもっとも怖れられていた魔女であり、他の同業者がそうであったように、実子を悪魔の生け贄にしていた。自分が産んだばかりの嬰児の喉を掻き切り、悪魔に捧げていたのである。袖にされた寵姫から依頼を受けたこの女は、先にも登場したルイ・ガレを再訪するためノルマンディーにおもむくが、ここでは会えず、オーヴェルニュまで足を伸ばす。麻薬と媚薬の「秘術」に通じたこの男に、「発覚しないよう毒殺する」秘伝を授けてもらうためだった。パリに戻ったフィラストルは、フォンタンジュ家に潜入すべく奔走するものの、計画を実行に移すことはできなかった。その前に逮捕されてしまったからである。

モンテスパン夫人の望みをかなえたのは、天だった。魔術と毒物をあてにしていた彼女の残酷な望みは、天の配剤によりかなえられたのである。一六八一年六月二十八日、フォンタンジュ公爵夫人は、サン゠ジャック地区にあるポール゠ロワイヤル修道院で亡くなった。享年二十。死因は、結核性胸膜肺炎。分娩後の出血多量が、死期を早めた。うら若い寵姫の死は、毒殺によるものと信じられ、恋敵が疑われた。同様の疑念を抱いていたルイ十四世は、解剖により犯罪が発覚することを怖れ、これを回避する方法を模索する。が、故人の近親者の強い要求により解剖は決行され、医師団は、自然死であると結論づけた。だからといって、フォンタンジュ夫人はモンテスパン夫人が盛った毒にやられた、という説が消えることはなかった。ケリュス夫人、マントノン夫人、パラティナ夫人、ビュシー＝ラビュタンの面々が、この説を喧伝しつづけていたからである。


*****

火刑裁判所の検察官たちを前に、魔術師のルサージュが口を滑らせた。

「ラ・フィラストルを捕まえりゃわかるさ、そら恐ろしいことが」

ただちに、ラ・フィラストルが逮捕された。一六七九年十二月のことである。検察官により行われた法廷での尋問に対してはすべてを否認し通したものの、一六八〇年十月一日の死刑直前の拷問で、彼女は、バスティーユ及びヴァンセンヌに投獄されている囚人らにより暴露された情報が正しいことを認めてしまう。この事態に驚愕したルイ十四世は、その日のうちに、火刑裁判所における審理を中止せよとの命を下した。

ほぼ半月後の十月十七日、ルーヴォワは、ラ・レニに伝えている。

「お手紙拝受、国王は、某宛《それがし》の貴殿の手紙が読み上げられるのを、辛そうに聴いておられた」

いったんは火刑裁判所を閉鎖させたルイ十四世だが、その後のラ・レニによる再三再四の懇願に負け、翌一六八一年五月十九日、同裁判所での審理が再開される運びとなる。だが、司法官らは、「ラ・フィラストルの拷問調書及び死刑執行調書に記された供述内容に手を付けることを固く禁じられた」のである。

それまで半信半疑だったルイ十四世も、この頃にはもう、寵姫の犯罪をほぼ確信するようになっていたようだ。その彼に、決定的証拠が突き付けられる時が訪れる。

デズイエ嬢の名は、どの調書にも頻出している。モンテスパン夫人の侍女を務めていたこの女は、魔女どもの周辺で、使い走りや伝言役をこなしていたこともあり、被告人らは、ほぼ例外なく彼女と知り合いだったし、彼女についてきわめて正確に語っていた。ラ・ヴォワザンの娘は、その住まいに関する情報を提供している。数回にわたり訪れていたからだ。デズイエ嬢にはヴィルデュー夫人という女友達がいた。占い好きの貴婦人で、あちらこちらの女占い師宅を訪れていたが、自分のことを占ってもらうためだけにすぎず、ラ・ヴォワザンが逮捕された一六七九年の春頃には、二人の間でこんな会話が交わされていた。

「どうしてそんなにのんびりしていらっしゃれるの、あんなにしょっちゅう彼女のところに出入りしてらしたのに？

――国王さまがわたくしの逮捕をお認めになるなんて、ありえませんもの」

女友達のこの発言を、ヴィルデュー夫人が国王巡邏隊長デグレの前で口走った。デグレから報告を受けたラ・レニは、さっそくルーヴォワ宛にしたためる。

「デズイエ嬢に関しては、事件当初から繰り返し述べられてきており、その供述内容にはきわめて説得力があります。したがって、彼女について供述した者らの前に彼女が姿を見せていたのは事実であり、これを否定することは不可能であります」

だが、一六八〇年十月二十二日付のこの提言に対する応答は皆無だった。これにより、ラ・レニは、ことデズイエ嬢に関し、ヴェルサイユが聞く耳を持っていないことに気づく。しかも、逮捕されたのはデズイエ嬢ではなく、ヴィルデュー夫人だった。ヴァンセンヌに連行された夫人が次のような発言をしたのも、うなずける。

「まさか、わたくしを投獄するなんて信じられませんわ。ラ・ヴォワザンのところには一度しかいったことのない、このわたくしを。五十回以上もいっているデズイエ嬢を野放しにしておいて」

この発言が物議を醸し、ルーヴォワもようやく重い腰を上げる。デズイエ嬢を出頭させることにしたのだ。裁判官たちの前にではなく、彼自身の前に、彼の執務室に。一六八〇年十一月十八日付の書簡で、彼はラ・レニに伝えている。

「デズイエ嬢は、驚くほどきっぱりと断言した。彼女の名を挙げた者らが彼女を知っているはずはない、と。そして、自分の無実を某《それがし》に確信させるため、彼女に不利な証言をした者らに直接会わせるよう国王に懇願してもらいたい、一人として彼女が誰であるかを言う者はいないはずだ、命をかけても良い、と訴えた。陛下も、本件を解決することをお望みになっておられるゆえ、きたる金曜日に、某が彼女をヴァンセンヌに連行し、ルサージュ、ラ・ヴォワザンの娘、ギブール及びその他の者ら、すなわちデズイエ嬢に関する供述を行ったと貴殿が名指す者らを、某の執務室に出頭させることにした。

この者らが入室した時点で、同嬢を呼び入れ、知っているかたずねる。ただし、彼女の名前を明かす必要はない、とあらかじめ出頭者らに申し渡したうえで」

ことは、ルーヴォワの望みどおりには運ばなかった。ラ・レニが先手を打ったからである。

当時、ラ・レニは指摘していた。自分に悟られないように、また、自分がいかに周到に警戒網を張り巡らしても、ヴァンセンヌの囚人らとひそかに通じ、彼らに指示を与えている「人物」がいる、と。この「人物」とは、モンテスパン夫人を指す。それだけに、十一月十八日付のルーヴォワからの書簡を受け取った時点で、パリ警察の最高責任者であるラ・レニが最大限の予防線を張ったのは、疑問の余地がない。このため、囚人らは事前の指示を受けられず、デズイエ嬢は、ただちに、全員から、寵姫の侍女であり、寵姫と魔女集団とのつなぎ役を務めていた人物であることを認められてしまったのである。

一方、デズイエ嬢も幻想を抱いていたふしがある。自分が罪に問われることはない、と思い込んでいたに違いない。当初、ルイ十四世は、彼女が法廷に姿を現すことを許さなかったし、被告人らとの対質も許さなかった。だが、最終的には、封印状により、終生、世間から隔絶された生活を送ることを命じる。不運な女は、一六八七年五月十八日、トゥールの総合貧窮院で死んだ。気の毒なのはヴィルデュー夫人で、ほんの一時期デズイエ嬢と懇意にしていただけなのに、同じ運命をたどった。この事件を隠密裏に処理しなければならない、というだけの理由で。

＊＊＊＊＊

自分がもっとも愛した女が、全ヨーロッパが見守る中でフランス宮廷の正式な寵姫に取り立てた女が、愛してやまない子女の母親である女が、自分の名誉を汚すような大罪を犯していた。突然この事実を知った時、ルイ十四世は、どのような感情表現をし、どのように振る舞ったのか？　その胸中は、どのようなものだったのか？　同時代人ばかりか子々孫々にもその真意を打ち明けることのできない、サン＝シモンの言う、この「恐るべき名君」の胸中は？

一六八〇年八月半ば、ルーヴォワは、モンテスパン夫人のために、国王との面談の場をもうけた。彼は、この驚愕すべき珍事が発覚してからというもの、彼女を擁護するために、もてる知力と影響力をフル回転させていたのである。

遠くから二人を気遣わしげに見つめていたマントノン夫人によると、「初めのうちこそ、モンテスパン夫人は、泣いたり、王をなじったりしていたが、ついには居丈高な態度で話すようになった」。最初は、国王から矢継ぎ早の問責を受け、ただ呆然とし、ぼうだの涙を流し、狼狽し、高慢の鼻をくじかれていた彼女だが、やがて、落着きを取り戻すと、生来の自尊心がよみがえり、数多くの恋敵に対する競争心と憎悪の念をテコに、反撃に転じる。

そして、仮に自分が数々の大罪を重ねたことが事実であるとしても、それは、国王に対する愛情が深かったからであり、国王の愛情はこれに反比例するものだったからだ、すべてを犠牲にして仕えてきた自分に対して、国王は薄情で残酷で不実な振る舞いで応えたではないか、と主張。

国王は彼女に制裁を加えることもできた。だが、それは、フランス及び全ヨーロッパの人びとの面前で、庶子であるにもかかわらずフランスの王位継承権を認められた子供たちの母親に、制裁を加えることを意味した。しかも、彼らにその権利を与えさせたのは、国王その人にほかならない。この面談で、モンテスパン夫人は完膚無きまでの敗北を喫したが、最終的には、救われたことになる。

モンテスパン夫人の地位についても考慮する必要があった。これも、ほかならぬルイ十四世自身が格上げした、寵姫としては破格の座であることを思い起こしておかねばならない。このさい、彼にとっての最重要課題は、とにもかくにも、スキャンダルを避けることであった。袖にした愛人を国外追放することとさえ、あるいは、寵姫の座を完全に失墜させることとさえ、物議を醸す原因になりかねなかったからである。人心を見抜く才に長け、モンテスパン夫人の気性についても十分把握していたラ・レニは、つねづねルーヴォワに警告していた。

「大々的なスキャンダルに発展することのないよう、警戒する必要があります。そんなことにでもなったら、収拾がつかなくなります」

こうして、ルーヴォワ、コルベール、さらにはマントノン夫人まで加わって、元寵姫の過酷すぎる失墜を回避すべく、共同歩調をとることになる。各人各様、その思惑を胸にたたんで。コルベールは、末の娘をモンテスパン夫人の甥と婚約させたばかりだった。また、この著名な政治家が国威発揚にどれほどの熱意を燃やし、そのためにどれほどの努力を重ねてきたかを知らぬ者はない。その彼にとり、国威は、国王の偉大さと不可分だったのである。マントノン夫人は、モンテスパン夫人の子女を慈しみ育ててきており、彼らに対しては、こののちも、終生、深い愛情をそそぎつづけている。

ルイ十四世については、次の点を付言しておきたい。それは、彼が、お世辞にも崇高とまでは言えないにしろ、少なくとも、国王としての誇りを堅持していた点であり、この難局にあっても、彼は、終始、国王としての威厳を保ちつづけていた。たとえ、救いがたいほどのエゴイスム、酷薄で容赦のない性格、凡庸な知性等々、多くの短所をかかえていたとしても、この間、つねに国王としての矜持を保っており、これには、日々国王に接する人びとも感嘆せずにはいられなかった。

モンテスパン夫人が宮廷から追われることはなかった。ヴェルサイユ宮殿二階の広大なアパルトマンを手放し、国王の居室からはほど遠い一階の小規模なアパルトマンに移らざるを得なかったにしろ、ルイ十四世は、彼女を公式の席には迎えつづけていたし、公式の寵姫訪問もつづけていた。このため、上辺だけでなりゆきを傍観する人びとの目をごまかすことはできたかもしれない。しかし、事情に通じている人びとの目から見れば、水面下で生じている変化は歴然としていた。セヴィニェ夫人は、ルイ十四世がモンテスパン夫人に辛くあたっていると娘に書き送っており、ビュシー＝ラビュタンも、国王が彼女に冷淡な態度をとっていると記している。こうして、贖罪の苦しみがはじまった。以後二十七年の長きにわたり、モンテスパン夫人は、辛く厳しい贖罪の日々を生きることになる。

モンテスパン夫人がヴェルサイユをあとにしたのは、一六九一年三月十五日のことである。彼女自身が創設した、パリのサン＝ジョゼフ修道会に退いたのだ。ルイ十四世は、月額一万ピストル——現行価格にして十万フラン——もの年金を彼女に支給していたが、母親として子女に関与することは一切許さなかった。このため、翌九二年、ブロワ嬢とメーヌ公爵が、前者はシャルトル公爵、後者はシャロレ嬢とそれぞれ結婚することになったさいも、二組同時に行われた祝賀会に出席することも、彼らの夫婦財産契約書に署名することもできなかった。

サン＝ジョゼフ修道会に身を引いた当初、モンテスパン夫人にとりなによりも辛かったのは、そこでの平穏で単調な生活だった。あらたな環境になじめぬまま、

「彼女は、日々の無聊をもてあまし、ブルボン＝ラルシャンボーに湯治にいったり、フォントヴローの女子修道院を訪れたり、モンテスパン家の所領であるダンタン地方を巡ったりして気を紛らせていたものの、どうしても立ち直ることができず、何年もの間、悶々としていた」

とサン＝シモンは記し、なにが彼女をそれほど悩ませていたのか、といぶかしんでいる。資料にあたる過程で、筆者はその理由を知ることができた。最大の理由は、社交界での華々しい生活から離脱したことにあったのである。しかし、ある日突然あきらめがついた彼女は、以後、かつて野心と恋に投じていたと同様の熱意で、贖罪に身を投じるようになってゆく。この点についてはサン＝シモンも、

「サン＝ジョゼフ修道会に引退後、ようやくそれまでの罪を悔い改め、神への信仰に心を傾けられるようになってからの彼女は、終生その気持ちを堅持しつづけただけでなく、贖罪を果たさねばとの思いを日増しにつのらせていた」

と綴っている。

当時、フォブール＝サン＝ジャック街にあるカルメル会修道院で、モンテスパン夫人の姿が目撃されていた。その昔、彼女がにべもなく追い払った、あの心優しくけなげな恋敵、ルイーズ・ドゥ・ラ・ヴァリエールに面会を申し入れる姿が。今ではルイーズ・ドゥ・ラ・ミゼリコルドを名乗る敬虔な修道女から、心に安寧もたらすような言葉を、そしてかつて彼女に与えた屈辱を水に流すという言葉を与えてもらうため、訪れたのだった。

ルイ十四世との間にもうけた子女を深く愛していたのは言うまでもないが、彼女がもっとも気に掛けていたのは、モンテスパン侯爵との間に生まれた息子、ダンタン公爵だった。そこには、ある種の義務感もあったものと思われる。サン＝シモンは、彼女が

「この子に財政的な豊かさをもたらそうと心を砕いていた」

と述べるとともに、こう記している。

「国王は、モンテスパン夫人との関係を一切絶った。それも、自分だけでなく、彼女との間にもうけた子女にもこれを強いた。このため、子供たちが彼女に会うことはめったになかったし、国王にお伺いを立てなければそれもかなわなかった。くわえて、聴罪司祭であるラ・トゥール神父が、彼女から、罪の償いをするという約束を取り付ける。神父により課された悔悛の苦行を、夫人が受け入れたのだ。それは、夫のモンテスパン侯爵に詫びを入れ、彼とよりを戻すという過酷なものだった。彼女は、これ以上ないくらいへりくだった文面の手紙を書き、もし彼がもう一度自分を受け入れてくれるならやり直したいと思っており、彼が望む場所があるならそこにおもむく用意がある、と申し入れた。モンテスパン夫人を知る者の目からすれば、これは、彼女にとり、このうえなく勇気のいる犠牲的行為である。結果的にそのような事態にはならなかったものの、この行為は称賛に値する。モンテスパン侯爵は、人づてに、彼女をもう一度受け入れる気もなければ、時間がたったからといって許す気もないし、彼女にまつわる話など聞きたくもない、と言ってよこした」

もはや、彼女は、宮廷となんのつながりもなかった。したがって、諸大臣や地方長官、裁判官らも、なに一つ要求してこなかった。彼女に対しても、その身内に対しても。だが、彼女は、自発的に、ル

イ十四世から下賜されている莫大な年金を、周辺にほどこしていた。継続的に、気前良く、教会に寄進したり、慈善事業に寄付したりしていたのである。サン＝シモンによれば、

「いまわのきわまで、彼女はとても美しかった。どこも患ってはいなかったのに、病気だと思い込み、死が迫っていると長い間思いつづけていた。この強迫観念が彼女を旅に駆り立て、そのさいは、必ず、供の者を七、八人連れて出掛けた」

という。信仰心が高まり、慈善による喜びを味わうようになるにつれ、悔恨の念も深まり、これが脳裏につきまとうようになった。この懊悩を紛らすためにも、のべつ旅に出る必要があったものと思われる。

以下のくだりもサン＝シモンの記述からの引用だが、この心情を説明できるのは、ルイ十四世、ルーヴォワ、ラ・レニの三人だけだったのではなかろうか。

「慎重にではあるが、彼女は、ほぼすべての財産を貧者に与えるようになった。彼らのために、毎日数時間、下着その他の安価な生活必需品を縫っていたが、そのような作業に打ち込むようになったのは、彼女が身を寄せた環境によるものである。それまでこよなく愛用していた食卓も安物に変え、口にしなくなった食べ物の種類もふえた。信仰心の深まりとともに人付き合いが悪くなり、楽しみにしていたごくささやかなゲームの途中でも、祈禱の時間がくればさっと切り上げ、書斎にこもるのだった。罪の意識に端を発した苦行は、途切れることなく実践されていた。下着やシーツの素材には、もっとも硬質で粗悪な生成の麻が用いられるようになっていたが、いずれも、通常の素材を用いた服の下に隠されていた。鉄の突起が付いたブレスレットや靴下留め、ベルトを、常時身に付けるようにな

ってからは、ほうぼうに傷を作っていた。かつてあれほど多くの人びとを震え上がらせていた毒舌についても悔い改め、この罪をあがなうためにさらなる苦行を自らに課している。その一方で、死に対する異常なまでの恐怖心から、数人の女を雇い、寝ずの番をさせていた。女たちの唯一の職務は、ベッドの周囲にはべって、一晩中、夫人を見守ることであり、寝室に無数の蠟燭をともし、すべてのカーテンを開け放ったまま眠っている夫人がいつ目を覚ましても、彼女らは、話しに興じるなり、お洒落をするなり、なにかを食べるなりしていなければならなかった。これは、女たちが眠気を催さないようにするための、苦肉の策でもあった」

ついに、怖れていた時が訪れる。すでにその一年前、なぜか彼女はそれを予感していた。最初に痛みを感じた瞬間、死の近いことを悟ったのである。そして、一七〇七年五月二十七日、それは訪れた。

「病が小康を得たわずかな時間を利用して、彼女は、最後の告解をし、臨終の秘蹟を受けた。ブルボン=ラルシャンボーの湯治場に滞在中のことであった。

あらかじめ、下ばたらきの雑用係をふくむすべての使用人を寝室に入れ、彼らの前で告解を行い、自分があれほど長期にわたって世間を騒がせたこと、さらには自らの諧謔的性格まで、詫びたのである。その態度は、きわめて従順で、信仰心に満ちあふれた、謙虚なものであり、これ以上模範的な態度はあり得ないと思えるほどだった。そして、この告解のあと最後の秘蹟を受けた時にはもう、死に対する恐怖から完全に解き放たれていた。終生その心を掻き乱しつづけていた強迫観念が、突如消え去ったのである。ついで、その場に立ち会っているすべての者の前で、自らの罪の結果生まれた子女から離れた場所で死ぬことをお許しくださった神に、感謝の言葉を捧げた。病に伏して以来、彼女が子供たちのことを口にしたのはこの時だけである。今や、彼女の念頭には、来世のことしかなかった。来世では、この世でかかえていた精神的苦痛が取り除かれるかもしれないというかすかな希望、自分のように罪深い女でも神の許しを得ることによりその不安が鎮められるかもしれないという一縷の望みで、頭がいっぱいだったのである。そこには、神の意にそったかたちで犠牲をはらうことにのみ専念するさまが見てとれ、その振る舞いの一つひとつが、喜びと安らぎに満ちていた」

かつての愛妾の死に、ルイ十四世はなんの関心も示さなかった。宮中の人びとはこれに驚き、ブルゴーニュ公爵夫人(16)が真意をたずねたところ、次のような意味の答が返ってきたという。

「彼女を所払いして以来、二度と会うつもりはなかった。したがって、すでにその時から、彼にとり、彼女はなきに等しい存在だった」

彼は、モンテスパン夫人との間にもうけた子女が母親の死に対して哀悼の意を示すことを公然と非難した。しかも喪服の着用まで禁じたため、周囲の人びともこれにはあきれた。ちょうど同じ日、ルイ十四世とルイーズ・ドゥ・ラ・ヴァリエールの娘であるコンティ公女が、伯母の死を悼んで喪服を着ていただけに、国王の振る舞いは、いっそう不可解だった。

ここまで、筆者は、モンテスパン夫人が犯した大罪、その激しい情念に駆り立てられて積み重ねた大罪、についてしか話してこなかった。しかし、これだけで彼女を評価するのは、どうも公正を欠く気がする。彼女にも数々の長所があったのに、その側面について語ることをないがしろにしていた。気位も高いが気前も良く、生来の優美さと機知とで宮廷に華やぎを与えていただけでなく、見識のある芸術支援活動を行っており、芸術的才能を見抜く彼女の慧眼ぶりについては当代随一の作家や芸術家らも認めていた。偉大なコルネイユの晩年を明晰な知性で和ませる、という思いやりも持ち合わせていた。この時代にあれほど多くの芸術作品が生まれたのは、つまるところ、彼女の知性と太っ腹のおかげでもあったわけで、今日まで存続している作品も少なくない。モンテスパン夫人の人物像を語るためには、ラシーヌのような逸材が必要である。深い洞察力、同一人格の中に併存する正反対の性格を調整し、折り合いをつけることのできる能力、そしてさらには、威厳にみちた絶妙な話術まで兼備した人物像を描くためには。

あたりをはらう威風をそなえながらも、美しく頭脳明晰で華があり、気品ある物腰で舌鋒鋭い会話を操り、気さくで陽気で誇り高く、しかも妖艶な彼女は、フランス宮廷をあますところなく支配していた。が、同時に、ギブール神父、ラ・フィラストル、ラ・ヴォワザンらのおぞましい顧客でもあった。

Ⅲ　司法官　ニコラ・ドゥ・ラ・レニ

毒殺事件裁判の立役者は、パリ警察長官、ガブリエル・ニコラ・ドゥ・ラ・レニである。たった一人で、彼は、膨大かつ多事多難な訴訟手続を取り仕切った。その管理能力の卓抜さは、われわれ並の者にはとうてい計り知れないほどの域に達しており、彼ならではの強靱かつ粘り強い精神と気質が、きわめて躍動的かつ完璧なかたちで、その差配ぶりに顕現されている。ルイ十四世は信じ込んでいた。

自らの執務室の暖炉で同裁判に関する書類を焼却させることにより、我が身に不都合な痕跡のすべてを消滅させた、と。ところが、筆者は、その真相を知ることができた。これはひとえに、ラ・レニのおかげであり、彼が残してくれたメモ帳のおかげである。被告人らに関する調査情報を毎日克明に書き留めていた、あの私的備忘録の。

サン＝シモンは、辛辣な評論家である。あまたの著名人が打ち立てた、鋼のように強固なはずの名声を、ずたずたに破壊したのだから。しかし、ニコラ・ドゥ・ラ・レニの前では、敬意をこめて立ち止まり、その業績をたたえている。当人にとっては、たずさわっている職務の実体が、文字通り、身震いするほどの嫌悪感の種であったにしても。

「ラ・レニは、貴族としては低い身分の生まれながらも、初代警察長官という役職を得ただけでなく、警察長官の地位を、ほぼ大臣に近い、きわめて重要な地位にまで格上げしたことで知られている。彼の人となりに寄せる国王の信任及び継続的な宮廷との関係維持により、また、介入した多様な事件を通して、彼は、それを成し遂げた。介入せざるを得ない面倒な事態に直面すると、相手が国家中枢の要人であろうと市井の人であろうと、あらゆる手段を駆使して、その人物のために徹底的につくすとも、その人物の動きをとことん阻止することも辞さないこの男が、その辛い職務を退く許可を得た時には、齢《よわい》八十に達していた［ラ・レニが引退したのは一六九七年、七十二歳の時であり、これはサン＝シモンの記憶違いである］」。彼は、自らの職務に対し、公正かつ控え目、無私無欲な姿勢を貫き通した。つねに、これ以上ないほど綿密な照査を行い、極力、人を傷つけずにすむよう務めながら。くわえて、非常に篤実かつ懐の深い人物であったため、国民から普遍的な支持を得ていた。通常、このようなポストにある者が買うはずの憎しみのかわりに」

筆者の手元には、ラ・レニの肖像画がある。友人である宮廷画家のピエール・ミニャール〔一六一〇―一六九五〕により描かれた絵画をもとに、ベルギー出身のピエテル・ファン・シュペン〔一六二七―一七〇二〕がたがね《ビュラン》彫り版画に起こしたものである。いまだかつて、これほど清廉かつ精彩に富んだ表情を描き切った版画作品に触れたことはない。明晰で力強く、おだやかで、知性に輝くおももち、意志の強さと思慮深さをたたえた優しげな双眸。これが、毒殺事件の真相を筆者に伝えてくれた、ラ・レニの風貌である。ルイ十四世治下で起きた、無数の毒殺事件の真相を伝えてくれた人物の。

ガブリエル・ニコラ・ドゥ・ラ・レニ

アカデミー・フランセーズの会員であるバザン・ドゥ・ブゾンが、彼を補佐するため、予審検察官として火刑裁判所に派遣されてはいた。しかし、すべての実務をこなしたのは、ラ・レニである。彼が記録収集した、供述・尋問・対質・検真調書、さらには、尋問台及び拷問時における被告人調書の量たるや尋常ではない。だが、筆者は、この司法官の残した私的備忘録を通して、彼がそのうっそうとした森に分け入り、決然と道を切り開いてゆくさまを見た。ゆたかな経験と厚い人情、明晰な知性に導かれ、断固として進んでゆくさまを。

ラ・レニによるこの備忘録は、きわめて興味深いものである。解決するにはこのうえなく難しい問題について書き残されているだけではなく、彼がどのようにそれらの難問を分析していたのかを知るうえでも、研究に値するものとなっているからだ。彼は、往年の修辞学の教授らが伝授していた、フランス語の論文ないし歴史の答案のための構成法をそのまま踏襲することにより、分析を進めている。主要かつ基本的な事項はメモ帳左ページのほぼ中央に記されており、これに関連する細別事項が右側に列挙され、大カッコでくくられている。ついで、列挙された各細別事項がさらに細かく分類され、中カッコでくくられている。この調子で、細かい文字でぎっしり埋まった右ページには、つぎつぎに発生する無数の些末な出来事が、上から下に、系統立てて記載してあり、最終的に左ページ中央部の主要事項に結び付くようになっているのだ。

ただし、ここに提示されているのは、大学生がフランス語の論文を書くための構想図でもなければ、演説用の原稿あるいはラテン語の作文でもない。ここに提示されているのは、ラ・レニの言葉を借りるなら、「生身の人間」に対して最終的に宣告されようとしている有罪確定判決の数々なのである。無数のカッコでくくられたこれらの図をもとに、彼の思考を導いた趣意書や報告書を参照すれば、筆者にも、その思考経路を追体験するとともに、その明晰さと判断力のみごとさを享受できるはずである。

毒殺事件の裁判は、長びいた。その間、ラ・レニは、職務に対しつねに根気強い態度で臨んでいた。彼にとって唯一気がかりなのは、裁判の有益性と卓越性を堅持できるかどうかだけだった。一方、ラ・レニの差配する調査の進展とともに、罪人の数が増えるにつれ、また、貴族階級や高等法院に属するフランス随一の名望家の間で、身内や友人知人がこの事件に関与していることが認識されるようになるにつれ、彼に対する風当たりは強くなってゆく。我が身に害が及ぶのを案じる者だけでなく、名誉と特権の失墜を怖れる貴族や高級官僚が、ラ・レニに対する抗議行動を起こそうと集会を開くようになったのだ。しかしながら、この逆風に、彼の闘志はいやまさり、それまで以上に職務に励むようになる。調査の促進を鼓舞し、国王をうながし、諸大臣を急き立て、火刑裁判所へのあらたな出頭請求及び逮捕請求を矢継ぎ早に行うとともに、人びとを恐れおののかせている捜査範囲を増幅拡大するための許可を獲得すべく、孤軍奮闘したのである。

*****

巣にたかるミツバチの群れのように、魔女や魔術師が、王宮の周辺に押し寄せていた。奇跡さえ起こしかねないこの巣には、野心と欲望を呼び覚まし掻き立てる、金と名誉が詰まっており、彼ら一党がそこから分け前を得ていた。

魔女らは、サン＝ジェルマン＝アン＝レーやフォンテーヌブロー、ヴェルサイユにある宮殿周辺の小屋《しょうおく》にひさしを借りて、果物売りや、香水売りとして宮廷に出入りしていた。香水は、魔術師らが蒸留したもので、肌をなめらかにするクリームや美顔液なども売りさばかれていた。大邸宅に住み込んでいる召使いとよしみを通じ、そこに出入りする洗濯女の家に間借りしている者もいれば、請願書の提出を斡旋する怪しげな業者とグルになっている者もいた。魔女が、召使いとして公爵や侯爵夫人に雇われることもあり、ラ・シェロンは、最初ノアイユ家で、その後ラバトン家で働いていた。ラ・

ヴィグルーは、小間使いや従僕を大邸宅に周旋していたし、小廏舎に寄宿する小姓らの監督官ルロワが、女占い師らとコネがあるのは周知の事実だった。王弟の小姓頭を務めるジラルダンは、魔術師のブロと親しかった。ラ・ヴォワザンの愛人で錬金術師のブレシは、ベテューン侯爵夫人から王妃に、王妃から王太子に、王太子から国王に紹介されている。

女占い師らの供述により打撃を受けた者は、大勢いた。パリのブルジョワ階級の中でももっとも主だった人物については、すでに述べたとおりである。貴族階級でもっとも著名なのはモンテスパン夫人だが、彼女以外にも、多くの貴顕が女占い師と通じており、ラ・レニが捜査対象としなければならなかった貴婦人の数たるや、枚挙にいとまがない！

あのしとやかな王弟妃オルレアン公爵夫人、すなわちイングランド国王チャールズ一世の娘でもあるアンリエット・ダングルテールは、夫を亡き者にするための黒ミサを行わせた廉で起訴された。ミサはパレ＝ロワイヤルのど真ん中で実行されたもようで、その信憑性はかなり高かったとされている。ポリニャック子爵夫人とグラモン公爵夫人は、ルイーズ・ドゥ・ラ・ヴァリエールを毒殺させようと画策していた罪に問われ、マザラン枢機卿の姪にあたるソワソン伯爵夫人、すなわちルイ十四世に初めて恋心を抱かせたあのオランプ・マンシーニ〔一六三九－一七〇八〕は、女占い師らとの交流及び毒殺謀議の罪に問われていた。ソワソン夫人に対する処罰は重く、国外逃亡せざるを得ないほどの窮地におちいっていたが、この時彼女にオランダへの逃亡を助言したのは、国王その人だった。彼は、ソワソン夫人の母親であるカリニャン大公妃に、

「余は、伯爵夫人が逃げおおせることを願っている。おそらく、いつの日か、この件を神と臣民に報

オランプ・マンシーニ

告せねばならぬことになるとは思うが」と言っている。

モンテスパン夫人が寵姫として全盛を誇っていた頃、その幸運をねたんだ三人のライヴァルが共謀し、彼女を「追い払う」ために、麻薬の調合を魔女らに求めた。ちょうど、モンテスパン夫人が、ラ・ヴァリエールを追い払うために同様の要求をしていた頃のことである。三人のライヴァルとは、アングレーム公爵夫人、ヴィトリ公爵夫人、モンテスパン夫人の兄嫁にあたるアントワネット・ドゥ・メームすなわちヴィヴォンヌ公爵夫人であった。ヴィヴォンヌ公爵夫人は、これを、二人の魔女、ラ・フィラストルとラ・シャプレンに依頼した。おりしも、二人は、最上の顧客であるモンテスパン夫人の要求にせっせと応えているところだったが、義理の姉妹のどちらを立てるべきかなどと迷ったりはせず、持ち込まれた要求の実現を目指すことにのみ専念する。かたや、国王の寵愛を維持することを望み、かたや、国王の寵愛を奪取することを欲していたのだが、魔女らには関係のないことであり、いずれにせよ、金は、双方から、彼女らのふところに転がり込んだのである。ルイ十四世は、ヴィヴォンヌ公爵夫人を訴追することを許さなかった。彼女がモンテスパン夫人ときわめて近い姻戚関係にある、というのがその理由だったが、おそらく、そこには、コルベールの力も働いていたものと思われる。彼は娘の一人を、ヴィヴォンヌ公爵夫人の息子、モルトマール公爵と結婚させていたからである。

　火刑裁判所で進行中の追跡調査が宮廷及びパリに引き起こした動揺と興奮と不安は、想像にかたくない。フランスでももっとも由緒ある家柄に属する人びとが、その対象となっていたのだから。ドリュー夫人、ルフェロン夫人、プレヨン夫人、マリエット神父が逮捕された。いずれも、国家枢要の公職に席を占める一族の出である。ブイヨン公爵夫人、タングリ公女、ラ・フェルテ元帥夫人、ルール伯爵夫人に召喚状が発行され、アリュエ侯爵夫人、ポリニャック子爵夫人、クレルモン＝ロデーヴ伯爵、セサク侯爵、ソワソン伯爵夫人は、泡を食って国外に逃亡した。猛将として名高いリュクサンブール元帥は、魔術師らに悪魔乞いをさせた廉でバスティーユに投獄された。妻をあの世に連れ去るように、と悪魔に祈らせたのである。

「人びとは不安に駆られ、情報交換のため、あちらこちらの家を訪ね歩いています」

　とセヴィニェ夫人は、一六八〇年一月二十六日付の手紙に記している。

　その一方で、想像力ばかりがふくれ上がり、話題は、犯罪一辺倒になっていた。ごくささいな偶発事でさえ毒薬が原因とされ、娘婿は、かたっぱしから義理の母親を毒殺したと告発される始末。パリには恐怖が蔓延していた。

　反発も起きていた。新興貴族や法律家らも、苛立ちを見せはじめていたのである。火刑裁判所が彼らにまで捜査の手を伸ばしていることに腹を立て、

　――たかが一介の警察長官の職務に対して、階級や肩書きが障壁としての役割を果たすことはもはやあり得ないのか？

――これは、現社会形態の終焉だ。

といった意見が声高になってゆき、ついには、この事件を起こした張本人はどうやらラ・レニのようだ、この事件において実質的に重大な罪を犯している者がいるとしたらラ・レニしかいないのではないか、という見方が大勢を占めるようにまでなる。

「結局のところ、目下、異口同音にあがっているのは、被告人の無実を訴える声と、事件に巻き込まれることに対する恐怖を訴える声なのです。あなたもこうした声があがっていることはご存じでしょう。社交界では、寄るとさわると、この話で持切り。キリスト教徒により構成された法廷で、このような不正行為がまかり通るなんて、前代未聞です」

とセヴィニェ夫人は記し、その数日後には、「こうした声」の続報を伝えるだけでなく、でたらめとしか思えないこんな裁判のために貴族が出頭しなければならないのはひどい侮辱だと言うようになり、一六八〇年五月三十一日付の手紙では、

「ラ・レニ殿の評判の良さときたら、本当に不愉快。でも、あなたの言うとおり、彼が殺されもせず生きていること自体、フランスには毒殺者など存在しないことの証です」

と娘に書き送っている。

おりしも、ラ・レニは、自分を失墜させようと画策している連中がいる、との情報を摑んだところだった。

ドリュー夫人が譴責処分のみで釈放された時のことを、読者は覚えておられるだろうか。あの時、傍聴席にいた彼女の友人知人は、警察長官に向かって、そらみたことかと嘲笑し、公然とののしった。

そして、夫人は、高等法院主任審理官の夫と、愛人のリシュリュー殿に挟まれ、意気揚々と法廷から出てゆき、パリのブルジョワ人士はこれを喝采したのだった。オランプ・マンシーニの末の妹マリー＝アンヌ・マンシーニ〔一六四九－一七一四〕、すなわちブイヨン公爵夫人のために開かれた法廷で傍聴していた貴族らも、この例にならい、同様の振る舞いをしている。ブイヨン夫人は、夫を厄介払いする方法をやっきになって探していた。なんとしても、若き軍人、ヴァンドーム公爵〔一六五四－一七一二〕と結婚したかったのである。夫のブイヨン公爵〔一六四一－一七二一〕は、この事実をルイ十四世自身から知らされた。それでもやはり、ブイヨン公爵は、一六八〇年一月二十九日、アルスナルの法廷まで妻に付き添い、その右手を支えて入廷した。もう一方の手はヴァンドーム公爵が支えていた。かたや夫として、かたや愛人として彼女に荷担したのである。それは、かつてドリュー夫人が退廷のさいに演じた場面の再現そのものであった。

マリー＝アンヌ・マンシーニ

セヴィニェ夫人は、この時繰り広げられた空騒ぎを、丹念に描写している。ブイヨン夫人は、夫と愛人の間に腰掛け、六頭の馬につながれた豪勢な四輪馬車でアルスナルに到着した。あとには二十台の馬車がつづいていた。いずれも、宮廷に仕える人びとの中でももっとも身分の高い紳士淑女で満杯の馬車が。

ブイヨン夫人が入廷してきた時の様子につい

ては、詩人のラ・ファール侯爵〔一六四四－一七一二〕が、「公爵夫人は、自信満々の横柄な態度で居並ぶ裁判官の前に現れた。大勢の知人、それも国家中枢の要人を含む面々にともなわれて」

という記述を残しており、セヴィニェ夫人も以下のように綴っている。

「ブイヨン夫人が入ってきました、まるでこの法廷の女王のように。用意されていた椅子に座ると、最初の質問に答えるかわりに、まず自分の言い分を記述するよう要求しました。『彼女が出頭したのは国王のためであって裁判所のためでは決してないこと、彼女は公爵の特権にもとるような行為は断じてしていないし、そのような行為を意図したこともない』というのがその言い分でした。〔公爵の特権とは、公爵はすべての裁判所を統括する高等法院においてのみ裁かれ得る権利を有するという特約を指します。〕彼女は、これが書き留められるまで一言も発しませんでしたが、要求がみたされるや、おもむろに片方の手袋をはずし、すべての質問に率直に答えたのです。年齢まで。それは美しい手を人前にさらして。

——ラ・ヴィグルーをご存じですか？

——ノン。

——ラ・ヴォワザンをご存じですか？

——ウィ。

——なぜご主人を厄介払いしたいと思われたのですか？

——わたくしが、彼を厄介払いする？　……本人にお確かめになるしかありませんわ、本当にそう思っているのかどうか。彼はこの法廷の入り口まで付き添ってくれておりますのよ。

——では、なぜそのように頻繁にラ・ヴォワザンの家にかよわれたのです？

——神託を告げる巫女《シビラ》に会いたかったからですわ。会わせると以前から請け合ってくれておりましたの。シビラに会えるのなら、足を運ぶ価値は十分ございます。

夫人がラ・ヴォワザンに大金をちらつかせたのではないかという質問には、『ノン』と答え、それはほがらかに、それはさげすんだ態度で、さまざまな理由を述べました。

——で、みなさま！　おたずねになりたいのはこれだけですの？

——ウィ、マダム。

立ち上がった彼女は、去りぎわに言い放ちました。聞こえよがしに。

——思ってもおりませんでしたわ、良識のある方々がこんなばかげたことを根ほり葉ほりおたずねになるなんて。

彼女は、親族、友人知人に熱狂的に迎えられました。それほど彼女は、美しく、ほがらかで、自然体で、勇気があり、上品で、一点のやましいところもない様子だったのです」

魔女の家で実際に悪魔を見たのか、というラ・レニの質問に対する彼女の答えはまたたく間に広がり、パリの巷ばかりか宮中の人びとまでもが、面白がり、はやし立てた。

「見ておりますわ、今この瞬間に。国務諮問会議の評定官に変装しておりましてよ、醜くて、年寄りじみた評定官に」

しかしながら、ブイヨン公爵夫人に関しては、数々の不利な証言が供述されており、いずれもきわめて信憑性の高いものだった。彼女が毒薬ないし魔術によりブイヨン公爵を殺害するよう魔女らに依頼したのは間違いのない事実であり、この点に関しては、火刑裁判所の検察官たちにも立証済みだったのである。だが、こうした事実を過小評価していたセヴィニェ夫人は、娘に書き送っている。

「ブイヨン公爵夫人は、夫を殺害させるため、少しばかりの毒薬を注文しようとラ・ヴォワザン宅を訪れました。年の離れた夫にうんざりしていましたし、ある青年との結婚を思い付いたことで、いつしかそんな気になってしまったのです。その青年というのがヴァンドーム殿で、彼は、彼女の手を取ってアルスナルの法廷に同行しました、もう一方の手を取っていたのは、ブイヨン殿でした。彼女にとり、この程度の愚行などちょっとした遊び心の結果にすぎません。なにせ、マンシーニ一族の出なのですから。ところが、魔女どもは、その遊び心に本気で意趣返しをしているのです。いいえ、それだけではありません、たわいない火遊びを喧伝して、ヨーロッパ中に嫌悪感をもよおさせているのです」

しかし、ルイ十四世の判断は、はるかに厳しかった。ブイヨン公爵夫人とラ・ヴォワザンとを対質させるようにとの命を下したのである。公爵夫人はにわかに態度を改めるとともに、そのような辱めを免れさせて欲しいと懇願。国王は、懇願に応じはしたものの夫人をガスコーニュ地方の田舎町ネラクに追放、以後、宮廷に戻ることを決して許さなかった。数多くの友人知人が切望したにもかかわらず。

＊＊＊＊＊

毒殺事件を裁く特別法廷でつぎからつぎへと明るみに出る新事実は、上流社会に巻き起こる反発以上に、ラ・レニの心に耐え難い衝撃を与えた。それまでの彼は、つねに、司法にたずさわる者としての義務感で武装し、さまざまな抗議の声や脅迫を、遠くにいる群衆のざわめきのようにしか聞いていなかった。

その彼を、終生、支配し、影響を与えつづけていた三つの感情がある。まず挙げられるのが、宗教的感情であり、これは、健全で素直でゆるぎのない信仰心、おのが信念に確信を持つ者特有の信仰心、というかたちで現れていた。ついで挙げられるのが、国王に対する愛、それも尊敬と憧憬の念から生じた愛である。そこには、息子が父親に抱く情愛にも似た微妙な感情とともに、ある種宗教的な尊崇の念も含まれていた。そして最後に挙げられるのが、司法官としての役目に対する自負心であり、これは、どんなことがあっても正義を尊重する、という確固たる信念により裏打ちされていた。

彼が国王に対して抱いていた尊崇の念は、国王を感動させるものや国王の身辺を取り巻くもの、国王が愛するもの、国王に名誉をもたらすものにまで及んでいた。人間としては凡庸であるにもかかわらず、あれほど多くの俊才に、あれほど献身的にかしずかれていたことを思えば、ルイ十四世がある種の偉大さをそなえていたことは、容易に察しがつく。それだけに、モンテスパン夫人にまつわる衝撃的事実がつぎつぎに暴かれるのを、ラ・レニは、断腸の思いで受け止めていた。彼女は、国王の子女の母親であり、フランスの王権をほぼ握っていたほどの人物である。その人にまつわる証言があいつぐにつれ、そしてその証言の確度が高まるにつれ、ラ・レニの心痛はより激しくより鋭くなってゆく。そのさまを目の当たりにすると、感動的な芝居でも見ているようで、こちらまで胸が痛くなる。

「耳を傾けるだに耐え難い常軌を逸した所行、思い出すだに虫ずの走る着想の数々、だがそれ以上に気が重いのは、これら一連の尋常ならざることどもを国王に報告しなければならぬことである」

と、モンテスパン夫人に関する不利な証拠の要点をまとめた覚え書きの冒頭に、彼は記している。

発覚した一連の事実について下したラ・レニの判断は、きわめて明晰であり、適切かつ信頼にたるものなのだが、当人にはいまだその判断に迷いがあり、眼前に展開されている事実を信じることができぬまま、自らの洞察力が鈍ったような気がしていたようである。

「今さらながら、自分の弱さを思い知った。心ならずも、これら（モンテスパン夫人がらみ）の尋常ならざる所行を前にすると、恐怖が理性を凌駕してしまう。これらの犯罪は、私を及び腰にさせてしまう」

ほどなく、彼は自らの裁判官としての良心を奮い立たせ、ふたたび資料に当たりはじめる。

「検討しなければならぬのは、かくも異常な所行の実態であり、そこから、このような所行に及んだ動機を探り出す必要がある」

しかしながら、まさにその動機そのものが、かくも異常な所行に走らせているのである。彼には許すことのできない、異常な所行に。

「私を取り巻くこの深い闇は、必ずや切り開くことができるはずだ。時間が欲しい、この事件についてもっと深く考えるための時間が。もう少し思案すれば、なにか良い考えが浮かぶはずだ、少なくとも、今よりましなことを思い付くことだろう。これまでにも、万事詳細に検討したものの、謎が謎を呼び、結局、神の救いを待つ以外に解決策を見いだせぬような事態におちいったことがあった。だが、あの時、神は、われわれ人間が想像し得るごくごく小さな手がかりを端緒に、知らねばならぬ無数の不可解な事実を導き出させてくださったではないか。本件において、すべてがここまで到達したこと自体、すでに天恵であり、今後に期待が持てるというものである。必ずや、神が救いの手を差しのべてくださるに違いない。神が、この重大犯罪の深い闇を、その計り知れない謎を解明してくださると同時に、その深い闇から抜け出し、謎を解明する方法を示してくださるであろうことを、ひいては、国王に、この重大時になさねばならぬことのすべてを示唆してくださるであろうことを、信じてやまない」

やがて、彼は、不屈の決意を固める。悩み抜いたすえの、決断だった。ルーヴォワ宛ての一連の報告書及び残された私的覚え書きを検討する過程で、そこにいたるまでの彼の心境を推し量ることができる。メモ帳に、本心が吐露されていたからである。そして、そこに綴られている心理的葛藤をたどるうち、われわれは、感動的かつ興味津々のスペクタクルでも観劇しているような気分にさせられてしまう。

覚え書きの中で、彼は、一人の司法官として、国王の寵姫に関する不利な証拠の実体を明快かつ論理的に説明しているのだが、行間に見え隠れする苦悩は痛ましい。そして、実質的な結論を出す必要に迫られた時点で、その苦しみは頂点に達する。この時、彼の心は怖じ気づき、彼の思考はたじろぐ。思いがけない障害物を前に、恐怖に駆られ、鼻息も荒く怯える馬のように。

「この件に関する無数の証拠および推定事項を検討している間中、それらの所行が事実であることを確信するとともにその確信を維持すべく、できる限りのことをした。が、結局、不成功に終わった。逆に、それらの所行はすべて誤解であると信じ込もうとしたが、これも、私にはできなかった」

苦悩は、彼の良心に生じた相対立する責務のせめぎ合いにより、ますます深まる。司法に対する責務と国王に対する責務との間で、にっちもさっちもゆかなくなったのである。

「精神がかくも深く打ちのめされたこの時期、私は、ひたすら神に祈った。司法官として果たすべき職務を誠実に遂行する力をお与えくださるとともに、臣下としての任務を誠実に遂行する力をお与えください、万事において国王の御意にそう臣下としての任務を、と」

おりしも、ルイ十四世から下されたのは、訴訟手続の一部を諸裁判官の目に触れさせぬよう処理すべし、との命であった。これは、ラ・レニにとり、あまりに衝撃的で、さすがの思考力も一時停止状態におちいった。以下は、一六八〇年十月十七日付のルーヴォワ宛て書簡である。

「ご不興を即座に認識できなかったこと、並びに、本件に関してはご提案の手段を御意のままに受け入れるのは不可能である旨につきご納得いただけるような説明ができませんでしたことは、小生の不徳のいたすところであります。このような事態を招いたのは、一人の裁判官として、その責務を果たさねばとの思いに没入していたためであります。真実を守るべく、真実に対する畏敬の念をもって、法廷で立証し、ひいては、人びとの生命及び生活の善し悪しを裁き、検討する立場にある、一人の裁判官として、その責務を果たさねばとの思いにのみとらわれておりました。こうした小生の精神的もろさにかんがみ、国王陛下のご寛恕とご厚情におすがりする次第であります」

その後、ラ・レニの導き出した結論が受け入れられたかに見える時期があり、最終的判断を全面的かつ盲目的に国王の裁量にまかせてみようか、との思いが彼の脳裏をかすめた。「他のいかなる人間よりも輝かしい知性を神から授けられている国王」の裁量に、と。だが、すぐに、司法官としての自覚がよみがえり、これが身をもって闘いに突入する決意を固めさせた。孤立無援の、下級官僚としての闘いに突入する決意を。国王の意向に支えられ、絶対的権力を有する重臣らを向こうに回しての、闘いに。

筆者が、彼の人間としての格の高さを認識したのは、このくだりに触れた時である。

即刻、ラ・レニは、ルイ十四世に直訴し、寵姫にとって不利な証拠の数々を奏上した。以下は、その直後、ルーヴォワ宛てに書き送った、気迫満々の報告書である。

「たとえ周囲の人びとがどれほど斟酌し、かくも頻繁に、四方八方から、モンテスパン夫人に対する情状酌量の訴えがもたらされようと、国王は、われわれが寵姫について囚人らに尋問することを、お許しにならねばなりませんでした。また、例外的な法律行為――すなわち、問題の記録文書を分離するとともに、その存在を火刑裁判所に知られぬようにすべしとのご命令の件――についても、これを実行するのは不可能であることをお認めにならざるを得ませんでした」

だが、「モンテスパン夫人の親しい友人であり、彼女からもっとも目を掛けられていた人物の一人であった」ルーヴォワは、万難を排して、彼女を救おうと手立てを尽くす。彼には、別の危惧もあった。マントノン夫人の反感を買っているのは明らかだったからである。国王とモンテスパン夫人との間にもうけられた子女の養育をゆだねられているこの女性を、国王が寵愛するようなことにでもなったら、と怖れていた。くわえて、ヴェネチア大使が指摘しているように、ルーヴォワは、「フランス君主制を信奉しており、彼には、万般例外なくこの君主制のおかげをこうむっているように思えていた」。したがって、彼には、寵姫の有罪判決が及ぼす害から玉座の権威を守る義務があった。とはいえ、それは建前で、煎じ詰めれば、寵姫を守ることによって、ルイ十四世の機嫌を取ることができると思い込んでいたのである。

当初、ルーヴォワは、自らの意図を納得させ、味方に付けるべく、ラ・レニをやんわり説得した。モンテスパン夫人が無実であることを認めさせようと、言葉を尽くし、うながし、論証したのである。ラ・レニは、耳を傾けはしたが、納得はしなかった。大臣は、戦法を変え、モンテスパン夫人が実質的に無実であるに相違ないことを、この頑迷な司法官に説明するため、パリまでやってきた。一六八一年二月十五日のことである。

ルーヴォワは、寵姫の侍女であるデズイエ嬢が自分宛てにしたためた書面を盾に、モンテスパン夫人の無罪を認めさせようとした。デズイエ嬢は、その書面に、

「自分は有罪ではない、また、自分がラ・ヴォワザンの家から出るところを見たと（ラ・レニに）証言した者らがいるが、そんなことはあり得ない。モンテスパン夫人宅には召使いが二十人いたが、そのうちの十八人は自分を憎んでいた。その者らに自分の動静を問い質してもらってもかまわないが、（ソワソン）伯爵夫人に仕えている二人の侍女のうちの一人が自分とほぼ同じ体型なので、伯爵夫人がその侍女に自分の名を騙《かた》らせたのではないか、と考えている。自分の主人（であるモンテスパン夫人）をおとしいれるために。伯爵夫人はかねがね自分の主人を憎んでいたので」

と記しているではないか、と。

これに対し、ラ・レニは、デズイエ嬢をヴァンセンヌに収監されている囚人らと直接会わせればすむことだ、と答えている。この対質が実際に行われたこと、及び、囚人らが彼女をデズイエ嬢その人であると証言したことについては、すでに述べた。ルーヴォワは、別の説得策を講じざるを得なくなったが、これに対しても、不屈のラ・レニは、こう応じている。

「デズイエ嬢が、ヴァンセンヌで、ルーヴォワ殿に述べた件について熟慮しましたが、この発言には疑問を抱かざるを得ません。彼女には女占い師らのところに頻繁に出入りしていた姪がおり、おそらくこの姪と彼女とが混同されているのだろうというのが発言の主旨でした。しかし、この発言は、囚人らが彼女をデズイエ本人であることを認めたあとになされたものであります。また、デズイエの親友で、目下ヴァンセンヌに収監中のヴィルデュー夫人についてですが、彼女はあらかじめデズイエと打ち合わせたうえで、口裏を合わせているように思えます。この人物はあれこれ申し述べていますが、われわれをたぶらかそうとしている節があります。また、小生が、同夫人に、デズイエの外見をたずねたところ、小柄で胸が大きいと答えました。しかし、これは虚偽の返答であり、姪にこそ当てはまる描写であります」

ついで、ラ・ヴォワザンがデズイエ嬢を知らないと供述した点を指摘されると、こう反論した。

「ラ・ヴォワザンが、死ぬまで、デズイエ嬢を知らないとかたくなに主張しつづけた点については、疑ってしかるべきであります。なぜなら、今では、両名の間に交流があったことは立証済みなのですから。たとえデズイエ嬢自身がラ・ヴォワザンとの交流を否定しているとしても、そのこと自体、疑いを深めてしかるべきことのように思えます」

ルーヴォワは、ラ・フィラストルが最終的に自らの供述を撤回した点についても、言いつのった。聴罪司祭と最後の対話を終え刑場に向かって歩いている時、彼女は、拷問のさいに行った自らの供述を撤回したではないか、と。が、これに対しても、ラ・レニは次のように返している。

「ラ・フィラストルがモンテスパン夫人について行った供述の中で、免責に該当するのはフォンタンジュ夫人に対する毒殺の件についてのみであり、これ以外に、彼女は、別件二件に関する証言を行っております。ギブール神父により行われた腹上ミサ及びこのさい交わした悪魔との契約の件、並びに、国王のためにルイ・ガレが調合した粉薬の件がそれであり、この二件において、彼女は、モンテスパン夫人を名指しているのであります。しかも、これら二件の犯罪行為に関する証言は、拷問に絶えかねて引き出された結果ではありません。それどころか、これらは、死刑台にのぼる直前のラ・フィラストルが、第一の件――すなわちフォンタンジュ事件――におけるモンテスパン夫人の関与を撤回した供述の中で、あらたに認めたものなのであります」

上述のように、初めのうちは防戦に終始し、司法を擁護するだけで手一杯だったラ・レニだが、ほどなく、司法の権利を後ろ盾に、守りから攻めの姿勢に転じる。

まず、彼は、ルーヴォワに、ヴァンセンヌの塔内に幽閉中の囚人数名が宮廷人と接触していた事実を告発した。ところが、ほどなく、モンテスパン夫人による毒殺事件に巻き込まれた囚人らに指令や助言を与えていたのは、それらの宮廷人であったこと、及び、一連の裏工作の首謀者はルーヴォワその人であったことが判明する。ラ・レニは、ルーヴォワが、国王の教唆に乗じて、このような謀略を行ったことを非難した。そして、勇敢にも、

「重要被告人のうちの数名が、裁判上彼らにとって不利になる訴訟記録の抜粋を入手する方法を授かっていたのです」

と付け加えている。

ラ・レニは、デズイエ嬢の無実を否定するだけでは満足せず、ルーヴォワに対して、こう言い切った。

「このようにあまたの不利な証拠がありながら、彼女が自由の身でありつづけることは困難でありま す。自分に不利な証拠を逐一知らされれば、彼女がそれらを隠蔽すべくなんらかの対策を講じるのは明白であり、その対策は下心のある連中とともに講じられることになるでありましょう」

そして、たとえ彼女の逮捕が許可されないとしても、少なくとも、尋問については許可を得たいと申し出、妙案を提示した。暴力も使わず物議もかもさず、巧妙かつデリケートな手法により、不利な証拠があることを知らされたら、さすがのデズイエも真実を打ち明けざるを得なくなること請け合いの、妙案を。

言うまでもなく、この提案は、ルイ十四世とルーヴォワにより即座に却下された。それでもなお、ラ・レニは、自ら編み出したこの戦術を辛抱強く進めてゆく。その後、ルーヴォワは、良心の呵責を和らげるべく、自分の次に絶大な権力を有するコルベールを仲間に引き入れるが、ラ・レニがあとへ引くことはなかった。

「スエトニウスをどうしても許せなかったコルベール殿を、私は尊敬する。なぜなら、スエトニウスは、古代ローマ諸皇帝の破廉恥な振る舞いを暴露してしまったのだから」

と詩人ニコラ・ボワロー〔一六三六―一七一一〕は、国王擁護の側に立ったコルベールを称讃している。だが、これは、コルベールの個人的利害を度外視した解釈としか思えない。なぜなら、すでに記したように、コルベールには、モンテスパン夫人を無実にしなければならない事情があったのだから。娘の一人を夫人の甥と結婚させていた、という事情が。ちなみに、スエトニウス〔七〇頃―一三〇頃〕は古代ローマの歴史家で、カエサルからトミティアヌスまで十二人の帝政ローマ皇帝の伝記、『皇帝伝』の著者として知られている。

それまで、コルベールは、火刑裁判所の検察官たちにより進められている作業を遠くから見守っていただけであり、国王の寵姫に対する不利な証拠が暴かれた時点でも、その内容ついては漠然としか把握していなかった。しかし、ルーヴォワの協力者となるや、態度を一変。当時名声を博していた弁護士のデュプレシに、モンテスパン夫人の無実を証明するとともに、この厄介な訴訟をもみ消すことのできる趣意書を作成するよう、依頼する。そのためになら、論拠の提供さえ辞さない構えで。

デュプレシは、依頼通りの趣意書を作成。以下は、これを受け取った旨を伝える、コルベールからの一六八一年二月二十五日付書状である。

「お送りいただいた趣意書を注意深く拝読、検討しました。第二の事件（フォンタンジュ嬢毒殺未遂事件）に関する趣意書も、遠からず拝受できることを希望する次第です。第一の事件（請願書によるルイ十四世毒殺未遂事件）と同様、こちらも重要であり、この事件に関する証拠は、私見ではあるものの、より十全かつ完璧なものとなっています」

これに対し、デュプレシは、以下のような付言とともに、第二の事件に関する趣意書を送った。

「なにとぞ、文頭に記した概要をご考察くださいますよう。多くの事案は十二分に立証済みのようにも思えますが、そうした事案に関する対抗手段を、ここに提示しておきましたので」

ラ・レニにとり、コルベールの依頼により作成されたデュプレシの趣意書は、ルーヴォワの論証以上に受け入れがたいものだった。被告人らの判決は裁判抜きで行うこと、彼らがこの重大事件についてこれ以上明言しないよう今後拷問は一切行わないこと、万事迅速に処理したうえで本件の訴訟に関連する書類を即刻焼却すること、というのが弁護士及び大臣からの要求だった。これに対し、ラ・レニは、司法の基本原則に背くことは不可能である、また、火刑裁判所の判決は慣例及び法律にのっとってのみ下されるものである、と述べている。

*****

火刑裁判所は、従うことを余儀なくされた。かたや、ルイ十四世の断固たる拒絶に、かたや、ラ・レニの断固たる拒絶に。ルイ十四世は、モンテスパン夫人関連の訴訟調書の法廷における読み上げを全面的に拒絶し、ラ・レニは、裁判官が理不尽な判決を言い渡すことを、国王に勝るとも劣らぬ勢いで、全面的に拒絶したのである。理不尽な判決とは、慣例によりこれまで被告人に与えられていたすべての保障が尊重されない可能性もあり得るような、判決を指す。この問題に関する両者の対立は深刻で、落としどころがないように思えた。

初めのうちこそ、厳密な公平性を堅持する所存であると誇らしげに述べていた国王だが、その決意とはかけ離れた方向に、徐々にではあるが、引きずられるようになっていた。彼は、裁判調書に記されている機密事項を、関係者、すなわちそれぞれの事項に該当する人物に漏らしただけでなく、クレルモン゠ロデーヴ大公、ソワソン伯爵夫人、タングリ大公夫人、アリュエ侯爵夫人その他大勢に、逃亡の恩恵まで与えていたのである。だが、内心は、ラ・ヴォワザンが真実を暴露してしまうのではないかとおびえ、びくびくしていた。

すでに、一六七九年十二月三日には、ルーヴォワが、ラ・レニの同僚である火刑裁判所親任官、バザン・ドゥ・ブゾンに、伝えている。

「貴殿並びに検察官諸兄が、ラ・ヴォワザン裁判の捜査を明日から開始する事由について国王にご報告したところ、国王はこれをお認めにならなかった。したがって、今夕、ブシュラ殿及びラ・レニ殿に、この件を不問に付すよう命ずる所存である」

ルーヴォワがモンルイユ゠スュル゠メールから発送した、一六八〇年七月十八日付ラ・レニ宛の書状にも、似たような内容が綴られている。

「国王は、貴殿からの申し出を、由《よし》なきことと仰せられた。すなわち、検察官諸兄が必要とみなした場合は裁判を行う自由を有する、という旨のご下命にあずかりたいとの申し出である。ご不在中に火刑裁判所が囚人を裁くのは望ましくない、というのが陛下のお考えである」

しかしながら、火刑裁判所での審理を隠蔽すべく国王側がいかに画策しようと、世論が欺かれることはなかったし、事実、「国王が宮廷人に対する訴追を妨げている」と証言する、数多くの私信が残っている。

一六八〇年七月三十一日、被告人の一人ラランドは、法廷のまっただ中で、わめいた。

「あんたらが取り調べてるのは、カスばっかだ。もっとお偉いさんを調べなきゃ、らちなんぞ明くもんか」

だが、結局、一六八〇年十月一日におけるラ・フィラストルの供述を最後に、火刑裁判所での審理は急遽停止。そのいきさつについては、すでに見たとおりである。


本一六八〇年十月一日、フランソワーズ・フィラストル及びジャック＝ジョゼフ・コトンに死刑を宣告した同年九月三十日付判決にしたがい、両名に通常及び特別な拷問が執行された。なお、前記フィラストルによる供述は、拷問中であると否とにかかわらず、きわめて重要であったため、国王は、関連調書をご覧になった。同調書には、死刑場に向かう直前、バスティーユ城の礼拝堂で彼女が行ったあらたな供述も含まれており、陛下は、ご自身の国家に対する重責にかんがみ、このようにおぞましい言行録の謄本を火刑裁判所に交付することをお望みにならず、本件の審理中止を、同裁判所所長ブシュラ殿に通告された。


この日を境に、警察長官ラ・レニと二人の大臣、ルーヴォワ及びコルベール、との対立が表沙汰になる。全宮廷人が、男女の別なく、両大臣の側についていた。

「国王は、大臣だけでなく高級官僚からも、火刑裁判所を全面的に閉鎖するよううながされている、と強くお感じになられていた。同裁判所を閉鎖する口実は多種多様だったが、とりわけまことしやか

ルイ 14 世と重臣たち（1682 年度版国王名鑑）

なのが、毒殺事件の捜査をさらに長引かせることは外国で自国を誹謗中傷するに等しい、というものだった」

とパリ警察の秘書官らは記している。

両大臣に対し、ラ・レニは、次のように反撃した。すなわち、司法に対して払うべき敬意、王国において出来《しゅったい》した最大の犯罪を審判させ処罰させるという国王の責務、そして最後に、わずか数年の間に、想像を絶する規模に拡大してしまっている毒殺行為及び神をも恐れぬおぞましい所行の実践をフランスから排除する必要性、を挙げて反論を展開したのである。彼は、ヴェルサイユにおもむき、毎日四時間、四日間にわたり、切々と訴えた。国王及び諸大臣の面前でラ・レニが表明した意見の原文がないのはいかにも残念だが、とにもかくにも、あらゆる反対を押し切って、次のような結論を彼はもぎとった。

ラ・レニ殿は、国王の執務室で、大法官殿〔ミシェル・ル・テリエ〕、コルベール殿及びルーヴォワ侯爵殿陪席のもと、四日間にわたり、毎回四時間、国王に意見陳述をお聞きいただき、国王陛下は、ついに、特別法廷での裁判を継続するご決意を固められるとともに、今後通常通り審理をつづけるようラ・レニ殿にお命じになった。ただし、拷問時及び死刑執行直前におけるラ・フィラストルの供述調書に記載されているいかなる証言についてもその審理を行うことは一切まかりならぬ、なぜなら、ご自身の国家に対する責務にかんがみ、当該調書の漏洩はなんとしても避けたいからである、と付言された。

こうして、一六八一年五月十九日、アルスナル特別法廷での執務が再開された。ラ・レニたちは、国王により課せられた条件にしたがい、モンテスパン夫人に関する被告人らの供述については深く追究しない方針で実務を進めてゆく。が、同年十二月十七日、ラ・ジョリに対して行った尋問のさい、裁判官たちには知られたくないと国王側の切望している事実がまたもや浮上する。それも、無視することのできないあらたな情報とともに。ただちに、ルーヴォワは、ラ・レニとともに同裁判所の予審検察官を務めているバザン・ドゥ・ブゾンに書面を送り、ラ・ジョリの漏らした情報が諸裁判官の目に触れぬよう、その全供述を別の記録簿に記載するよう指示した。が、ほどなく、ラ・レニは、このような任務の定期的履行が日増しに困難になっていることに気づく。そして、この窮状の真因を悟るとともに、それを同僚の検察官及び補佐たちに納得させるのに時間はかからなかった。そもそも、ラ・フィラストルの供述調書削除自体に、すなわち、一六八〇年九月末日から翌日にかけて執行された拷問中にラ・フィラストルが供述した内容の記録そのものを削除するという行為自体に、問題があるのであり、現行のようなかたちで任務をつづけていたのでは、いずれ主要被告人らの裁判を合法的に行えなくなる、というのが彼の言い分だった。以下は、ラ・レニが例のメモ帳に記していた、ルーヴォワ宛て書状の覚え書きである。的確かつ見事な判断力に裏づけられたこの書状の中で、彼は次のように述べている。

ラ・フィラストルの拷問時における供述調書並びにその検真及び証言記録は、いずれも、火刑裁判所においてただ一度検討されれば済むたぐいのものではありません。法律及び裁判上の慣例を遵守するためには、これらの記録文は、同裁判所において連日検討の対象としなければならぬものであり、今後裁かれるいかなる囚人に対しても、ラ・フィラストルが事件の関与を証言した特定の囚人らに対してと同様、その公判中において、例外なく検討されてしかるべきものであります。また、ラ・フィラストルによる最終段階での証言において注目すべきは、それ以前の証言、すなわちフォンタンジュ夫人毒殺計画の責任はモンテスパン夫人及びラ・シャプレンにあるという証言、を撤回しただけでなく［前章で述べたように、フォンタンジュ夫人毒殺計画の実行犯がロマニとベルトランであったことは別の証言によりすでに確定済みである］、別の二人の囚人の無実をも証言している点にあります。最終段階におけるラ・フィラストルのこの証言が正しいとするなら、拷問中に彼女が述べたいま一つの証言の信用性、すなわち、ラ・フィラストル自身の子供を生け贄として悪魔に捧げた廉で起訴されている別の六名の囚人に対する証言の信用性、も低下することになるわけで、それだけに、彼女のこの証言はこれら六名の者にとっても重要なのであります。

また、拷問時におけるラ・フィラストルの供述調書を隠蔽することにより、別の不都合が生じようとしております。というのも、ラ・フィラストル関連の調書に記載されているすべての囚人についてはこれらの者を裁判にかけてはならない状態にある、などと裁判官諸兄に信じ込ませることは不可能な事態になろうとしているのであります。結局のところ、この女が他の囚人らに対して不利な証言をしているのか、あるいは、彼らの嫌疑を晴らそうとしているのかも不分明のまま、何人《なんぴと》かを裁くような規則は法律上存在しないはずであり、この隠蔽工作を続行することは、各囚人の訴訟の一部を隠蔽することになり、ひいては、彼らの弁明をも隠蔽することになるわけで、これは、司法にとり、これ以上ない不都合な事態となるでありましょう。

続便では、さらにこんな付言をしている。

裁判官は、全面的に開示された訴訟しか裁くことはできません。たとえ、ラ・フィラストル関連調書の削除は、被告人らの利益及び被告人らの釈放のために取り計らった行為だとみなされ得るようなことがあるとしても、実際には、別の大きな理由によって削除しているのであり、次のような危険がともないます。すなわち、一人の裁判官の情意のままに職権を行使しているように見える事態は、おそらく、被告人らの嫌疑を晴らすような証言に導くための別の事由ないし別の推論を生む事態を招くことにもなり得るでありましょう、そして、このようなたぐいの誤算がともなう危険の責任を取ることは誰にもできないでありましょう。結局のところ、このような策謀の正当化が是認された例は見あたりませんし、その結果、すなわち、策謀に基づく裁きから導き出される結果がどのようなものとなり得るかについては、考えるだに空恐ろしいことのように思われます。また、このような策謀を用いることにより、おそらく、別の不都合、われわれが避けようとしている不都合をさらに上回る別の不都合に直面することでありましょう。

これら一連の犯罪訴訟を裁くにあたり、それぞれの犯罪を個別に処理する間には、われわれが、国王の栄誉に取り返しの付かないご迷惑をお掛けするような事態を、あるいはまた、国王の審判の公平性を汚すような事態を、招いてしまうやもしれません。くわえて、これら一連の訴訟は、すべてが相互に絡み合っているため、そのうちの一つにこうした例外的手法が持ち込まれれば、すべての訴訟手続は損ねられ、裁判官諸兄は、もはや、この事件において、善き行いをすることも、法にかなった行動を取ることも一切できない状態にある、と思うようになってしまうことでありましょう。

そして、ついには、ルイ十四世及び二人の大臣が彼の意見を受け入れざるを得ないような結論へと筆を進めてゆく。

多くの悪行、太古以来連綿とつづいている悪行、いまだに存在することがつい先頃判明した悪行が、このまま隠蔽されてしまうのではないかと思われるような状況にあります。偉大なる国王、その手に神が偉大かつ絶対的な権限を授けられた国王の統治下において。

類似の罪業は別の世紀にも出来《しゅったい》しており、こうした醜行に身を投じた者の中に国の要人がいるとわかるや、その罪業に関する裁判はおおむね中断されております——その理由は、こじつけであったり精神的惰弱であったり、各時代各様ではありましたが。そして、この種の犯罪の根絶、及び、この種の犯罪者に対する処罰は、今日まで先延ばしにされてきております。この種の、神の尊厳さえも傷つける恐るべき犯罪の根絶、及び、断罪されるべき麻薬取引に手を染め、法律により人類の敵と呼ばれている犯罪者に対する処罰が、無期延期状態のまま放置されてきているのであります。これは、おそらく、それぞれの時代における君主の企てにより、生じた結果であると思われます。ありとあらゆる理由、すなわち、誤った政治が隠れ蓑にすることをならいとしてきたまことしやかな口実や、その口実が破綻をきたすことのないよう巧みに構築された論拠を盾にした、君主の企てにより、この種の犯罪の根絶及び処罰の先延ばしは、成功したものと思われます。現実に即した処世術の法則にしたがって、有能な君主により企てられ、成就させられたものと思われます。正義と正義でないものとを識別し得る知性を十分にそなえた、有能な君主によ り。

しかしながら、今現在提示されている数々の理由もまた、別の世紀と同様のまことしやかな口実にほかならず、これにともない、別の世紀と同様の悶着及び困難が生じているのであります。

これは、ルイ十四世とルーヴォワに直接語り掛けた言葉であることを考慮しなければならない。ラ・レニは、彼らの精神性と意志の強さがどれほどのものかを見極めるため、このように語り掛けたのである。

だが、ルイ十四世は、公益のために利己心を犠牲にするほど高邁な精神の持ち主でもなければ、それまで自らの威光をひけらかしつづけてきた臣民及びヨーロッパ諸国の面前で、かくも屈辱的な事実を認めるほど強固な意志の持ち主でもなかった。彼は、断固主張した。モンテスパン夫人関連の訴訟調書を特別法廷に提供することを禁ずる、と。だが、ラ・レニも一歩も退こうとはせず、すべての書類が法廷の管理下にないような裁判を続行することを拒んだ。とはいえ、手をこまねいているわけにもゆかなかった。開廷か、はたまた、閉廷か。

裁判をなにものにも拘束されず完全に独立したかたちで進行すべく可能な限りの処置を講じたうえで、ラ・レニは、ある解決策を裁判官たちに明かした。それは、すべての罪人が、庶民と高位高官とを問わず、同等の立場で裁かれるようにするための策であり、そのために裁判官がとることのできる唯一の解決策であった。すなわち、その策とは、義務にもとると判断した職務については、裁判官はこれを履行しなくとも許されるというものである。その管轄範囲内で職務をまっとうすることが許されない以上、裁判官が、限られているとはいえ、目下のところ可能な範囲内で、少なくとも義務にもとる行動はしないという対抗策に打って出たからといって誰も文句は付けられないはずだ、という論法である。

当時のフランスには、裁判官が列席する法廷と、法律上の手続も踏まず裁判も行わず、国王の鶴の一声で効力を発揮する封印状とがあった。ちなみに、ほぼ同時代、この封印状の発行を何度も請願した司法官がいたことをご紹介しておこう。一七一七年に大法官に上り詰めた、アンリ・フランソワ・ダゲソー〔一六六八―一七五一〕である。フランスでもっとも高名な司法官の一人である彼が、まだ若かった頃、ある事件の捜査中、国王に封印状の発行を再三にわたり請願した。ラ・レニも、この手を使うことができたはずだ。たとえば、

「法規を逸脱した例外的手法を好んで用い、正規の手続を踏むことを忌み嫌うタイプの司法官である、といったたぐいの批判を本官が受けたことは、これまでございませんでした。しかしながら、このたびばかりは、数々の理由から、国王のご下命（封印状）におすがりいたしたく、ご助成を願い上げる

次第でございます」

とでも言上すれば、その願いは諸手を挙げて迎えられ、この煩雑な事件は一挙に解決の運びとなったことだろう。すべてを闇に葬って。

しかし、律儀なラ・レニは正道をゆく。以下は、一六八二年四月十七日付、ルーヴォワ宛の書状である。

「国王陛下は、本件における特定の行為の内容を火刑裁判所に提示することをお望みにならぬばかりか、特定の囚人及び被告人を裁くこともお望みになっておられません。しかも、ことの重要性を理由に、本件を、陛下ご自身の判断及びご自身が用いようと意図しておられる別の方法で、自ら裁定なさる権利を留保しておられます。このままでは、きわめて安易な手段により、国王の意図しておられる目的が達成され得るような事態が生じかねず、ひいては、仮に同裁判所の検察官諸兄がこの法廷の裁き手にもとる行為を働いた場合にも、一切反論不能な事態を招くことにもなりかねません」

そして、ラ・レニは、次のような結論を導き出す。すなわち、このままではモンテスパン夫人がらみの事件に通じている被告人らの裁判についてはその審理を断念せざるを得ず、となれば裁判の原則に従って彼らを裁くこともできなくなり、ついにはこれらの者を封印状により王国の城塞に監禁することもあきらめざるを得なくなる、というものであった。彼は、伝統的な法手続に違反したり、被告人に認められてきた保障を侵害したりするような裁判が行われることを、拒んだのである。このような裁判が行われるのを見過ごすわけにはゆかない、と。警察長官兼火刑裁判所検察官により示されたこの正論を前に、国王及び二人の大臣は、持論を引っ込めざるを得なかった。

*****

ラ・レニは、長大な犯罪リストを作成していた。それは、莫大な賄《まいない》が支払われた犯罪に特化したリストであり、そこには、賄を積むことにより、法廷での厳しい詮議や拷問で受ける苦痛、火刑台ないし絞首台での死を免れようとした事例が列挙されている。以下は、このリストの末尾に記された彼の付言である。

バスティーユ及びヴァンセンヌには、目下、百四十七名の囚人がいる。このうち、毒殺あるいは麻薬取引の罪を負わされている者は一人もおらず、神に対する冒瀆の罪を負わされている者も皆無だ。凶悪犯であるにもかかわらず、彼らの大部分が無処罰犯とされているのである。

ラ・トリアノンは、毒物の違法取引という重罪を犯した忌むべき女だが、裁くことはできない。したがって、一般大衆は、見せしめにより溜飲を下げる喜びを失うだけでなく、捜査の結果得た彼女の共犯者らに関するあらたな事実及びすべての証拠まで知り損ねている。

われわれは、シャプレン夫人を裁くこともできないだろう。その理由は、ラ・フィラストルが彼女と対質させられたことによる。豪商の妻であるラ・シャプレンは、本件が発覚するずっと以前から毒薬の研究に専念しており、自ら毒薬の調合を行うとともに、他の者らにも行わせていた。また、彼女には、良俗にもとる行為を重ねる中で、毒殺、冒瀆、人に呪いを掛けるなどの所行を一度ならず実践した嫌疑が掛けられている。くわえて、ラ・フィラストルからも、彼女は告発されていた。ラ・フィラストルは、二点、すなわち、司祭らとともに行った数々の忌まわしい儀式の実践法を自分に伝授したのはラ・シャプレンであること、及び、ラ・シャプレンがヴァナン事件に深く関与していたことを指摘し、この女を告発していたのである。

同様の理由で、ガレが裁判にかけられることもあり得ない。この男が、農夫という低い地位にあり、危険人物であり、毒殺斡旋業者であるにもかかわらず、この男を裁くことはできないのである。

ルプルー――ラ・シャプレンとともに毒殺事件に荷担したノートル＝ダムの司祭――は、ラ・フィラストルの実子を生け贄として悪魔に捧げたとして告発されている。

ギブールは、毒殺件数の多さ、麻薬取引及び呪術を用いた忌まわしい儀式の実践、神に対する冒瀆的行為及び公序良俗にもとる不埒な所行において、他のいかなる者との比較も不可能な凶悪犯である。しかも、彼は、現存する極悪人すべての素性や性格を知悉しているだけでなく彼らからも知られた存在であり、無数の恐るべき犯罪をこの男が行ったことはすでに立証済みだ。児童数人の喉を掻き切ったうえで悪魔への生け贄としたこの男は、すでに有罪と認められている冒瀆的行為以外にも、われわれにはとうてい思い及ばぬような忌まわしい所行の数々を白状しており、さらには、悪魔のような手口を弄して、国王のお命に差し障るような所行を働いたことも供述しているのである。われわれは連日、この男から、おぞましいことどもをこれでもかとばかりに聞かされている。神にして人であられる国王陛下に対する大逆罪で告発されているこの男でさえ処罰が見送られることになれば、他の極悪人らもその恩恵を受け、罪過を見逃されることになるだろう。

ギブールの内縁の妻シャンフレも、二人の間にできた子供のうちのいくたりかを殺害した罪に問われており、ギブールが実践した冒瀆的犯罪中の数件に荷担していた。一見正式だが実はまやかしの式次第にしたがってギブールが執り行っていた儀式に参加し、嫌悪を催すようなその儀式の祭壇、その上でギブールが例の忌まわしい所行を実践していた祭壇になっていたこの女の罪もまた、無処罰のまま据え置かれることになるだろう。

ほかにも重大な罪を犯したとして注目すべき告発をされた者は大勢いるが、彼らはすでにその大罪を見逃されている。ラ・ヴォワザンの娘が裁判にかけられることはあり得ず、マリエットはなおさらである。たとえ、今後、さらなる罪過が加わったとしても、この神父が裁判にかけられることはあり得ない。ラトゥール並びにヴォティエとその妻も、罪過を見逃されるだけでなく、彼らの犯罪そのものを表沙汰にすべきではないという理由から、両名の審理が完了されることもあり得ないであろう。


その一方で、ラ・レニはこうも言っている。しみじみと。

「神の摂理には感嘆を禁じ得ない。仮に、マリエットに対する二度目の逮捕がラ・ヴォワザンの有罪判決確定前であったとしたら、その段階で両名がモンテスパン夫人の尋常ならざる所行について供述していたとしたら、この人非人（ラ・ヴォワザン）は裁判を免れていたであろうし、ラ・フィラストルにしても、死刑直前の拷問中に告白した内容をそれ以前に述べていたら、やはり裁判を免れていたはずだ」
なお、マリエットが二度目に逮捕されたのは一六八〇年二月末であり、ラ・ヴォワザンが有罪判決確定後即刻処刑されたのは、その十日ほど前の同月二十日のことだった。

さほど世論の反発を買うこともなく、火刑裁判所の扉は閉ざされたままの状態がつづいていた。が、人びとの間には、憶測がくすぶっていた。あれほど物議を醸したあとだけに、当局はすべてを隠蔽してしまいたがっているのではないか、との憶測が。

「火刑裁判所における審理は終了すべきである。だが、無力感や嫌悪感を理由に終了することは避けねばならない。この裁判に関係した者の数は膨大であり、それだけに、それらの者にこの裁判を誹謗中傷するようなきっかけを与えぬようにするためにも、また、今回処罰を免れた悪人ども――それが著名な人物であると否とにかかわらず――が、今後とも人心を恐怖におとしいれるような所行をつづけたり、大手を振って同種の悪事を再開したりする恐れのないようにするためにも」

とラ・レニは記している。火刑裁判所の構成員である司法官たちも、審理の終了を待ち望んでいた。理由は多々あったが、ラ・レニがとくに指摘していたのは、彼らの胸中に広がる一方の無力感である。

「職務執行中われわれがつねに抱いているのは、刑を宣告するという行為に対する嫌悪感であり、これはまっとうな人間なら感ぜずにはいられぬ精神的苦痛である。ところが、今回は、これに、首謀者を裁くことができないという遣り切れぬ思いが重なってしまった」

だからこそ、ある種の無力感ないし士気の低下を理由に火刑裁判所を閉鎖するといった印象を与えることは、避けねばならなかった。とりわけ、同裁判所において訴訟中の事件に対して世間が抱いている疑惑を放置しておくことは、避ける必要があった。それでなくとも、民衆の憶測はたくましくなるばかりで、その根源にあったのはやはり、重罪犯に対する裁きの手ぬるさだった。モンテスパン夫人の共犯者であるという理由から、ラ・ヴォワザンと関係のあった被告人——ギブール神父、ルサージュ及びその他の主要な犯人——については、全員、裁判にかけずに済まさざるを得なかったうえ、うやむやのうちに闇に葬られようとしていたヴァナン事件は再審の運びとなったものの、これもまた寵姫とつながりがあったという理由で、首謀者ヴァナンは厳罰を免れていたのである。

おりしも、火刑裁判所の検察官たちは思いがけない情報を得る。数ある密告を調査中、元高等法院評定官のピノン・ドュ・マルトロワなる人物が、国王に対してさまざまな陰謀を巡らしたり呪術行為を行ったりしていた、という供述を得たのだ。その供述によれば、フーケ事件に巻き込まれたピノンは、財務卿失脚後に行われた裁判で有罪判決を受け、自らの財産も差し押さえられたため、これに対する意趣返しとフーケを監獄から救出する目的で、そのような行為に及んだ、という。供述したのは、ギブールだった。ところが、ピノンはすでに死んでいた。ただ、彼にはジャン・メヤールという心腹の友がいたらしい。ただちにその者が取り押さえられたが、会計法院の傍聴官という要職にある人物だったため、世上は騒然とする。

ジャン・メヤールは、一六八二年二月二十日、

「国王の人格に対する忌むべき企てがあることを確信し、この企てに通暁していたにもかかわらず、これを通報しなかった」

という理由で、有罪判決を受けた。拷問による責め苦を受けている間も、死の瞬間までも、メヤールは、すべてを否認しつづけたが、翌二月二十一日正午、慣例法適用除外特例により、死刑が執行された。火刑裁判所の検察官たちに提示された多様な起訴事項の中には、このように、ほとんど立証されないまま有罪判決を下された例があったのも、これまた事実である。

ヴァナンの従僕、ラ・シャボワジエールの死刑執行がこれにつづいた。同年七月十六日のことである。この悪党は、死刑に先立つ拷問を受けたあと、絞首された。この男が犯した罪は、ヴァナンほど重くはない。ヴァナンからすべてを打ち明けられていたわけではなかったからである。ラ・シャボワジエールがただの助手にすぎなかったからではなく、最下層の出であったため、ヴァナンは彼を信用しなかったのだ。

これを最後に、すべての訴訟手続は正式に終了し、火刑裁判所を閉鎖するための作業が、粛々と、手はず通りに進められた。裁判の正当性が重大な侵害をこうむっていることを民衆に気づかれぬよう、配慮しながら。

同裁判所は、一六八二年七月二十一日付の封印状をもって閉鎖された。

ラ・レニは、火刑裁判所が閉鎖されたからといって、自らの役目が終わったとは思っていなかった。ルーヴォワとの手紙のやりとりの中でも、同裁判所において長期にわたり多数の審理が行われたおかげで得た経験を、類似の大罪が蒸し返されることのないよう役立てるべきであると繰り返し述べている。そして、ほどなく、あらたな法令の起草をコルベールとともに行うべし、との命が下された。こうして、一六八二年八月三十日、かの有名な王令、占い師及び毒殺者の跋扈を阻止する王令、が発布される運びとなる。二人の傑人による共同作業のおかげで、以後、魔術師及び女占い師はフランスから追放され、工業及び医学に不可欠な毒物の製造販売は、さまざまな規定による統制を受けることになった。この法律は、時の流れにも、その後に起きた数々の革命にも打ち勝ち、二世紀を経た現在もなお、効力を発揮している。

*****

モンテスパン夫人の企てに多少なりともかかわったという理由で裁くことができなかった無数の被告人が、封印状により、各地の城塞、それも王国内でももっとも防備の堅固そうな城塞、に移送された。用心のため、軍務卿ルーヴォワは、各被告人に鉄鎖を掛け、一方の輪は牢獄の壁に、もう一方の輪は囚人の体につなぐよう命じた。不運にも、彼らは、死ぬまでこの状態のまま据え置かれ、四十年以上その状態で生きつづけた者もいる。

ルーヴォワは、これらの城塞を監督する司令官や地方長官に宛てて、きわめて厳しい通達を出しており、そこには、囚人と部外者との連絡を一切遮断するための、また、囚人に必要最低限の精神的かつ物質的手当をほどこすべく雇用された者に対する扱いについての、厳格きわまりない指令が列挙されていた。これらの雇用人については、その数を極力削減するとともに全幅の信頼をおける者で構成すべしとしたうえで、囚人には以下のような態度で接するよう指導すべしとの但し書きまで付いていた。すなわち、これらの囚人は、モンテスパン夫人に対する数々の淫らな中傷を捏造していた悪党で

サン＝タンドレ・ドゥ・サランの城塞

ある、だが、そうした中傷が偽りであることは特別法廷によりすでに認められている、したがって、彼らが今回の事件について発言するような状況にいたった場合は即刻めった打ちにすべし、というものであった。ルーヴォワは、仮に囚人らが事実を暴露するようなことがあっても、監督官らに動揺をきたさないよう、あらかじめ手を打っていたのである。

最重要犯——ギブール神父、ルサージュ、ガレ、ロマニ——が連行されたのは、スイスとの国境をなすジュラ山脈沿いの都市ブザンソンにある城塞で、ギブールは、入獄後三年目に、この城塞で死んだ。

ブザンソン南方の山頂に位置するサン＝タンドレ・ドゥ・サランの城塞には、十四名の女が連行された。一六八二年八月二十六日、ルーヴォワは、彼女らの処遇について、この地を統括するフランシュ＝コンテの長官宛に書き送っている。

国王陛下は、毒殺事件の裁判権を有する特別法廷の判決にしたがって逮捕された者らの一部を、サン＝タンドレ・ドゥ・サランの城塞に送るのが適当とご判断のうえ、以下の件を貴殿に通達するよう命じられた。すなわち、サン＝タンドレ城に二房を用意させるとともに、これら囚人のうち六名を収容する房については、各人に対する警備が持続可能な方法で内部を整備する必要があること、また、各人に藁布団一枚をあてがったうえで、片手ないし片足を壁面に取り付けられた鎖でつなぐ必要があり、鎖は横になるのを妨げないだけの長さがあるものとすること。この者どもは死刑に処されてしかるべき極悪人であるゆえ、彼らの監視人並びに食事の世話及び汚物の処理にたずさわる者らに乱暴狼藉を働く恐れがあるやも知れず、上述のごとく手鎖ないし足鎖による拘束が妥当である、というのが国王陛下のご意向である。国王陛下はまた、貴殿が、ブザンソンの城塞にも同様の監房、すなわち、囚人中十二名を万遺漏《ばんいろう》なく監禁可能な二房を整えさせるようにとのご意向を示しておられる。なお、これらの監房は、囚人らの会話の内容が漏れ聞こえる恐れのない場所に位置すべきであり、この点に留意されたい。

主犯格の魔女五名――ラ・ペルティィエ、ラ・プレン、ラ・ドゥラポルト、カトリーヌ・ルロワ、ラ・ヴォワザンの娘マルグリット・モンヴォワザン――は、イル＝ドゥ＝フランス代理裁判官組合所属のオジヨンなる人物により、ベル＝イル＝アン＝メールに護送された。ブルターニュ半島南方の沖合に位置する島である。

ラ・フィラストルの共犯者、ラ・シャプレンは、ヴィルフランシュのリベリア城塞に幽閉され、四十年後の一七二四年六月四日に死んだ。彼女は、やはり魔女のラ・ゲドンと同じ房で暮らしていた。ラ・ゲドンも、モンテスパン夫人とつながりがあるという理由から、火刑裁判所での判決を免れ、ラ・シャプレンより一足先に収監されていたのである。ヴィルフランシュは、フランス南端のスペインと国境を接する村で、一六八一年同村に建てられたリベリア城塞は、当初女囚用監獄として使用されていた。

リベリア城塞

以下は、ヴィルフランシュの司令官による、一七一七年八月付の記録である。
「国事犯として収監されていた女囚二名のうちの一人、ラ・ゲドンが、今月十五日に死んだ。三十六年前以降、本城に幽閉された四名のうち、生きながらえていたのはこの二名であり、囚人の中でも古株になっていた。ラ・ゲドンは、銀貨四十五リーヴルを、あとに残った同房の女囚（ラ・シャプレン）に託した。投獄以来、国から支給されていた一日八ソルの食事代を倹約し、こつこつ貯めていたものである。残った女囚が個人的に必要な出費のために使うように、そして、もし余ったら、それを自分の供養のために使ってくれ、と言い残して。国王にとっては、年金受給者が一人減った勘定になる。この善女は、七十六歳だった。残った女囚も老齢である。二人は、同じ房で、各自別々に煮込み料理を作っていた」

バスティーユ及びヴァンセンヌには、毒殺事件とはまったく無関係の囚人もいれば、火刑裁判所の検察官から無実であると認められていた囚人もいた。その中には、運悪く、獄中で、モンテスパン夫人の犯罪行為に通じていた被告人と同じ房に幽閉された者もおり、彼らは、ただそれだけの理由で、無期懲役の刑を強いられていた。

「ラ・ボスの娘マノンは、ブザンソンのバファン修道女会に、マノン・デュボ嬢という名で送られた。国王は、彼女に年金二百五十リーヴルを支給していたが、彼女が釈放されることはなかった。ラ・ヴォワザンの娘マルグリットと同じ房に幽閉されていたことがあり、この時、マルグリットがマノンに一切合切しゃべってしまったからである」

とラ・レニは記している。ラ・ゲニエールも、同じ理由から、総合救貧院に送り込まれた。ナノン・オベールも、同様である。

「オベールもまた、ラ・ヴォワザンの娘と同じ房に幽閉されていたため、生涯、釈放されることはなかった。しかし、一六八三年、付帯命令付きでブザンソンのウルスラ修道女会に送り込まれている。その命令とは、毒殺の廉で告発されたある高貴な女性と交流があったため拘禁されたという触れ込みにすべし、というものであった。オベールは、その後、ブザンソンに隣接する商業都市、ヴズールのウルスラ修道女会に移されるが、終生、貴族の令嬢として遇され、国王から年金として二百五十リーヴルを支給されていた」

　巻き添えの最たるものが、ラ・ヴェルトマールの弟、ルメールの場合である。この男がまったくの無実であることは明らかだった。彼に「洗いざらい話した」とギブール神父が供述していたとはいえ、神父と同じ房に幽閉されていたという事実以外、非難されるべき点は皆無だったのだから。一六八一年八月四日にはすでに、ルーヴォワは、こんな通達書をラ・レニ宛に送っている。

「今はまだルメールを釈放すべき時ではない。そこで、デグレ殿に、以下のような主旨の書面をしためた。長期にわたる拘禁の心労を少しでも軽減すべくデグレ殿がなすべきは、たとえば某《それがし》の手紙をルメールに見せることであろう、と」

　こうした一連の姑息で度し難い不正行為が、ルイ十四世とルーヴォワの良心をさいなみ、動揺させていなかったわけではない。翌八二年八月、ルーヴォワは、ルメールの出獄に同意する。そして、百五十ピストルもの大金を手渡させるとともに、条件付きで、同額を毎年彼の手元に届けさせると約束した。その条件とは、彼の身柄はフランス国外に護送されること、生涯二度と再びフランスの地に足を踏み入れないこと、ヴァンセンヌで耳にしたことを生涯誰にも漏らさないこと、そして、万一これらの誓約の一端でも破るようなことがあれば、国王は彼を再度逮捕させ終生幽閉するであろう、というものであった。

　ラ・レニは、一七〇九年六月十四日、八十四歳で亡くなった。遺言の中に、この善良な人物ならで

はの感動的なくだりがあり、そこで彼は、自分の遺体を教会内ではなく、教区の墓地に埋葬してもらいたい、なぜなら、

「自らの遺骸が信心深い人びとの集まる場所に置かれることを望まぬからであり、また、自らの身体の腐敗が教会内の空気汚染を増大し、ひいては聖職者並びに一般大衆に害を及ぼすことを望まぬからである」

と記している。

統治をゆだねられた巨大都市を健全かつ十分に秩序立たせるため、人生の一部を捧げた初代パリ警察長官は、自らかけがえのないものとしていたはずの、カトリック教徒としての心情及び神を信じる者としての心の糧《かて》を犠牲にすることにより、死に際に、範を垂れたのだ。

ガブリエル＝ニコラ・ドゥ・ラ・レニは、まれに見る心映えの持ち主である。彼について語るにあたり、筆者は、その篤実な国家官僚としての側面にしか触れてこなかった。究極の教養人であり、法学者エティエンヌ・バリューズ〔一六三〇－一七一八〕との長年にわたる往復書簡において示されている碩学ぶりや、ギリシャ・ラテンの写本の購入及び照合を推進させるなど、印刷物に対する豊富な知識の持ち主であり保護者である側面、さらには、モリエールの初版本の保存によりわれわれが計り知れない恩恵を受けている、愛書家としての側面、についてはふれてこなかった。彼は、当代において、フランス史上画期的なあの時代において、尊敬に値する代表的人物の一人であった。

十七世紀は、善においても悪においても、極限にまで達した時代であった。

それは、フランスにおけるもっとも偉大な名将が、もっとも偉大な政治家が、もっとも偉大な司法官が、輩出した時代であった。それは、フランスにおける文学、芸術、哲学、学識の各分野で、あまたの才人が異彩を放った時代であり、「愛徳修道女会」(1)の修道女たちが自己犠牲の精神を遺憾なく発揮した時代であり、シャンタル夫人(2)が美徳の芳香を放った時代でもあった。

しかしながら、それはまた、ブランヴィリエ侯爵夫人が犯罪の領域を押し広げた時代であり、ギブールと名乗る神父が、祭壇に見立てたモンテスパン侯爵夫人の裸身の上で、幼子の喉を掻き切った時代でもあった。

第三章　戯曲『女占い師』――ルイ十四世治下における悪弊改革のための夢幻喜劇

『女占い師』は、ドノー・ドゥ・ヴィゼとトマ・コルネイユの共作による夢幻喜劇《コメディー＝フエエリ》で、一六七九年にパリで上演された。毒殺事件を専門に扱う特別法廷、いわゆる「火刑裁判所」が開設された年のことである。夢幻喜劇とは、妖精、悪魔、魔法使いらが端役を務める戯曲をもとに、大規模な仕掛けと派手な演出で構成された喜劇仕立ての芝居である。

ニコラ・ドゥ・ラ・レニは、国王及び諸大臣宛報告書の中で、この戯曲上演の必要性を強く主張していた。毒殺事件の首謀者である極悪人どもを罰するだけでなく、類似犯罪の拡大を防ぐためにも、また、できることなら、今回の事件で大罪に荷担したことを暴かれた者らに同様の罪を重ねさせないためにも、と。

前章において、筆者は、ラ・レニがある法令をコルベールと共同で起草したこと、一六八二年八月三十日にこの法令が高等法院で承認され、王令として発布されたこと、その結果、魔女や魔術師がフランスから追放されただけでなく、医学及び工業に必要とされる毒物の製造販売に関しても厳重な法規制がかけられるようになったこと、を記すとともに、二世紀を経た今日においてもなお、これは、現行法として実施されているきわめてすぐれた法律である、と述べた。

ラ・レニは、この法律を高く評価していた。予防策としてだけでなく、国民を危険な誘惑から保護するうえでも有用である、というのがその理由だった。女占い師どもの掌中で意のままに操られ、妄想を膨らませ、大罪を犯した思慮の浅い者たちを、二度とあのように危険な誘惑にさらさないようにするうえでも、この法律は有用である、と。

ある女占い師が、こんな意味の供述をしていたのを思い起こしていただきたい。

「手相見にかかれば、身分の上下にかかわりなく、どんな女でも破滅の道に引きずり込まれてしまう。なぜなら、われわれにとり彼女らの弱みを握ることなどたやすいことだし、その弱みにつけ込んで彼女らを丸め込むのがわれわれの手なのだから。あとは、われわれの思いどおりに彼女らを駆り立てるだけだ」

ラ・レニは、演劇活動の方向性を牛耳っていた。警察長官という立場上、戯曲家の原稿を検討し検閲するのが職務の一部だったからである。したがって、彼らとは日頃から親交があった。一つには、ラ・レニ自身、気遣いの細やかな人当たりの良い学識者であり、洗練された良書の収集家でもあったからで、一六七九年当時、彼がとりわけ親交を深くしていたのが、ドノー・ドゥ・ヴィゼ〔一六三八－一七一〇〕だった。ヴィゼは劇作家であるとともに、週刊文芸誌『メルキュール・ギャラン』の創設者兼編集者で、フランス文学史上もっとも特異な人物の一人である。ちなみに、一六七二年に創刊された同誌は、一七二四年、『メルキュール・ドゥ・フランス』と改名、十八世紀最大の週刊文芸誌として知られている。

エドゥム・ブルソー〔一六三八－一七〇一〕が機知に富んだ戯曲を書き上げたのも、一六七九年のことである。それは、当時誕生しつつあった新しいタイプのジャーナリズムを辛辣に風刺した喜劇なのだが、題名が問題だった。『メルキュール・ギャラン』だったからである。なお、ここで言う新しいタイプのジ

『メルキュール・ギャラン』の
（右）表紙と（左）掲載記事

ャーナリズムとは、ドノー・ドゥ・ヴィゼの推進力に押されて台頭しつつあった、モダンで因習にとらわれないジャーナリズムを指す。ブルソーは、その若き日、すでに演劇界の大御所となっていたモリエール及びボワローを攻撃する喜劇をものしたことで物議を醸し、勇名を馳せた人物であった。

ヴィゼは、ラ・レニに懇願した。戯曲の題名が自分の雑誌と同じでは困る、なんとか別の題名で上演するよう取り計らってもらえないか、と。ラ・レニはこれを聞き入れ、ブルソーも快諾。戯曲は『題名のない喜劇』に改められた。つねづね『メルキュール・ギャラン』誌を高く評価していたブルソーは、同誌についてこんな風に述べている。

　そこにはすべてが盛り込まれている。寓話から、歴史、韻文、散文、ローマ教皇の権能、闘争、裁判、死、結婚、恋愛、地方発のニュース、さらには宮廷で起きている最新のニュースまで。

ドノー・ドゥ・ヴィゼは、宮廷での受けが良い男だった。『メルキュール・ギャラン』誌の成功を知るや、ルイ十四世は、急遽、年金五百エキュをヴィゼに支給させるとともに、彼をルーヴルに住まわせ、自らの治世史を記述する公認の編纂官に任命する。以後、ヴィゼの筆鋒から鋭さが消え、王政に対し好意的になってゆくのだが、ともあれ、当時の彼は、ジャーナリストとしてだけでなく戯曲家としても活躍し、いずれの分野でも、きわめてモダンな思想、つまり、現代にも十分通用するような革新的思想を打ち出していた。だが、デビュー当初から順風満帆だったわけではない。そんな苦節の時、自らの知名度を鳴り物入りで高めるための窮余の策として思い付いたのが、コルネイユとモリエールを徹底的に攻撃することだった。こうして書き上げた作品が、反モリエールの旗幟を掲げる一幕物の喜劇、『ゼランドあるいは《女房学校是非》に関する真の批評及び批評の批評』である。一六六三年パリ初演のこの作品で、彼は、功成り名遂げたモリエールの人物像を描いているのだが、それは、われわれの目には、批判というより、この芸術家に対する最高の讃辞としか映らない。以下は、第六場における、あるレース商人の台詞からの抜粋である。

「私は店に降りていった。エロミール――これはモリエール Molière のアナグラム Elomire である――は、押し黙っていた。夢見る男のたたずまいで、商品台に寄りかかり、レースを値切る三、四人の貴族をじっと見つめていた。どうやら、談判の内容に耳を傾けているらしく、凝視しているさまから察するに、彼らの心の底まで見透かそうとしているかのようだった」
ラ・レニは、ヴィゼの才能と名声を活用しようと考えた。そこで、劇作の題名を変更するようブルソーに頼んで欲しいというヴィゼの願いを叶えてやっただけでなく、新しい戯曲のテーマまで提示したのである。大ヒット間違いなしのテーマだ、と言って。それは、今回の毒殺事件に衝撃を受け、動揺している大衆が、群れをなして押し掛けてくるような内容の戯曲であり、女占い師や魔術師が用いていたワザはまやかしでありペテンにすぎない、というのがテーマだった。彼ら悪徳の輩が繰り広げている闇取引から無知な民衆を引き離すためには、このような戯曲をパリで上演し世論に訴えることこそ、最良の突破口のように思えたのである。

こうしたいきさつから誕生したのが、夢幻喜劇『女占い師あるいは偽りの魔法』で、芝居は、一六七九年十一月十九日、王立劇団によりパリで初演され、脚本は、翌八〇年二月に出版された。すでに述べたように、ドノー・ドゥ・ヴィゼは、現代にも通用する新しい文学観の持ち主であったが、『女占い師』においてもそうした彼の革新性があらためて示されることになる。筆者としては、まずここで、ヴィゼが、二十世紀初頭の今現在文芸界で定石となっている手法——すなわち共同制作——の父であったことを指摘しておきたい。権威ある劇評家の一人、エドワール・ティエリー〔一八一三―九四〕は、共同制作について次のように記している。

「共同制作という言葉は、せいぜい法律用語として存在していただけの聞き慣れない言葉であったが、演劇の分野では、まるっきり例がなかったわけでもない。パレ＝ロワイヤル劇団の『プシケ』〔一六七一年初演〕は、モリエールの企画監督のもと、ピエール・コルネイユにより完成された作品である。

ただ、これは、受注作品としてしかみなされておらず、その所有権は、最終的に、発注者に帰属するものであった。ラシーヌによる唯一の社会喜劇『訴訟狂』〔一六六八年初演〕も、共同制作によるものであったし、これ以外にも、大当たりをとった数本のパロディーが共同で制作されていたと伝えられている。しかしながら、こうした制作方法は、いずれも単なる遊び心から生まれたものでしかなかった。気の合う者同士がアイディアを持ち寄り、互いに刺激し合って面白がっている、いわば「文学的ピクニック」にすぎなかったのである。この遊びが、文化的事業に匹敵するほどの高みにまで演劇を引き上げることになろうとは、当時、まだ誰も気づいていなかった」

『女占い師』の一場面

　さて、その共同制作により生まれた戯曲『女占い師』は、初日から、あらゆる期待をはるかに上回る結果をもたらし、文化事業としても成功した。

　この頃にはもう、老コルネイユに、若き日の勇み足を公的に謝罪していたヴィゼは、この戯曲の制作にあたり、弟のトマ・コルネイユ〔一六二五－一七〇九〕を協力者として起用した。当時、コルネイユ・ドゥ・リールと呼

トマ・コルネイユ（81歳）

びならわされていたトマは、すぐれた軽喜劇の作者であり、すでに多くの戯曲を発表していただけでなく、遠からず碑文・文芸アカデミーの会員に推挙されるほどの学識豊かな人物であり、法律学者でもあったが、不当にも、兄ピエールの名声により精神的に打ちのめされていた。

『女占い師』がモダンな戯曲とみなされているのは、共同制作という革新的な手法が用いられているからだけではない。現在シャトレ劇場で成功をおさめている、スペクタクル劇やトリック劇、舞台転換劇の扇動者的存在であり、そして、おそらく、手本でもありつづけているからだ。いずれ、われわれは、共同制作というアイディアがこの戯曲を起点に普遍化してゆくことを、いやそればかりか、今われわれが劇場で遭遇しているさまざまな場面構成やトリックがすでにこの喜劇に用いられていたことを、確信することになる。こうした場面構成やトリックは、今日まで絶えることなく受け継がれており、『悪魔の製剤、ペルランパンパンの粉薬』など似たような大仕掛けのスペクタクルで、われわれの大半がお目にかかったことのあるものだ。たとえば、しゃべる生首、勝手に元に戻る切断された四肢、ある人物から別の人物に移動する腹部の腫れ物、壁を通って室内に侵入する妖精・魔術師・悪魔のたぐい、がそれである。

ともあれ、『女占い師』は、売り出しのノウハウにたけた二人の共同制作者の手腕が功を奏し、近代演劇史上きわめて高い地位を占めることになった。その一人、ドノー・ドゥ・ヴィゼは、宣伝広告文の名手として世に出、その後ジャーナリストに転身したやり手であり、彼が思い付いたのが、『女占い師』をテーマにした暦の制作である。こうして登場した一六八〇年度版「女占い師暦」は、図版入りの大きなボード、というか掲示板で、中央に悪魔風の恐ろしげな姿をした人物が鎮座しており、そのまわりには、戯曲の主要な場面、つまりこのスペクタクルの各「山場」が配置されていて、たとえば、主役の女占い師とその仲間の展開するインチキな魔法のカラクリが再現されている。国立図書館にそれらの場面を描いたコピーが保管されており、そこには、十七世紀における劇場の舞台だけでなく、女占い師――いわゆる魔女――らが客を迎え入れるそれぞれの家のインテリアなども再現されていて、なかなか興味深い。ここに掲載したのは、そのうちの一点である。人心をわしづかみにする強烈な時

女占い師暦（1680 年 2 月 22 日）

事性と二人の作者の機知とが結びついた結果、『女占い師』には、金銭的成功と前例のない好奇心の喚起とが担保されることとなり、事実、パリ中の人びとが劇場に押し寄せた。出し物は五ヵ月にわたり上演され、四十七回連続公演、最初の十八公演は通常の興行収入の倍額を稼ぎ出すという、当時としては信じられないような記録を打ち出した。二人の作者の才能と手腕に助けられ、警察長官ラ・レニは、所期の目的を達成したのである。

戯曲の主人公である女占い師は、ラ・ヴォワザン以外の何者でもない。ただ、二人の作者は、名前を少し変え、マダム・ジョバンとしている。劇中、火刑裁判所の検察官たちの前で行われる質疑応答の場面で、彼女はすべての質問に鸚鵡替えしの答弁で応じているが、これは、自らその場に立ち会っていたニコラ・ドゥ・ラ・レニの指示によるものであるのは間違いない。ラ・ヴォワザンの筆頭共犯者は藪《ドュ・ビュイソン》という男だったが、劇中では畑《ドュ・クロ》になっており、営業方法については実態通りに描かれているものの、かなり茶化されているし、マダム・ジョバンも、善良な人びとから端金《はしたがね》を巻き上げることにしか興味のない、単純な小悪党に仕立て上げられていて、われわれの知っている、ヴィルヌーヴ＝スュル＝グラヴォワに住む海千山千の恐るべき女占い師からはほど遠い、ヤワな人物になっている。第二幕第二場では、そのマダム・ジョバンが、弟に、商売のコツについてこんな講釈をたれている

人間てのはたいがいがこんなもんさ。いくら止められたって、バカなことにうつつを抜かす。いったん思い込まされたが最後、迷いを覚まさせることなんてできるもんじゃない。いいかい、パリは賢い人間が世界中で一番たくさん集まってる場所だよ。けど、だまされやすい人間が一番

大勢いる場所でもあるのさ。ただね、今あたしが訴えられてる魔術や、ほかのもっと超自然的に見えることだって、想像の産物でしかない。あたしらに必要なのは、旺盛な想像力と、その想像力を抜け目なく利用する腕前だけさ。その二つがうまくこなせりゃ、みんなあたしらを信じる。だからって、ほんとのところ、魔術なんてもんはありゃしないし、悪魔だってどこにもいやしない。なのに、あたしらにそれらしき物を見せられると、客は、恐怖のあまり分別を失っちまう。だまされてるんじゃないかって疑うことさえできないくらいにね。そのうち、あたしが占いにも手を出してるって言われるようになるだろうけど、占いってのは、情報を手っ取り早く摑むためのワザなんだよ。くる日もくる日も、大勢の客が、あたしらの手になにもかもゆだね、胸の内をぶちまけてくれるってわけさ。そもそも、この仕事が成功するかどうかなんて、十中八九、ただの偶然。物事ってのは、偶然によって決まるもんなんだ。要りようなのは、機転、図太さ、駆け引き、世渡り上手、くる客は拒まず、起きたことはマメに書き留め、浮気がらみの情報をしっかり集める。それと、相談にきた客には、なんでも良いからとにかくしゃべる。あれこれしゃべってりゃ、一つくらいは混じってるもんだよ、ほんとのことが。良く当たる占い師だって言われるようなことがね。二つも三つも、なんてことはめったにないけどさ。で、そうなりゃ占めたもんだ、「これ以上はわかりません」っていくら言ったって、客は信じない。いずれにしろ、人間てのは、話をしてもらいたがるもんなんだよ。

この戯曲自体、なかなかの佳作であり、捨てがたい魅力がある。たしかに、モリエール風のおおらかで革新的な趣は見あたらないし、相手側があっさり降参してしまうという単純なオチで、主題の面白味はぶちこわされてしまっているものの、構成及び文学的価値という点では、現代のおおかたの夢幻劇よりすぐれているかもしれない。もっとも、モリエールなら、これと同一の主題からでも、人間の滑稽さや情熱をとことん追究することにより、その面白味をもっと巧みに引き出していたに違いない。ちなみに、若き日のヴィゼが徹底的に嘲笑していたのは、モリエールの作品に見られる、そのおおらかで革新的な趣だったのではあるが。

この戯曲の書籍版には序文が巻頭に載せられており、そこで、二人の作者は、アリストテレスが提示したとされる、有名な演劇法について克明に説明するとともに、この法則がなかったら、ラシーヌやボワローが活躍するこの時代に、自分たちが戯曲を制作することなどできなかった、と述べている。事実、ヴィゼとトマ・コルネイユは、その法則、すなわち「三単一の法則」を順守した！「演劇は、二十四時間以内に単一の場所で単一の筋で進行させなければならない」とする古典劇の基本的作法にしたがい、これを守り通したのである。それも、古典劇とはほど遠い、夢幻劇において！　現代の夢幻劇作者の中には、自分の作品より『女占い師』のほうがずっと夢幻劇的要素を顕現している、と思う者も必ずやいるに違いない。

この序文で、彼らは、戯曲の内容を、次のように説明している。

「主役三人――すなわち、占いに血道をあげる伯爵夫人、伯爵夫人の誤りを悟らせようとする恋人の侯爵、侯爵に横恋慕し二人を結婚させまいとする女――の絡み合いが主題であり、第一幕からこの絡み合いは始まり、最終幕における偽の悪魔の出現によりようやく決着の運びとなる。彼ら以外の登場人物の主だった者は、横恋慕の女ないし侯爵から送り込まれた者たちで、かたや、伯爵夫人の盲信をつのらせようとする者、かたや、腹黒い女占い師マダム・ジョバンよりも侯爵のほうを信じるべきだと働き掛ける者だが、ほかにも、伯爵夫人とも侯爵とも面識のない者や、あくまでも個人的な理由からジョバンの助言を求めにきている者たちも登場する。主要人物と無関係な脇役陣を登場させるのは無駄、とみなす向きもあるかもしれない。しかしながら、いかにわれわれがこの女占い師を名の知れた人物として描いているにせよ、たった二十四時間以内に彼女の家を訪れる者同士がみな知り合いで、全員が主だった行動をとるなどということは、実際にはあり得ないではないか？」

冒頭から、状況設定はきわめて巧妙で、登場人物の気質も明確に描かれている。いささか品位に欠けるが、辛辣で機知に富んだ台詞はつねに正鵠を射ており、切っ先はおおむね鋭い。教養のある人びとやつねに用心深く警戒心をゆるめないタイプの人びとさえも軽く手玉にとっている女占い師が、一介の村娘の純朴さに途方に暮れ、まごつく場面など、とりわけ注目に値する。大団円では、愛する伯爵夫人の誤りを悟らせようとする侯爵が、当意即妙、縦横無尽に繰り広げる軽妙な台詞の大盤振る舞《まいな》いだ。すべては、女占い師が打った大芝居だったのである。侯爵に横恋慕するマダム・ノブレから賄《まいない》をもらっていた女占い師が、もし侯爵と結婚したら大凶に見舞われる、と伯爵夫人に予言したうえで、一か八かの勝負に出たのだった。

ピストルで武装し、身構える侯爵。突如、壁から出現する悪魔。その喉元に飛びかかる侯爵。悪魔は、ひざまずいて懇願する。

「命だけはお助けを、旦那様、おいらは善い悪魔なんです！」

さて、戯曲の作者二人と同様の成功を、警察長官も勝ち得たのだろうか？　すなわち、フランスに蔓延していた毒殺行為を、二人の作家の協力を得て、根絶やしにすることができたのだろうか？　できた。ラ・レニは成功した。毒殺者どもを相手に闘いを開始してからというもの切望してやまなかった、王国における毒殺行為の根絶を、勝ち取ったのである。しかしながら、こと魔術に関しては、お手上げだった。

「人間がどれほど愚かか、あなたには想像もつかないでしょう。ここパリでは、猫も杓子も、聖霊や悪魔を呼び出すワザに習熟したいと望んでいるのです」

とパラティナ夫人は、一七〇一年十月八日付の手紙に綴っている。

この頃になっても、パリ近郊では、黒ミサがあとを絶たず、怖気《おぞけ》だつような状況下で行われていた。

以下は、バスティーユの古文書館に収蔵されている記録文からの抜粋である。

「儀式の現場に連れてゆかれた少女は、恐怖のあまり死んでしまった。十三歳になる物乞いの少女だった」

少女は、ブルジュのノートル＝ダム聖堂主任司祭ギニャール及び助祭補佐スボーにより、着衣とともに埋められた。その間、二人の聖職者は、まがまがしい祈りの言葉を唱えていた、という。

ユイスマンス氏によれば、黒ミサは、今も相変わらず行われているという。

その昔、星のまたたく天空を、夜毎、しんぼう強くうち仰いでいたカルディアの占星術師やエジプトの大司祭らは、解読していたのだろうか？　三十世紀後に、パリの警察長官を務める謹厳な司法官が、自分らの末裔を相手に闘うだろうなどと？　トリックと機械仕掛けと駄洒落で武装した、夢幻軽喜劇によって？

訳者あとがき

本書は、Frantz Funk-Brentano, *LE DRAME DES POISONS—étude sur la société du 17e siècle—*, préface de M. Albert Sorel de l'Academie française, 13è édition, Librairie Hachette, 1920 の翻訳である。

著者のフランツ・ファンク＝ブレンターノ（一八六二―一九四七）は、フランスの歴史学者。アルスナル図書館に研究員として在籍中の一八九二年から九五年にかけて作成した『写本カタログ』と題するバスティーユ資料館の蔵書目録により、同館の重要性を高めた。一九〇〇年以降、コレージュ・ドゥ・フランス、諸外国のアリアンス・フランセーズ（北米、カナダ、キューバ、北欧諸国）で教鞭を執るかたわら、フランスの歴史及び文学の研究に取り組み、一九二八年、人文・社会科学アカデミーの会員に選出される。

主著に、『バスティーユ監獄での暮らし *la Vie à la Bastille*』（1889）、『首飾り事件 *l'Affaire du collier*』（1901）、『摂政時代 *la Régence*』（1909）、『アンシャン・レジーム *l'Ancien régime*』（1926）などがある。

本書において、ファンク＝ブレンターノは、十七世紀後半に起きた二件の連続毒殺事件を軸に、ルイ十四世が「太陽王」と称讃され、わが世の春を謳歌していた時代の裏面に照準を定め、若き君主が栄光に包まれて君臨する一見華やかな時代の暗部を暴くとともに、そこにはびこる悪弊の根源を絶つべく闘う一人の下級官僚の足跡を通して、国家権力機関内に渦巻く隠蔽体質の実相、及び、絶対王政爛熟期のフランス社会に蔓延する風紀紊乱の実態をえぐり出している。

ルイ十四世が親政を開始したほぼ十年後の一六七二年、ある連続殺人事件が明るみに出た。名門貴族の令嬢ブランヴィリエ侯爵夫人による、親族毒殺事件である。この事件を発端にフランス全土で毒殺ブームが起こり、これを根絶すべく急遽設置された「特別法廷」における調査過程で、さらに重大な事件が発覚。ルイ十四世の寵姫モンテスパン侯爵夫人による、宮廷毒殺事件である。寵姫は、出世のため国王に媚薬を盛っただけでなく、ついには恋敵と国王を一挙に毒殺する計画まで立てていた。いずれも、魔女や呪術師、錬金術師らを介しての所行であった。

本書は、歴史的に名高いこの二つの連続毒殺事件を軸に、

——この種の事件が引き起こされた社会的背景
——「特別法廷」における公判の模様及びその舞台裏
——地に堕ちた上流社会の倫理観に挑むとともに、堅実な努力のすえフランス全土に広がる毒殺ブームを収束させた、ある司法官の「困惑と苦悩の軌跡」

を通して、同時代のフランス社会にはびこる悪弊の実態、及び、この実態を調査する過程で浮上する最高権力機関の隠蔽体質の実相を、追究し暴き出したものである。

ここに描かれているのは、名誉のため真相を隠蔽する君主、保身のためその隠蔽に荷担する重臣、私利私欲のため身内に毒を盛る貴族やブルジョワ、金儲けのためこれを帮助する悪党、そして彼らの前に立ちはだかり果敢に闘う一人の役人の姿であり、本書における真の主役は、第二章後半から活発な動きを見せるこの役人、ニコラ・ドゥ・ラ・レニにほかならない。したがって、毒殺劇の主人公で

あるブランヴィリエ夫人やモンテスパン夫人、彼女らの悪事の片棒を担ぐ魔女や呪術師、面子にこだわり姑息な自己保身に走るルイ十四世は、ラ・レニの活躍ぶりを際立たせるための脇役にすぎない。栄華を誇りながらも内実は腐敗の温床と化していた虚飾の時代にあって、なりふり構わずおぞましい行動に走る人びと。彼らの行状と人となりを冷静に分析し、彼らの非道ぶりに嫌悪感を覚えながらも、探りあてた証拠をつなぎ合わせて不正の核心に迫り、ときにひるむことはあっても屈することなく権力に立ち向かい、矜持をもって自らの職務をまっとうしたラ・レニは、一六六七年、初代パリ警察長官となった人物である。今日の警視総監にあたる地位だが、絶対王政下にあっては、国王からその職位を授けられた一介の代行官でしかなかった。その彼が、国王の寵姫による毒殺行為の数々を直奏するとともに、諫言までしたのである。ここまで言い切って身辺に害が及ぶことはなかったのかと危ぶむほど、率直に。絶対君主といえども、忠臣による精確無比の論述に反論はかなわず、これをその場で握りつぶすことはできなかった。

ラ・レニはまた、毒殺ブームそのものを収束させるという快挙を成し遂げた。占い師及び毒殺者の跋扈を阻止する法律を起草したのである。不屈の反骨精神をテコに、当時のフランス社会に巣くう魑魅魍魎の世界に分け入り、蔓延していた悪行をとことん追究し、渋る国王とその側近の尻を叩いて。一六八二年、コルベールとの共同作成とされるこの法律が王令として発布されたことにより、占い師らがフランスから追放されただけでなく、医学及び工学に必要な毒物の製造販売にも法規制がかけられるようになった。

ラ・レニのいまひとつの功績は、自ら立ち会ったこれらの事件に関する調査経過を、公的記録とは別に、私的手控え帳につぶさに記録していたことである。裁判記録だけでなく、国王及びその重臣が隠蔽工作に奔走する経緯を克明に記したその備忘録を、彼はひそかに保管していた。ラ・レニによる直奏後、ルイ十四世が自らの寵姫による毒殺行為を糊塗するため裁判記録の改竄や隠蔽を命じたことは、当時の人びとの書簡や日記などからそれとなく知られていたものの、確たる証拠はなく、真相は藪の中だった。しかも国王は、事件発覚からほぼ三十年後、関連記録をすべて焼却させていたのである。万事を完全に闇に葬るべく。ラ・レニ逝去の日からちょうど一ヵ月後のことだった。「朕は国家なり」とまで豪語したとされる君主の行為である以上、驚くにはあたらない。いやむしろ、三十年近くも自らに不都合な記録を彼が温存していたことの方が意外でさえある。

そして、完全に葬り去られたはずの真実を明るみに引きずり出したのが、ファンク＝ブレンターノであった。彼はラ・レニの備忘録を膨大な資料の中から探しあて、綿密に読み込み、既存の資料と照合精査することにより、それまで謎とされ、隠されつづけていた真相を二百年あまりのちに解明し、これを基に、本書を綴ったのである。オムニバスの推理劇風に。ここで、ファンク＝ブレンターノは、権力者は自らに不都合なことは隠したがるものであり、現に隠し通そうと画策していた事実を白日の下にさらすとともに、その隠蔽体質と鉄面皮ぶりを痛烈に批判する一方で、宮仕えの身でありながら、勇気を持って君主の不正に与することなく司法の役割を守り抜こうとする一人の役人の言動をたどることにより、「一条の希望の光」を垣間見せてくれている。人は捨てたものではない、と。個々人の不屈の努力の積み重ねが、社会を刷新することもありうる、と。

本書には、正史に語られていない出来事が、裁判記録その他の資料を典拠に、直接話法を随所に引用しながら、きわめて赤裸々に再現されており、これでもかとばかりに提示されてゆくそれらの事象をたどるうち、われわれは、同時代人の生の声に接し、その声を通して、彼らの日々の営みを、庶民・官僚・上流人士・絶対君主らが向きあう現実を、それぞれの心にひそむ思いを、さらには、彼らが生きる社会の動向や風潮を身近に感じ、空気感まで味わっているような気分になる。著者は、二つの連続毒殺事件を詳述することにより、当時の人びとの思考や世界観を今のわれわれに伝えるとともに、痴情ないし怨恨がらみの殺人事件や権力者らの卑劣な隠蔽工作の経緯だけでなく、微力ながらもこうした悪弊にあらがい改善すべく苦闘する個人の姿を追うことにより、「十七世紀フランス社会」の実相をあぶり出すことに成功している。そして、その実相は、「二十一世紀日本社会」のそれと大差ないことに、気づかされる。絶対王政時代のフランス社会がかかえていた問題は、われわれの社会が今かかえている問題と大同小異であることに、ここに描かれている人びとの姿はわれわれの映し絵でもあることに、気づかされるのである。権力機関の隠蔽体質、多発する親族殺人、詐欺・薬物事件の数々……、かたや、時代の波に呑み込まれることなく、その糾明に努める一部の司法関係者、苦言や風刺、直言によりそうした世相を切る作家や評論家、ジャーナリストの存在も含めて。

冒頭に記したように、本書は、一九二〇年に第十三版として上梓された、フランツ・ファンク＝ブレンターノ著『毒殺劇――十七世紀フランス社会に関する研究』を訳出したものである。原書では、一八九九年出版の同名初版本に掲載されている二作品――『ブランヴィリエ事件』『宮廷毒殺劇　モンテスパン事件』――に、短編三作――『王弟妃の死』『ラシーヌと毒殺事件』『戯曲《女占い師》――並びに歴史家アルベール・ソレルによる評論が『序文』のかたちで加えられ、全五章及び序文という構成になっているが、訳書では、『王弟妃の死』『ラシーヌと毒殺事件』をのぞいた全三章及び序文とさせていただいた。前記二作をのぞいたのは、いずれも死因が毒殺ではないとの説が歴史家の間で大勢を占めているからである。なお、副題については、内容がよりつかみやすくなるのではと考え「ルイ十四世治下の世相」としてある。

本文中［　］で括ってあるのは原注であり、訳注に関しては、後注とは別に、簡単な記載は〔　〕で括り本文中に挿入する、ないし、〔　〕では括らず入手した資料に基づいて原文を多少ふくらませるという方法をとらせていただいた。当然のことながら、事実関係の確認には念を入れたつもりだが、不備な箇所もあるかと思う。ご教示、ご批判いただければ幸いである。また、原書には、図版が数えるほどしか掲載されていないため、本文に登場する人物や言及されている建造物その他の図版を補足してみた。これらを通して、同時代の人びとのたたずまいや世相、雰囲気をより具体的にお伝えできればと願ってのことである。訳注とあわせてご参照いただければと思う。

末筆ながら、本書に出版の機会を与えてくださった論創社社長森下紀夫氏に、厚く御礼申し上げます。そして、妹の清水千衣子に感謝の言葉を。本書の訳出には想定をはるかに超える手間と時間を要し、何度か投げ出しかけた。彼女の支えなしに訳し終えることはできなかったであろう。

二〇一五年　夏

北澤真木

【訳注】

扉裏

（1）ヴィクトリアン・サルドゥー Sardou, Victorien（1831-1908）：フランスの劇作家。風刺喜劇、歴史喜劇を得意とする多産なメロドラマティストで、四十編以上の戯曲があり、十九世紀末におけるフランス文壇の重鎮として君臨。本書に序文として掲載されている評論文を執筆した、アルベール・ソレルとも親交があった。代表作に、風刺喜劇『我が親しき者たち《ノ・ザンティーム》』（一八六一）、プッチーニのオペラで知られる『トスカ』（一八八七）、歴史喜劇『マダム・サン＝ジェーヌ』（一八九三）などがある。

序文　アルベール・ソレル

（1）アルベール・ソレル Sorel, Albert（1842-1906）：フランスの歴史家。外交史、政治史に関する多数の著作を残す。代表作に一八八五年から一九〇四年にかけて出版された『ヨーロッパとフランス革命』がある。一八七七年出版の『人権概論』は、本書の著者フランツ・ファンク＝ブレンターノの父で社会学者のテオドール・ファンク＝ブレンターノ Funck-Brentano, Théodore（1830-1906）との共著。

第一章　ブランヴィリエ事件

（1）スウェーデン王妃クリスティーヌ Christine de Suède（1626-89）：スウェーデン国王（在位一六三二－五四）。グスタヴ二世の娘。幼年で即位、一六四四年親政。一六五四年、従兄カール十世に譲位後、ヨーロッパ諸国を旅し一六六八年以降ローマに定住。学芸を愛好し、グロティウス、デカルトらと親交を結んだ。

(2) ラ・レニ　La Reynie, Gabriel Nicolas de (1625-1709)：フランスの司法・警察官僚、初代パリ警察長官（現在の警視総監にあたる）。一六六七年以降、パリの警察組織及び風俗・環境健全化に貢献。詳細については、本編《第二章　Ⅲ　司法官　ラ・レニ》及び《第三章　戯曲「女占い師」》を参照されたい。

(3) 王女メディア：ギリシャ神話に登場するコルキス王の娘。イアソンへの恋のために国を裏切り我が子を殺す悲劇の王女。エウリピデスやコルネイユの劇の題材となる。

(4) セヴィニェ夫人 Sévignés, Marie de Rabutin-Chantal, marquise de (1626-95)：フランスの書簡作家。グリニャン伯爵夫人となってプロヴァンスに移った一人娘に、パリ社交界の様子などを伝える手紙を二十五年間送りつづけた。

(5) コルベール　Colbert, Jean-Baptiste (1619-83)：フランスの政治家。財務卿フーケ追い落としの急先鋒に立ち、一六六五年自らが財務卿の座に納まる。以後、外交・軍事以外の全行政に辣腕を振るい、十七世紀後半におけるルイ十四世治下の政局で陸軍卿ルーヴォワと勢力を二分。重商主義政策により絶対王政の経済的基盤を固めるとともに、行政機構を整備し、大貴族や新興の法服貴族の勢力を抑えて絶対主義の確立に努めた。

(6) サン＝シモン　Saint-Simon, Louis de Rouvroy, duc de (1675-1755)：フランスの作家、政治家。ルイ十四世及び摂政オルレアンの廷臣として活躍したが、一七二三年引退し、『回想録』の著述を死ぬまでつづけた。一六九四年から一七二三年（ルイ十四世の晩年から摂政時代）にかけての宮廷生活を詳細に描いたこの著作は、死後に出版。完本は一八三〇年。

（7）クロワシー侯爵 Charles Colbert de Croissy（1625-96）：フランスの外交官。ベルリン、ローマ、イングランド大使を歴任、イングランドでは一六六八年から一六七四年の間チャールズ二世と隠密裏に同盟を結ぶ。一六七九年外務卿に任命される。ルイ十四世治下の財務卿ジャン＝バプティスト・コルベールの弟。

（8）ルーヴォワ Louvois, François Michel Le Tellier, marquis de（1641-91）：フランスの政治家。ルイ十四世に重用され、一六六二年父ル・テリエのあとを継いで陸軍卿となり、士官の軍職売買の弊害を改めるなどして軍隊の強化に尽くす。一門はコルベールに対抗し隠然たる勢力を誇った。

（9）フーケ Fouquet ou Foucquet, Nicolas（1615-80）：フランスの政治家。ルイ十四世の財務卿在任中財をなし、ヴォー城を建ててモリエール、ニコラ・プサン、コルネイユらを庇護したが、コルベールの讒言によりルイ十四世の不興を買い、一六六一年、公金横領の廉で逮捕。作家のポール・ペリソンやラ・フォンテーヌら多くの著名人が無罪を訴えたが、六四年横領罪を宣告のうえ投獄され、以後終生獄中にあり、ピニュロルの城塞で死亡した。

（10）戦争問題：オランダ戦争（一六七二-七八）を指す。オランダ戦争は、フランドル戦争（一六六七-六八）の報復のためルイ十四世が仕掛けたもので、フランスは、イングランド、スウェーデンなどと同盟しオランダに侵入するが、オランダ総督ウィレム三世はプロイセン、オーストリア、スペインと結んでフランスを孤立させ、一六七八年、ナイメーヘンの和約を締結。その結果、オランダは全領土を確保、フランスはオランダに対する高関税を撤回した。

（11）ラモワニョン Lamoignon, Guillaume Ier de（1617-77）：フランスの司法官僚。一六五八年から没年までパリ高等法院院長。公金横領の廉で逮捕された財務卿ニコラ・フーケの裁判で公正を保つが、これを理由に同裁判における裁判長の座を更迭された。

（12）グレーヴ広場：現在の市役所広場《オテル・ドゥ・ヴィル》。パリ市役所前からセーヌ川までつづくなだらかな傾斜面をなした広場で、一八三〇年までこう呼ばれていた。旧体制時代、死刑の宣告を受けた者はここで処刑された。町民及び一般庶民は絞首刑に、貴族は剣または斧による斬首刑に処された。

第二章　宮廷毒殺劇：モンテスパン事件　I　魔女の横行―ヴィグルー家の昼食会

（1）マルグリット＝マリー・アラコック Marguerite-Marie Alacoque, sainte（1647-90）：フランスのカトリック教会聖母訪問会の修道女、幻視者、聖人。「イエスの聖心《みこころ》」に対する信仰心を普及させた功績により、死後二世紀余を経た一九二〇年、ローマ教皇ベネディクトゥス十五世により列聖された。「イエスの聖心」とは、人間に対する愛のシンボルとしてのイエスの心臓（聖なる心臓《サクレ＝クール》）を意味し、一六七三年、修道院内の聖堂で祈禱中、イエス・キリストが彼女の前に現れ自分の心臓を見せたのが、「聖心」の啓示の始まりであったとされている。パリ、モンマルトルの丘にあるサクレ＝クール聖堂は、普仏戦争（一八七〇-七一年）敗北後、カトリック教徒たちが教会及びフランスの未来に対する信頼の印としてキリストの聖心に捧げることを発願し、国民から集めた浄財をもとに建てられた（一八七六年着工、一九一九年献堂）。

（2）ジャン・ボダン Bodin, Jean（1529-96）：フランスの法律学者、経済学者、政治思想家。主著『共和国論』（一五七六）で君主の絶対性を主張するとともに、近代的主権概念を示し政治思想史上特筆される存在となった。神秘学にも興味を抱き、『魔術師の悪魔妄想《デモノマニー》』（一五八〇）では、魔女どもを厳罰に処すべきであるという論理を展開している。

（3）シュプレンガー Jacob Sprenger（1436-95）：神学者、ドイツ・ドミニコ修道会の異端審問官。同会の異端審問官ハインリヒ・クレマー Henrichi Kramer（1430?-1505）との共著『魔女への鉄槌』（一四八六）は、「魔女の脅威を世に知らしめるとともに、魔女を裁く裁判官のための手引き書として執筆」され、魔女裁判マニュアルとして長く重用されていた。

（4）黒魔術：「魔術」は magic（英語）、magie（仏語）などの邦訳で、いずれもギリシャ語のマギケーに由来し、原義は「マゴスの術」。マゴスは古代メディア王国の神官の称であり、ここでいう魔術とは、古代以来の超自然的な力を統御するための理論と実践の総称である。一般に、「黒魔術」は他者に危害を加えることを目的とした行為を指し、「白魔術」は人のためになるように呪文を唱えたり、呪《まじな》いをしたり、儀式を執り行ったりする行為を指す、とされている。本書に登場する男女の魔術師《ソルシエ》が主として用いていた術は前者にあたる。ただ、この分類はあくまでも便宜的なものであり、統一的見解とは言えないというのが現状のようである。

（5）魔女集会《サバト》：「安息日」を意味するヘブライ語シャバット sabbath が語源で、元来は、ユダヤ教で週の最終日に与えられた名称。天地創造の七日目に神が休息したことから、現行の金曜日の日没から土曜日の日没までを安息日とし、労働を中断し礼拝に集まらねばならなかった。キリスト教ではキリストの復活を記念し、復活第一日を主日（日曜日）として礼拝を行う。これが、十四世紀から十六世紀頃に魔法使いらが土曜の深夜に魔王崇拝のために催したとされる秘密の祭礼、いわゆる「魔女集会」をも指すようになった。

（6）ボシュエ Bossuet, Jacques Bégnigne（1627-1704）：フランスの聖職者、説教家。ルイ十四世と王妃マリー＝テレーズの長子、ルイ・ドゥ・フランスの家庭教師を務めたのち、モーの司教になる。雄弁で知られ、宮廷に招かれて講じた多くの説教や追悼演説を残す。主著に『世界史序説』（一六八一）、『プロテスタント教会変異史』（一六八八）、『喜劇に関する箴言と省察』（一六九四）などがある。

（7）パラケルス Paracelse（Theophrastus Bonbatus von Hohenheim, dit: 1493/4-1541）：スイスの医学者、思想家、錬金術師。「医学界のルター」「錬金医術の父」などと称されている。一時バーゼルで医学を講じたが、医学の改革を叫んで当時一般に行われていたアラビア医学に対する激烈な批判と奇行のゆえに追われ、ザルツブルグで没するまで、生涯を放浪のうちに過ごした。一五二七年、アヴィセンナ（Avicenna 980-1037：アラビアの医者、哲学者）による古典的名著『医学典範』を焚書したとされている。主著に『大外科書』（一五三六）、『大天文学』（一五三七）、『鉱物中毒症について』（一五六七）などがある。

（8）サヴォワ公 Charles-Emmanuel II de Savoie, duc de（1638-75）：サヴォワ公国の君主、シャルル＝エマニュエル二世。当時、サヴォワは、現イタリア北西部の州ピエモンテ（州都トリノ）とフランス東部サヴォワ地方、ニース、ジュネーヴ（現スイス）を含む一帯を統治していた。

（9）聖女ウルスラ Sainte Ursule（三世紀頃）：キリスト教の伝説的聖女。ブリタニアの王女で、キリスト教への改宗及び一万一千人の侍女を従えて三年間ローマへ巡礼することを条件に異教の王子と結婚するが、ローマからの帰途、フン族に襲われ殉教した。中世以来、良き婚姻や戦時下での良き死が得られるべくその加護を祈る聖女として知られていた。

（10）宣教師《ミシヨネール》：当時人望を集めていたフランスのカトリック司祭、ヴァンサン・ドゥ・ポール Vincent de Paul, saint（1581-1660）により、一六二五年に設立された布教集団ラザリスト修道士会の会員に対する呼称で、彼らは貧民や罪人に福音を説き回心させたり、あらゆる分野のスキャンダルを排除したりする活動に積極的に取り組んでいた。ヴァンサン・ドゥ・ポールは、一六三三年には、病人及び貧民の心身を救済することを目的とした愛徳修道女会を設立するとともに、捨て子施療院や養老院の母体を創設するなど、終生慈善事業に献身。一七三七年、聖人に列せられている。愛徳修道女会については訳注、第二章Ⅲ（1）を参照されたい。

（11）アルスナル宮：現アルスナル図書館。パリ四区に位置し、一五一二年以降王室の兵器廠《アルスナル》として用いられていたが、アンリ四世治下の一五九四年に再建され、砲兵長官の官邸としても使用されるようになる。ルイ十三世の時代に大砲の製造は廃止され、一六三一年、宰相リシュリューにより、特殊な犯罪を裁く法廷の座と定められた。ルイ十四世の財務卿ニコラ・フーケの裁判もここで行われた。一七九七年、公共図書館に転用され今日にいたっている。

（12）リシュリュー殿 Richelieu, Armand Jean de Vignerot du Plessis, duc de（1629-1715）：フランスの海軍将校、ガレー船司令官。ルイ十三世の宰相、リシュリュー枢機卿の甥の息子。枢機卿の死後、その称号と莫大な資産を相続するが放蕩のすえこれらすべてを失った。

(13) ビュシー＝ラビュタン Bussy-Rabutin（本名 Roger de Rabutin, comte de Bussy1618-93）：フランスの軍人、作家。書簡作家として知られるセヴィニェ夫人の従兄。ルイ十四世治下における宮廷の情事を描いた風刺小説、『ガリア情話』（一六六五）の作者。一六六五年、同書により筆禍を招き、その後十七年間追放の身となる。

(14) ル・テリエ Le Tellier, Michel, marquis de Barbezieux（1603-85）：フランスの政治家。ルイ十四世親政以前から要職にあり、陸軍卿、大法官を歴任、ナントの王令廃止を推進した。陸軍卿ルーヴォワの実父。

第二章 宮廷毒殺劇：モンテスパン事件 Ⅱ 寵姫 モンテスパン

(1) ケリュス侯爵夫人 Caylus, Marthe-Marguerite Le Valois de Lillette de Mursay, marquise de（1672-1729）：マントノン夫人の姪。一六八〇年末からマントノン夫人の手で養育され、十三歳でケリュス公爵と結婚。『ケリュス夫人回想録』（一七七〇）を残している。マントノン夫人については、後続の注(13)を参照されたい。

(2) 王妃マリー＝テレーズ Marie-Thérèse d'Autriche（1638-83）：スペイン王フェリペ四世の娘、一六六〇年、従兄のルイ十四世と結婚。彼女の母エリザベートはルイ十三世の妹、父フェリペ四世の姉はルイ十四世の母アンヌ＝ドートリシュ。フランスの宮廷生活には終生なじめず、夫の浮気と非嫡出子問題に悩まされながらも六人の子をもうけたが、第一子をのぞく全嫡出子が夭逝した。

(3) ルイーズ・ドゥ・ラ・ヴァリエール Françoise Louise de La Baume Le Blanc, duchesse de（1644-

1710）：ルイ十四世の寵姫の一人。一六六一年国王に見初められ二年後に正式の寵姫となる。四人の子をもうけるが、うち二人は早世、二人が嫡出子として認定。篤信及び宮廷生活の不安から二度にわたり修道院に隠棲を試みるがそのつど国王に連れ戻され、一六七五年、三度目に身を寄せたカルメル会修道院で尼僧となる。

（4）王弟妃アンリエット・ダングルテール Henriette d'Angleterre, Henriette-Anne Stuart, dite（1644-70）：イングランド及びスコットランド王チャールズ一世の娘、ルイ十四世の弟フィリップ・ドルレアンの最初の妃。一時期ルイ十四世と不倫関係にあったものの、自らの侍女ルイーズ・ドゥ・ラ・ヴァリエールに国王が心を移したため身を引く。一六七〇年、ルイ十四世の使者として兄のチャールズ二世と接触し英仏同盟を秘密裏に成就させた〔ドーヴァーの密約〕が、帰国直後に急死。毒殺説が流れた。

（5）パラティナ夫人 Palatine, Elisabeth Charlotte de Bavière, princesse（1652-1722）：神聖ローマ帝国公領ファルツ〔パラティナ〕の選帝侯シャルル一世の娘、ルイ十四世の弟フィリップ・ドルレアンの二度目の妃。最初の妃アンリエット・ダングルテールの死から一年後の一六七一年に結婚。ルイ十四世の死後幼い国王ルイ十五世の摂政を務めたオルレアン公ルイ・フィリップは第二子。死後出版された『書簡集』には当時のフランス宮廷の内情が克明に記されている。

（6）カンタリド：スペイン、フランスなどに多い、ツチハンミョウ科の甲虫。トネリコ、イボタなどの葉に群生する。体に含まれるカンタリジンは有毒で、かつては媚薬として用いられていたが、現在は発泡剤などに用いられている。

（7）デズイエ嬢Desoeillets, Claude de Vin des Oeillets, Mlle（1637?-87）：モンテスパン夫人の忠実な侍女として知られる。毒殺事件で夫人の代役を務めた廉で起訴されるが、ルイ十四世とコルベールの保護のもとに罪を減ぜられ、死刑を免れた。ルイ十四世の寵姫の一人とされている。

（8）サン＝ジェルマン＝アン＝レーの宮殿：サン＝ジェルマン＝アン＝レーはパリ西北郊外二十キロに位置する町で、王家の城館がある。ここで生まれ、幼少時を送ったルイ十四世は、この離宮に対する愛着が深く、王となったのちもしばしば滞在した。

（9）故メーム殿Henri II de Mesmes（1585-1650）：アンリ二世・ドゥ・メーム高等法院上席評定官を指す。娘のアントワネット・ドゥ・メーム（一六四五－一七〇九）、のちのヴィヴォンヌ伯爵夫人は、モンテスパン夫人の兄嫁にあたる人物で、彼女も魔女や魔術師の常連客だった。

（10）モンパンシエ公爵夫人Anne Marie Louise d'Orléans, duchesse de Montpensier, dite la Grande Mademoiselle（1627-93）：ルイ十三世の弟の長女、ルイ十四世の実の従姉、グランド・マドモワゼルの通称を持つ。フロンドの乱でコンデ公を助け、王軍に向けて大砲を放った女傑。膨大な『回想録』を残している。

（11）ノヴィオンNovion, Nicolas Potier de（1618-93）：フランスの司法官僚。一六六八年からシャトレ裁判所長、一六七八年ラモワニョンの後任としてパリ高等法院院長に任命されるが、公文書偽造の廉で一六八九年に罷免。サン＝シモンによれば、ノヴィオンは「不正に身を売った」悪徳裁判官で、その無軌道ぶりに同僚らは長い間悩まされていたという。

（12）アスタルテさま、アスモデウスさま：アスタルテはシリアの豊穣の女神、ギリシャ神話における愛と美の女神アフロディテと同一視された。アスモデウスは旧約聖書外伝『トビト書』に現れる色欲を司る魔神。

(13) マントノン夫人 Maintenon, Françoise d'Aubigné, marquise de (1635-1719):ルイ十四世の寵姫の一人。一六五二年、十六歳でポール・スカロンと結婚。喜劇作家で詩人のスカロンは、ビュルレスク文学の代表者としてパリの文壇で活躍していたが、一六六〇年に死亡。寡婦となったスカロン夫人は、一六六九年以降、モンテスパン夫人とルイ十四世との間に生まれた子女の養育係を務めていたが、一六七五年頃から国王の寵姫となり、一六八三年、極秘裏に結婚。ルイ十四世の治世晩期における宮廷で、隠然たる権力を振るった。

(14) 体気:当時の医学では、体気とは、血液や体液から発散し脳にのぼってゆく毒気であり、これが血の道や癇癪、ヒステリーの原因とされていた。

(15) フォンタンジュ嬢 Fontanges, Marie Angélique de Scorrailles de Roussille, duchesse de (1661-81):ルイ十四世の寵姫の一人。一六七九年、王に見初められるがほどなく発病し修道院に隠棲。翌八〇年、公爵夫人の称号を与えられたもののその後一年を経ずして死亡。死因については当初から疑義が生じており、モンテスパン侯爵夫人による毒殺説は、公的には否認されたものの、いまだに論議を呼んでいる。なお、十七世紀末から十八世紀初頭にかけて大流行した「フォンタンジュ風」と呼ばれるヘアスタイルは、この寵姫にちなんで付けられたもので、狩の途中ほぐれた髪を彼女があり合わせのリボンでとっさに結い上げたことに由来する。

(16) ブルゴーニュ公爵夫人 Marie-Adélaide de Savoie, duchesse de Bourgogne puis dauphine de France

（1685-1712）：ルイ十四世の直系の孫にあたるルイ・ドゥ・フランスの妻、ルイ十五世の母。のちのルイ十五世誕生の二年後、夫妻とも流行性麻疹により死亡。

第二章　宮廷毒殺劇：モンテスパン事件　Ⅲ　司法官　ニコラ・ドゥ・ラ・レニ

（1）「愛徳修道女会」：一六三三年、カトリック司祭ヴァンサン・ドゥ・ポール Vincent de Paul, saint（1581-1660）が修道女ルイーズ・ドゥ・マリアック Louise de Marillac（1591-1660）とともに、病人及び貧民の心身の救済のために設立した団体。ヴァンサン・ドゥ・ポールについては、訳注、第二章Ⅰ（10）を参照されたい。

（2）シャンタル夫人 Chantal, Jeanne Françoise Fremiot, dame de（1572-1641）：「聖母訪問修道女会」の創設者の一人。篤信の人として知られ、一六一〇年、ジュネーヴのカトリック司祭フランソワ・ドゥ・サル François de Sales（1567-1622）とともに、貧しい病人を訪れ世話をすることを目的とする同修道女会を設立した。セヴィニェ侯爵夫人の祖母にあたる。

【原書参考文献】

序文

この序文は、アルベール・ソレル氏の著作集『文学・歴史研究』（一九〇一年、パリ、プロン社）M.Albert Sorel, *Etudes de litterature et d'histoirs*, 1901, Paris, librairie Plon に収められている評論文を転載したものであり、同書には以下のような表題の論文が掲載されている。モンテーニュとパスカル、ノルマン概略、モーパッサン、ウジェーヌ・ブダン、歴史展望、テーヌとサント＝ブーヴ、往時の東洋、毒殺劇、帝政時代に関する覚え書きと回想録、ナポレオンとその家族、ワーテルロー、地方における政治生活、ビスマルクの回想。

なお、本書、フランツ・ファンク＝ブレンターノ著『毒殺劇―ルイ一四世治下における世相』の初版年度は、一八九九年である。

第一章　ブランヴィリエ事件

1．手稿原典。*Bibliothèque de l'Arsenal*: Ms. 672; —Ibid., Archibves de la Bastille, 10360; —*Bibliothèque nationale*: Mss français 7610 et 14005;　—Ibid., Cabinet des titres, pièces originales 977, au mot Daubray; —Ibid., Section des impirmés, coll. Morel de Thoisy,382.

2．印刷原典。Factums pour ou contre Mme de Brinvilliers, La Cahussée, Pennautier, dans les Recueils de la Bibl. Nationale cités ci-dessus;　— F. Danjou, *Archives curieuses de l'histoire de France*, 2e série. t. XII, Paris, 1840; — Armand Fouquier, *Causes célèbres de tous les peoples*, t. IV, livraison 91, Paris 1861; —Fr. Ravaisson, *Archives de la Bastille*, t. IV, Paris, 1870; — *Correspondanse de Mme de Sévigné*, dans la Coll. Des Grands Ecrivains, t. IV et V; — *la Marquise de Brinvilliers, recit de ses derniers moments, manuscrit du P. Pirot*, publ. par G. Roullier, Pais, 1883, 2 vol. (M. Roullier fait à tort de l'abbé Edme Pirot un jesuite, c'est *manuscript de l'abbé Pirot*, qu'il convient d'écrire.)

3. 歴史家による著作。Anonyme (Gayot de Pitaval), *Causes célèbres et intéressantes*, t. I, Paris, 1734, p.340-407; —J. Michelet, *Décadence morale du XVIIe siècle, la Brinvilliers*, dans *la Revue des Deux Mondes* du 1er avril 1860, p.538-561; — Al. Dumas (père), *les Crimes célèbres, la marquise de Brinvilliers*, Paris, 1856; — P. Clément, *la Police sous Louis XIV*, 2e éd., p.94-129, Paies 1865; — Me Cornu, *le Procès de la marquise de Brinvilliers*, dans *la Gazette des Tribunaux* du 31 décembre 1894 et du 2 janvier 1895, et imprimé en brochure aux frais de l'ordres de avocats au Conseil d'Etat et à la Cour de cassation, s.l.n.d.

第二章　宮廷毒殺劇：モンテスパン事件

I　魔女《ソルシエール》の横行——ヴィグルー家の昼食会

1. 手稿原典。*Bibliothèque de l'Arsenal*, Archives de la Bastille, affaire des poisons, mss 10338-10359; — Ibid., ms. 10 441, dossier Hocque; — *Bibliothèque nationale*, ms. français 7608, notes de La Reynie; — *Archives de la Préfecture de police*, dossier de l'affaire des poisons, carton Bastille I, fol.97-320;

Bibliothèque de Rouen, collection Leber, ms. 671, dossier de la Voisin.

2. 印刷原典。J. Wier, *Histoires, disputes et discours des illusions et impostures des diables, des magiciens infames, sorcières et empoisonneurs*, s. l., 1579; — J. Bodin, *De la Démonomanie de Sorciers*, Paris, 1588; Lancre, *Tableau de l'inconstance des mauvais anges et de démons*, Paris, 1612; —Fr. Ravaisson, *Archives de la Bastille*, t. IV-VII, Paris, 1870-74.

3. 歴史家による著作。J. Michelet, *la Sorcière*, nouv. éd., Paris, 1892; — P. Clément, *la Police de Paris sour Louis XIV*, Paris 1866; — Th. Iung, *la Vérité sur le Masque de fer, les Empoisonneurs*, Paris, 1873; — Alf. Maury, *la Magie et l'Astrologie*, Paris, 1877; — J. Loiseleur, *Trois énigmes historiques*, Paris, 1883; — J.-K. Hyysmans, *Là-bas*, Paris, 1894; — Docteur G. Legué, *Médecins et empoisonneurs au XVIIe siècle*, Paris, 1896; — Docteur Lucien Nass, *les Empoisonnements sous Lous XIV*, Paris, 1898.

Ⅱ 寵姫 モンテスパン

1. 手稿原典。*Bibliothèque de l'Arsenal*, Archives de la Bastille, mss. 10338-10559（dossiers de la Chambre ardente）; — *Bibliothèque nationale*, ms. Français 7608, notes de La Reynie.

2. 印刷原典。François Ravaisson, *Archives de la Bastille*, t. IV-VII, Paris, 1870-84; — *Correspondance de Mme de Sévigné*; — *Correspondance de Mademe Palatine*; — Bussy-Rabutin, *Histoire amoureuse des Gaules*; — *Mémoires* de Mme de Caylus, de l'abbé de Choisy, du marquis de la Fare, de Mlle de

Montpensier, du duc de Saint-Simon.

3. 歴史家による著作。 P. Clément, *Madame de Montespan et Louis XIV*, Paris, 1869; — P, Bonassieux, *Le Château de Clagny et Mademe de Montespan*, Paris, 1881; — J. Lair, *Louise de la Vallière*, Paris, 1881; — J. Loiseleur, *Trois énigmes historiques*, Paris, 1883; — G. Jourdy, *la Citadelle de Besançon, prison d'Etat au XVIe siècle, ou épilogue de l'Affaire des poisons*, Gray, 1888; — Docteur G. Legué, *Médecins et Empoisonneurs au XVIIe siècle*, Paris, 1896.

Ⅲ 司法官 ニコラ・ドゥ・ラ・レニ

1. 手稿原典。 *Bibliothèque de l'Arsenal*, Archives de la Bastille, mss. 10338-10359（dossiers de la Chambre ardente）; — *Bibliothèque nationale*, ms. Français 7608, notes de La Reynie; —Ibid., collection Baluze, 180,334, 336-339, 351-352,; — Ibid., ms. Franc. 10265, journal manuscript d'un contemporain; — *Archive de la Préfecture de police*, dossier de l'Affaire des Poisons, carton Bastille I, ff. 97-320.

2. 印刷原典。 François Ravaisson, *Archives de la Bastille*, t. IV-VII, Paris, 1870-1874; — *Catalogue des Archives de la Bastille*, formant le t. IX du *Catalogue des manuscrits de la Bibliothèque de l'Arsenal*, Paris, 1892-1894; — Isambert, *Recueil des anciennes lois françaises*, Paris, 1822-1832; Deppping（G.-B.）, *Correspondance administrative sous le règne de Louis XIV*, Paris, 1850-1855; — *Correspondance de Mme de Sébigné*; —*Mémoires* du duc de Saint-Simon; — Voltaire, *le Siècle de Louis XIV*.

3. 歴史家による著作。 Anonyme（J.-L. Carra）, *Mémoires historiques et authentiques sur la Bastille*, Paris,

1789; — Camille Rousset, *Histoire de Louvois*, Paris, 1862; — P. Clément, *la Police de Paris sous Louis XIV*, Paris, 1866; — J. Loiseleur, *Trois énigmes historiques*, Pairs, 1883; — G. Jourdy, *la Citadelle de Besançon, épilogue de l'affaire des Poisons*, Gray, 1888.

【主要参考文献】

Bertière, S., *La vie du Cardinal de Retz*, 1990, Fallois
Bertière, S., *Les femmes du Roi-Soleil*, 1998, Fallois
Chaussinand-Nogaret, G., *La vie quotidienne des femmes du Roi — d'Agnès Sorel à Marie-Antoinette—*, 1990, Hachette
Derblay, C., *Henriette d'Angleterre et sa légende*, 1950, Sfelt
Gaxotte, P., *Histoire des Français*, 1957, Flammarion
G・ジェニングス『エピソード魔法の歴史—黒魔術と白魔術—』市場泰男訳、一九七九年、現代教養文庫
Leroy, A., *Histoire des Rois de France d'Henri IV à Charles X*, 1956, Ventador
G・ミノワ『悪魔の文化史』平野隆文訳、二〇〇四年、白水社
Mongrédien, G., *La vie cotidienne sous Louis XIV*, 1948, Hachette
Murat, I., *Colbert*, 1980, Fayard
Pravicl, A., *Madame de Montespan, empoisonneuse*, 1934, F. Alcan
Reboux, P., *Comment aima Louis XIV*, 1938, Feyard
田中雅志『魔女の誕生と衰退—原典資料で読む西洋悪魔学の歴史—』二〇〇八年、三交社
Touchard-Lafosse, G., *Croniques de l'Oeil de Boeuf aux temps de Louis XIV avec notes et appendices par A. Meyrac*, 1930, Albin Michel
Walch, A., *La marquise de Brinvillieres*, 2010, Perrin

北澤 真木（きたざわ・まき）

1966年、早稲田大学文学部（美術史）卒業。

1970年、スウェーデン、ニッケルヴィク美術学校（デキスタイルデザイン）卒業。

1977年、フランス、パリ第4大学（キリスト教史）中退。

主訳書 F.クライン＝ルブール『パリ職業づくし』（論創社）、ジャック・マイヨール『海の記憶を求めて』（翔泳社）、アンドレ・ヴァルノ『パリ風俗史』（講談社学術文庫）、アルフレッド・フランクラン編著『18世紀パリ市民の私生活』（東京書籍）など。

パリの毒殺劇――ルイ十四世治下の世相

2016年4月25日　初版第1刷印刷
2016年4月30日　初版第1刷発行

著　者　フランツ・ファンク＝ブレンターノ
訳　者　北澤真木
発行所　論 創 社
〒101-0051 東京都千代田区神田神保町2-23　北井ビル
tel. 03（3264）5254　fax. 03（3264）5232　web. http://www.ronso.co.jp/
振替口座　00160-1-155266
装幀／宗利淳一
印刷・製本／中央精版印刷　組版／フレックスアート
ISBN978-4-8460-1504-6